Die Autoren

Esther und Jerry Hicks widmen ihre Arbeit dem Ziel, es Menschen zu ermöglichen, einen Neuanfang für ein besseres, sinnvolleres und glücklicheres Leben zu machen. Dafür veranstalten sie in ihrem Heimatland USA landesweit äußerst erfolgreiche Workshops. Mit „The Law Of Attraction" landeten sie 2008 weltweit einen Bestseller, der sich auch in Deutschland bisher 150.000 mal verkaufte.

Von Esther und Jerry Hicks sind in unserem Hause erschienen:

The Law Of Attraction GELD (Allegria)
The Law Of Attraction FÜR JEDEN TAG (Allegria)
Wie unsere Gefühle die Realität erschaffen (Allegria)

The Law Of Attraction
Wunscherfüllung
Wünschen und bekommen
Absicht und Erfolg

The Law Of Attraction in Action Teil 1 (DVD)
The Law Of Attraction in Action Teil 2 (DVD)
The Law Of Attraction in Action GELD (DVD)

The Law Of Attraction (CD)
The Law Of Attraction GELD (CD)
Wünschen und bekommen (CD)
Wunscherfüllung (CD)
Absicht und Erfolg (CD)

The Law Of Attraction (Kartendeck)
The Law Of Attraction GELD (Kartendeck)
Das Abraham Channeling-Orakel (Kartendeck)
Wünschen und bekommen-Orakel (Kartendeck)

Esther & Jerry Hicks

Absicht und Erfolg

Wie Sie Ihre eigene Realität erschaffen

Aus dem Amerikanischen übersetzt
von Thomas Görden

Ullstein

Besuchen Sie uns im Internet:
www.ullstein-taschenbuch.de

Allegria im Ullstein Taschenbuch
Herausgegeben von Michael Görden

Mix
Produktgruppe aus vorbildlich bewirtschafteten
Wäldern und anderen kontrollierten Herkünften
www.fsc.org Zert.-Nr. SGS-COC-001940
© 1996 Forest Stewardship Council

Dieses Taschenbuch wurde auf FSC-zertifiziertem Papier gedruckt.
FSC (Forest Stewardship Council) ist eine nichtstaatliche, gemeinnützige
Organisation, die sich für eine ökologische und sozialverantwortliche
Nutzung der Wälder unserer Erde einsetzt.

Ullstein Taschenbuch ist ein Verlag der Ullstein Buchverlage GmbH.
Neuausgabe im Ullstein Taschenbuch
1. Auflage September 2009
2. Auflage 2010
© 2008 by Ullstein Buchverlage GmbH, Berlin
© 2006 der Originalausgabe
THE AMAZING POWER OF DELIBERATE INTEND
(Hay House USA) by Esther & Jerry Hicks
Umschlaggestaltung: FranklDesign, München
Titelabbildung: www.artshivananda.com
Satz: LVD GmbH, Berlin
Papier: Pamo Super von Arctic Paper Mochenwangen GmbH
Gesetzt aus der Sabon
Druck und Bindearbeiten. GGP Media GmbH, Pößneck
Printed in Germany
ISBN 978-3-548-74459-9

Inhalt

Wenn die Schüler bereit sind, erscheint der Lehrer!

In diesem großen Rätsel, das wir Leben nennen, sind wir ständig auf der Suche nach Antworten. Immer haben wir danach gestrebt, unser Leben in den Griff zu bekommen, aber wir wussten nicht wie. Immer suchten wir nach Linderung für unsere Ängste – von den kleinen, ganz intimen Ängsten, die um unseren Körper und die uns nahestehenden Menschen kreisen, bis zu den großen Ängsten bezüglich des Todes, unserer Regierung und des Planeten ... und vielleicht sogar Ängste bezüglich des Lebens auf anderen Planeten.

Dieses überaus tröstliche Buch geht auf all das ein. Ganz gleich, welche Ängste oder Sorgen uns persönlich zu schaffen machen, Abraham hat nicht nur eine Antwort für uns, sondern zeigt uns auch eine einfache Methode, mit der wir über die Angst oder das Problem hinausgehen und zu neuer Lebensfreude finden können.

Ich glaube, dass diese Lehrer, die unter dem Namen Abraham bekannt sind, zu den besten gehören, die es heute auf dem Planeten gibt. Ihre Worte haben meine Sicht des Lebens ganz eindeutig erweitert. Und ich bin Jerry und Esther Hicks sehr dankbar dafür, dass sie so viel Zeit und Energie darauf verwenden, uns die Lehren Abrahams zugänglich zu machen. Es ist dringend notwendig, dass wir unser Wissen erweitern, und zwar hier und heute. Glauben Sie mir, es ist wirklich ein Geschenk und ein Segen, dass Sie dieses Buch in Händen halten.

Ich kenne Abraham, und natürlich Jerry und Esther

Hicks, nun schon einige Jahre. Als ich Abrahams Worte zum ersten Mal hörte, spürte ich sofort eine tiefe Verbundenheit. Dieser Lehrer macht wirklich gute Arbeit, dachte ich. Und je mehr ich mich mit seinen Lehren beschäftigte, desto mehr wuchs meine Anerkennung für den Lehrer.

Als ich Jerry und Esther persönlich kennen lernte, war ich tief beeindruckt, wie gut sie Abrahams Lehren im eigenen Leben umsetzten. Hier waren zwei lebensfrohe Menschen, die eine positive Erfahrung nach der anderen manifestierten. Sie liebten einander und sie liebten das Leben viel mehr, als ich es von anderen Leuten gewohnt war. Es war eine Freude, zu beobachten, wie sie ständig voller Heiterkeit miteinander kommunizierten. Es tut meinem Herzen wohl, wenn ich sehe, dass Menschen sich die ganze Zeit über wirklich des Lebens freuen.

Wir hier bei Hay House sind wirklich stolz darauf, diese Buchreihe herauszugeben und damit Abrahams Lehren weltweit einer großen Leserschaft zugänglich zu machen. Bestsellerautor Wayne Dyer bezeichnete *Wünschen und bekommen,* das erste Buch dieser Reihe, als wirklich bahnbrechend. »Es ist eine Blaupause, die Sie in die Lage versetzt, Ihr Schicksal zu verstehen und zu formen.«

Dieses Buch, das nunmehr dritte der Reihe, führt Sie noch tiefer in Ihr eigenes Selbst. Es stärkt Ihr Selbstvertrauen, denn es gibt Ihnen zahlreiche Methoden und Hilfsmittel an die Hand, mit denen Sie jede Situation meistern und jedes Ziel erreichen können. Sie werden lernen, statt Kampf und Konflikt die *Kunst des Sich-Öffnens,* die Kunst der Wunscherfüllung zu praktizieren. Voller Freude werden Sie entdecken, wie einfach es ist, ein so frohes und schönes Leben zu leben, wie Sie es sich immer gewünscht haben.

Machen Sie es so wie ich und legen Sie sich alle drei Bücher neben Ihr Bett, damit Sie jeden Morgen und Abend darin lesen können. Dann werden Sie besser schlafen und Ihre Tage damit beginnen, dass Sie nur Gutes in Ihr Leben lassen … und Sie werden sich dabei ganz wunderbar fühlen!

Louise

JERRY HICKS

Vorwort

Haben Sie Ihre persönliche Evolution je im Licht jener Ereignisse betrachtet, die ein wichtiger Katalysator für Erfüllung in Ihrem Leben gewesen sind?

Haben Sie in Ihrem Album mit angenehmen Erinnerungen innere Bilder solcher Augenblicke gespeichert, in denen Sie dazu inspiriert wurden, das zu werden, zu leisten oder zu manifestieren, was Sie im Leben wirklich sein, tun und haben wollen?

Erinnern Sie sich manchmal – mit einem warmherzigen Gefühl der Wertschätzung – an jene Menschen, Bücher und scheinbar zufälligen Begebenheiten, die Ihnen zu einsichtsvollen Momenten philosophischer Klarheit verholfen haben?

Vielleicht bezeichnen Sie diese kurzen Erlebnisse als *Wendepunkte,* als Wegweiser zu einem besonderen Gefühl des Wohl-Seins ... in jedem Fall ist Ihnen aber doch sicher aufgefallen, dass sie einen anhaltenden positiven Effekt auf Ihr Leben hatten?

Als ich mit dem Schreiben dieses Vorworts begann, parkte ich auf »unserem« Weg zwischen dem French Broad River und dem Ententeich des Biltmore Estate. Meine Frau Esther und ich veranstalten hier in Asheville, North Carolina, seit 15 Jahren Workshops. Diesen Platz am Fluss suchen wir besonders gerne auf. Wir beobachten im Frühling die jungen Gänse und im Herbst den Durchzug Tausender Kanadagänse, die so wie wir selbst in diesem Land hin und her reisen. Hier sitze ich also in der schönsten Phase meines Lebens und bin mit Dingen beschäftigt, die mir wirklich große Freude bereiten. Ich schreibe dies in der Absicht, Ihnen einige ganz handfeste Gründe dafür zu liefern, warum es sich lohnt, die Lehren Abrahams im Alltag zu praktizieren, denn das wird Sie in die Lage versetzen, mehr von Ihrem wahren Sein zu erfahren und zu leben.

Wir sind immer wieder daran erinnert worden, *dass man nicht durch Worte lernt, sondern durch Lebenserfahrung.* Zwar besteht dieses Buch aus *Worten,* aber es handelt sich um sehr energievolle Worte, die Ihnen einige sehr inspirierende neue Perspektiven aufzeigen werden, die Sie sich als angenehme, wohltuende Glaubenssätze zu eigen machen können. Diese neuen Glaubenssätze können – entsprechend den Naturgesetzen des Universums – neue und erfreuliche Lebenserfahrungen hervorbringen ... und weil Sie nun mehr erfreuliche Erlebnisse haben, werden Sie noch mehr von dem Ihr Leben verbessernden Wissen entdecken, nach dem Sie gesucht haben.

Ich bin sicher, dass dieses Buch zu einem jener kostbaren Schätze werden wird, die Sie für immer als klare, sinnvolle Wegweiser zur Verwirklichung dessen wertschätzen werden, was Sie im Leben sein, tun und erlangen wollen. Schon allein, weil dieses Buch die tiefgreifende, das ganze Leben verändernde Wahrheit vermittelt, dass *wir uns unsere Wahrheit selbst erschaffen,* ist es überaus nützlich. Wenn wir lesen, dass »Wahrheiten« lediglich *Glaubenssätze* sind, an denen wir schon ziemlich lange festhalten, und dass »Glaubenssätze« lediglich *Gedanken* sind, an denen wir schon lange festhalten, kann das unser Bewusstsein für die verblüffende Macht der Gedanken sehr erhöhen.

Kürzlich hörte ich, wie ein überaus erfolgreicher Unternehmer auf die Frage, was diesen bemerkenswerten Erfolg möglich gemacht habe, antwortete: »Ich denke große Gedanken ... Da ich sowieso ständig denke, habe ich mir vor langer Zeit gesagt: *Warum also nicht große Gedanken denken?*« Das demonstriert die erstaunliche Macht des Denkens.

Vor vielen Jahren las ich etwas, das eines der herausragendsten Genies des zwanzigsten Jahrhunderts geschrieben hatte. Dieser Mann sagte sinngemäß: »Die meisten Menschen nutzen weniger als ein Prozent ihres wahren Potenzials. ... Neunundneunzig Prozent ihres Potenzials zu sein, zu tun und zu erlangen bleibt während ihrer gesamten Lebensspanne ungenutzt.« In dem vorliegenden Buch *Absicht und Erfolg* werden die dynamischen Prozesse beschrieben, die es Ihnen ermöglichen, mehr von Ihrem noch brach liegenden Potenzial zu nutzen – und zwar hier und jetzt, in diesem Leben. Haben Sie sich je gefragt, welches Potenzial für freudvolle Lebenserfahrungen noch ungenutzt in Ihnen schlummert? Haben Sie je gespürt, dass selbst in den schönsten Augenblicken Ihres Lebens immer noch größere Freuden auf Sie warten?

Auch wenn Ihr Körper sich bereits sehr gut anfühlt und Beachtliches leistet, wissen Sie nicht doch tief drinnen, dass noch weitaus mehr in ihm steckt? Und auch wenn Ihr Leben bereits reich an fruchtbaren Freundschaften und Begegnungen mit jenen Menschen ist, deren Leben Sie beeinflusst haben, während Sie zu dem wurden, der Sie heute sind – sind Sie sich nicht dennoch bewusst, dass noch viele andere wunderbare Begegnungen und Freundschaften mit inspirierenden Menschen auf Sie warten?

Ein paar Seiten weiter werden Sie in diesem Buch Abraham begegnen – sie selbst haben sich »die Lehrer der Lehrer« genannt. (Für die neu hinzugekommenen Leserinnen und Leser: Abraham wird immer in der Mehrzahl angesprochen, da es sich um ein Bewusstseins-Kollektiv handelt.) Von einigen sehr bedeutenden Autoren und Philosophen ist Abraham bezeichnet worden als »der größte Lehrer, den es heutzutage auf dem Planeten gibt ...« Und als mir Abraham vor zwanzig Jahren zum ersten Mal begegnete, war ich sofort von der enormen Fähigkeit des Lehrens beeindruckt, über die dieses Kollektiv verfügt. Damals suchte ich eine Antwort auf die Frage: *Wie kann ich anderen Menschen helfen, größeren finanziellen Erfolg zu erlangen?*

Ich weiß noch, wie ich (damals wohnte ich in einem VW-Bus) Napoleon Hills Klassiker *Denke nach und werde reich* las. Darin schrieb er: »Wenn der Reichtum kommt, geschieht das so schnell, in so großer Fülle, dass man sich fragt, wo all diese Schätze sich in den Jahren davor versteckt haben. ...«

Denke nach und werde reich lieferte mir die Antworten, nach denen ich gesucht hatte. Nachdem ich das Buch auf einem Tisch in einem kleinen Motel in Montana entdeckt hatte (und die darin dargelegten Prinzipien Punkt für Punkt anwandte), hörte ich auf, in der Unterhaltungsindustrie gerade eben so über die Runden zu kommen. Innerhalb weniger Jahre baute ich ein Versandhausgeschäft auf, das Millionenumsätze erzielte. Allen, die mich danach fragten, sagte ich, dass ich meinen Erfolg Hills Buch verdankte.

Hills Prinzipien funktionierten bei mir so gut, dass ich *Denke nach und werde reich* als Lehrbuch benutzte, um meinen Geschäftspartnern zu vermitteln, was ich selbst gelernt hatte. Nachdem ich das ein paar Jahre getan hatte, zeigte sich jedoch, dass nur einige wenige meiner »Schüler« ebenfalls Millioneneinnahmen erwirtschafteten. Zwar gab es viele, die deutliche Erfolge erzielten, aber manchen gelang überhaupt kein wirtschaftliches Wachstum, ganz gleich, wie viele Wohlstands- und Erfolgs-Seminare sie besuchten.

Als ich nach ungefähr zehn Jahren alle meine ursprünglichen Geschäftsziele erreicht hatte, begann ich, nach Antworten zu suchen, wie ich möglichst vielen Menschen effektiver helfen konnte, sich ihre Wünsche ebenfalls zu verwirklichen ... und diese »Bitte« führte Esther und mich zu den *Lehren Abrahams*.

In diesem kurzen Vorwort ist nicht genug Raum, um detailliert zu beschreiben wer, oder was, Abraham ist oder wie wir sie kennen gelernt haben. Aber wenn Sie das gerne erfahren möchten, können Sie auf unserer Website www.abraham-hicks.com einen 74-minütigen Bericht mit dem Titel *An Introduction to Abraham* downloaden. Oder Sie können diesen Bericht als CD oder Audiokassette in unserem Büro anfordern: Abraham-Hicks Publications, P. O. Box 690070, San Antonio, TX 78269, U. S. A. Telefon: 001–830–755–2299.

Hier ist eine kurze Beschreibung unserer Abraham-Erfahrung: Esther und mir war gesagt worden, um Antworten auf unsere Fragen zu empfangen, sollten wir täglich fünfzehn Minuten lang innere Stille (Meditation) praktizieren. Obwohl Esther schon bei der ersten Meditation starke körperliche Reaktionen spürte, brauchte es neun Monate täglicher Meditation, bis wir eine verständliche, klare Form intellektueller Kommunikation erlebten. Intellektuell in dem Sinne, dass Esthers Kopf in der Meditation systematische Bewegungen ausführte, wobei ihre Nase Buchstaben in die Luft schrieb wie auf eine unsichtbare Tafel. Die Worte lauteten: »ICH BIN ABRAHAM.«

Hier möchte ich Abrahams Selbstdefinition zitieren: *Abraham ist kein singuläres Bewusstsein in dem Sinne, wie ihr das Gefühl habt, mit einem einzelnen Körper ausgestattet zu sein. Abraham ist ein Bewusstseins-Kollektiv. ... Es existiert ein Nicht-Physischer Bewusstseins-Strom, und wenn jemand von euch eine Frage stellt, gibt es viele, viele Bewusstseins-Punkte, die kanalisieren, was euch dann als eine einzige Perspektive erscheint (weil es, in diesem Fall, einen einzelnen Menschen gibt, Esther, der die Botschaft interpretiert oder artikuliert). Deshalb glaubt ihr, es mit einem Einzel-Bewusstsein zu tun zu haben. ... Wir sind multidimensional und vielgestaltig und ganz sicher multi-bewusst. ...*

Sofort fing ich an, Abraham Fragen zu stellen, und sie antworteten – anfangs indem sie die Worte mit Hilfe von Esthers Nase buchstabierten. Später entwickelte die Kommunikation sich dahingehend weiter, dass Esther Abrahams Nicht-physische Gedankenblöcke mit Hilfe ihrer Schreibmaschine in unsere Sprache übersetzte, und noch einmal einige Monate später begann Esther damit, die Gedanken, die sie von Abraham empfing, in gesprochene Worte umzusetzen.

Ein paar Jahre davor hatte ich das *Seth*-Material entdeckt. (Jane Roberts und Robert Butts hatten diese in hohen Auflagen veröffentlichten Bücher in ganz ähnlicher Weise empfangen wie wir Abraham.) Daher verstand ich einigermaßen, was uns da widerfuhr, aber soweit wir wussten, hatte weder Esther noch ich selbst bewusst um eine solche Erfahrung gebeten oder sie erwartet. Ich hatte lediglich nach Antworten auf die Frage gesucht, wie ich anderen Menschen wirkungsvoller beibringen könnte, ein erfolgreicheres Leben zu führen.

Sowohl Esther wie auch ich interessierten uns sehr für die Weisheit, die Abraham uns so bereitwillig übermittelten. Aber wir machten uns Sorgen, ob und wie sich ein scheinbar so seltsames Phänomen in unseren bereits fest etablierten Geschäftsalltag würde integrieren lassen. Die Geschäftsprinzipien, die ich lehrte, sollten gut vermittelbar sein. Meine oft erklärte Absicht war es, jeden Menschen, mit dem ich zusammenarbeitete, entweder zu inspirieren oder in seinem bisherigen Zustand zu belassen.

Auf keinen Fall wollte ich (und will es auch heute nicht), dass Menschen, die mit mir in Kontakt kommen, dadurch irgendwie beeinträchtigt, geschwächt oder entmutigt werden. Für Esther kam es einfach darauf an, dass die Prinzipien sich gut anfühlen sollten, wenn man sie praktisch anwandte.

Zunächst verspürte Esther einen mehr oder weniger natürlichen körperlichen Widerstand dagegen, die Abraham-Erfahrung zuzulassen. Zum Beispiel setzte sie sich anfangs, als dieses »Sprechen für Abraham« begann, in einen Sessel, die Augen fest geschlossen, die Hände an den Armlehnen festgeklammert, und sprach mit einer dieser verkrampften Haltung entsprechenden ziemlich schneidenden Stimme.

Im Lauf der Jahre, während Esther Abrahams Antworten auf die Fragen Tausender von Menschen übermittelte, entspannte sich ihr Körper während der Sitzungen immer mehr. Zuerst sprach sie mit offenen Augen, dann gestikulierte sie mit den Händen und Armen. Wiederum ein paar Jahre später sprach sie nicht länger im Sitzen, sondern im Stehen (sich auf eine Stuhllehne oder ein Pult stützend), und schließlich ging sie dabei sogar graziös im Raum hin und her.

Mit der Entspannung ihres Körpers entspannte sich auch ihre Stimme. Wenn Sie sich eine unserer frühen Bandaufnahmen anhören, werden Sie feststellen, dass Esther mit einem unbekannten Akzent spricht. Heute jedoch, nachdem sie seit fast zwanzig Jahren für Abraham spricht, unterscheidet sich der Klang dieser Stimme nicht mehr sehr von Esthers normaler Stimme. Was man jedoch immer deutlich bemerkt, ist Abrahams unverwechselbare Geisteshaltung und Ausdrucksweise.

Noch ein Hinweis, bevor ich dieses Vorwort abschließe: Wenn Sie unsere vorherigen Bücher *Wünschen und bekommen* und *Wunscherfüllung* kennen, haben Sie bereits von Abraham gelernt, dass wir diese physische Erfahrung auf der Erde aus schöpferischer Freude an der Reise erleben und dass wir nicht hier sind, um Dinge in Ordnung zu bringen und bestimmte Aufgaben zu lösen. Abraham lehrt, dass alle unsere Wünsche und Handlungen nur einen Beweggrund haben: unseren Glauben, dass wir uns durch sie besser fühlen werden als zuvor. Und Abraham sagt uns, dass es das Wichtigste ist, sich gut zu fühlen.

Wenn wir also nicht hier sind, um Dinge in Ordnung zu bringen und Aufgaben zu erledigen, wie können wir dann feststellen, ob unser Leben auf Erden ein Erfolg ist? Abraham lehrt, dass unser Erfolg sich nicht an dem misst, was wir in der physischen Welt leisten oder wie viel materiellen Besitz wir erwerben, sondern daran, wie viel Freude uns unser Leben bereitet.

Falls Sie also nach Hinweisen suchen, ob ein Mensch die Lehren Abrahams mit Erfolg anwendet, sollten Sie sich anschauen, wie viel Freude dieser Mensch erlebt, denn alles, was jeder von uns sagt, tut oder zu tun versucht (*was immer es sein mag*!), dient ausschließlich dem Zweck, sich besser zu fühlen als zuvor.

Vielleicht haben Sie herausgefunden, dass Reichtum, Gesundheit, zwischenmenschliche Beziehungen oder Erfolge im materiellen Bereich Sie nicht glücklich machen. Aber vielleicht wird Sie dann die folgende Erkenntnis verblüffen: Wenn Sie auf Ihrem Pfad der Freude bewusst ein Schwingungs-Gleichgewicht anstreben und aufrechterhalten, werden Sie wie von selbst und sozusagen nebenbei alles, was Sie sein, tun oder haben wollen, in Ihr Leben ziehen – und Sie werden dabei obendrein noch glücklich sein!

Esther und ich wenden jetzt seit zwei Jahrzehnten die Lehren Abrahams an, um unsere glückliche, fröhliche Beziehung lebendig zu erhalten. Wir haben brillante, liebenswerte und extrem fähige Mitarbeiter und Vertriebspartner gefunden, die es möglich machen, dass die geschäftliche Seite der Evolution dieser Philosophie reibungslos fließt und wächst. Auch haben wir außergewöhnliche Freunde in unser Leben gezogen, während wir uns zugleich voller Freude an jene Menschen erinnern, mit denen wir persönlich nicht mehr in Kontakt stehen.

Unsere Gesundheit ist perfekt: keine Ärzte (außer als Freunde), keine medizinischen Untersuchungen und keine Krankenversicherung – ja, ein paar kleinere körperliche Beschwerden kommen gelegentlich vor, aber wenn wir dann bewusst unser energetisches Gleichgewicht wiederherstellen, klingen sie schnell ab. Was die Finanzen angeht, haben wir im letzten Jahr mehr Steuern gezahlt, als wir in all den Jahren, bevor wir Abrahams Lehren kennen lernten, insgesamt an Profiten erwirtschafteten. Mit anderen Worten: Diese Lehren funktionieren!

Und darüber hinaus kenne ich keine glücklicheren Menschen als uns beide (vielleicht von unseren Enkelkindern Laurel, Kevin und Kate abgesehen). Esther und ich reisen durch die gesamten Vereinigten Staaten und veranstalten jährlich in über 60 Städten mit Tausenden von Teilnehmern Workshops über die *Kunst der Wunscherfüllung*. Dabei fahren wir in unserem »Monster-Bus« (einem umgebauten, fast 14 Meter langen Prevost-Reisebus), auf dessen Heck in sehr großen, freundlichen Lettern steht: DAS LEBEN SOLL SPASS MACHEN.

Seit meinem fünften Lebensjahr hatte ich, und vielleicht geht es Ihnen ja auch so, den Wunsch, anderen dabei zu helfen, ein glücklicheres Leben zu führen. Während sich mein Leben entfaltete, entdeckte ich viele verschiedene Wege, um diesen Wunsch zu verwirklichen. Während ich das hier für Sie aufschreibe, denke ich mit großer Zuneigung und Wertschätzung an jene Menschen (viel zu viele, als dass ich sie hier nennen könnte), die mein wunderbares Leben positiv beeinflusst haben. Und obwohl der Umstand, dass Abraham in unser Leben kam, nicht wirklich den *Lehren Abrahams* zuzuschreiben ist, die wir damals ja noch gar nicht kannten, so schreibe ich ihnen doch die massive physische Evolution dieser Botschaft zu. Ich schreibe ihnen auch die große Freude zu, die es Esther und mir bereitet, Abrahams auf Freude basierende Philosophie pragmatischer Spiritualität an Sie weiterzugeben.

Herzlichst, Jerry

Beachten Sie bitte, dass sich die Nicht-physischen Gedanken, die Esther empfängt, nicht immer völlig adäquat in physische Worte übersetzen lassen. Daher bildet sie manchmal neue zusammengesetzte Wörter, oder sie benutzt existierende Wörter auf neue Weise (zum Beispiel werden sie groß geschrieben). Damit soll neuen Wegen, das Leben zu betrachten, Ausdruck verliehen werden.

Darf ich vorstellen? – Abraham

Hallo, ich heiße Esther und übersetze die Schwingung von Abraham. Abraham hat mir erklärt, dass ich auf einer unbewussten Ebene meines menschlichen Seins in der Lage bin, ihre Schwingungs-Absicht zu empfangen. Sie sagen mir, dass ich diese Signale ganz ähnlich wie Funksignale empfange und diese dann in die passenden Worte übersetze. Sie haben mir erklärt, dass ich eine Brücke bilde zwischen der physischen Welt, in der *ich* fokussiert bin, und der Nicht-Physischen Welt, in der *sie* fokussiert sind.

Zu Beginn der Abraham-Botschaften haben sie mir erklärt, dass ich eine besonders gute Übersetzerin für sie bin, weil ich keine starken Vorurteile oder starren Ansichten hege, die es mir erschweren würden, die Botschaften klar zu empfangen. Sie sagten, damit sei nicht so sehr gemeint, dass ich ein unschlüssiger, entscheidungsschwacher Mensch sei, sondern dass ich keine ausgeprägten Abneigungen hätte. Ich nahm das Leben zum größten Teil einfach so, wie es kam, und befand mich gerade in einer besonders günstigen Schwingung, als ich den ersten Kontakt zu Abraham herstellte.

Abraham hat uns erklärt, dass jeder Mensch über die Fähigkeit verfügt, Informationen aus dem Nicht-Physischen zu empfangen, so wie ich von Abraham. So, wie wir alle schöne Musik komponieren oder schöne Bilder malen können. Das alles ist uns jederzeit und an jedem physischen Ort frei zugänglich. Und so, wie es in der Musik und der bildenden Kunst eine enorme Bandbreite gibt, besteht auch im Hinblick darauf eine enorme Brandbreite, wie die Menschen Nicht-Physische Energie interpretieren. Deshalb dokumentieren wir das, was ich von Abraham übersetze, stets als *Abraham-Hicks,* um meine einzigartige Art der Übersetzung von allen anderen zu unterscheiden.

Als ich anfing, für Abraham zu übersetzen, schlugen sie mir vor, dass ich nichts lesen soll, was andere Leute aufgeschrieben haben oder aufschreiben, damit meine Interpretation der Abraham-Botschaften nicht durch die Meinungen anderer beeinflusst wird. Sie wollten nicht, dass ich mir Sorgen machte, ich könnte unbewusst Informationen aus anderen Büchern oder von anderen Menschen einfließen lassen und die Botschaften dadurch verfälschen. Sie wollten, dass ich mir ganz sicher sein konnte, auf reine, unverfälschte Weise das zu übermitteln, was sie mir mitteilten.

Im Laufe der vielen Jahre habe ich manchmal Texte zur Hand genommen, die uns zugeschickt wurden, und ich kann beim Lesen immer fühlen, ob die Schwingung im Einklang ist oder nicht. Abraham hat mir versichert, dass ich heute nicht mehr Gefahr laufe, durch die Lektüre anderer Texte oder Bücher meine Fähigkeit zu beeinträchtigen, die Abraham-Botschaften genau wiederzugeben. Aber ich spüre, dass ich dann länger brauche, um mich auf Abrahams reines Denken einzustimmen. Daher ziehe ich es vor, nichts von den Büchern, Manuskripten oder anderen Texten zu lesen, die uns von vielen Leuten in bester Absicht zugeschickt werden, denn es ist mein Wunsch, das, was Abraham mir übermittelt, so klar und unverfälscht wie möglich zu übersetzen.

Abraham hat mir erklärt, dass wir (Abraham und Esther) Gedanke-für-Gedanke, Satz-für-Satz, Gespräch-für-Gespräch einen einzigartigen Weg gefunden haben, ihre Lehren den Menschen zu erläutern, und dass dieser Weg immer begehbarer und klarer wird. Wenn sie mir einen Gedankenblock übermitteln, gebe ich (unbewusst) mein Bestes, um die physischen Worte zu finden, die am genauesten die Bedeutung wiedergeben. Und wenn meine Worte und Abrahams Inhalte zusammenpassen, fließt die Energie, sodass kraftvolle, interessante und aufschlussreiche Botschaften in der physischen Welt »ankommen«. Und jedes Mal, wenn das jeweilige Thema erneut zur Sprache kommt, nimmt die Klarheit zu.

Sie glauben gar nicht, wie viel Spaß dieser Prozess mir macht! Ich kann die Liebe, Macht und Freude spüren, die Abraham empfindet, wenn sie durch mich sprechen. Nahezu täglich erhalten wir Einladungen aus aller Welt, Abraham-Hicks-Seminare durchzuführen, sodass unser Terminkalender Jahr für Jahr ein wenig wächst. Derzeit ist es uns leider nicht möglich, noch mehr Termine anzunehmen, sonst müssten wir dafür andere, bereits fest eingeplante Veranstaltungen absagen.

Jerry und ich sehen unsere Aufgabe in erster Linie darin, so vielen Menschen wie möglich Frage-und-Antwort-Sitzungen mit Abraham anzubieten, damit Abrahams Botschaft immer größere Verbreitung findet. Nichts macht uns größeren Spaß, als in einem Raum voller wissbegieriger Workshop-Teilnehmer zu sein, die es gar nicht erwarten können, Abraham ihre frisch vorbereiteten Fragen zu stellen.

Diese Fragen, zusammen mit jenen, die sich aus unserem eigenen Alltag ergeben, bewirken, dass Abrahams Botschaft immer klarer und umfassender wird. Und immer wenn Abraham einen Vorschlag macht, eine Empfehlung gibt, sind Jerry und ich stets bestrebt, sie zu verstehen und in unserem eigenen Leben anzuwenden. Im Laufe der Jahre hat Abraham viele Methoden vorgestellt – liebevoll sagen sie uns immer wieder, dass sie *ewige Methoden-Spender* sind, dass die Methoden aus ihnen nur so hervorsprudeln, wie aus einem Springbrunnen! Wenn sie also eine neue Methode präsentieren, nutze ich jede sich bietende Gelegenheit, um sie unverzüglich in meinem eigenen Leben anzuwenden – und die immer sehr zufriedenstellenden Resultate lassen nie lange auf sich warten. Ich sehe, was für ein wunderbares Leben wir führen und welche erstaunlichen Resultate wir in allen Lebensbereichen erzielen. Ich spüre die Sicherheit, die aus der Erkenntnis erwächst, dass wir wirklich unsere Realität selbst erschaffen, und erlebe, welche Befriedigung sich einstellt, wenn man sich eine so wundervolle Realität erschafft. Darum möchte ich das, was wir entdeckt haben, allen Menschen zugänglich machen.

Wir veranstalten ungefähr 60 Seminare pro Jahr und fahren von Stadt zu Stadt in unserem außergewöhnlichen Reisebus, den Abraham gerne liebevoll den »Monster-Bus« nennt. Immer wieder entdecken wir neue wunderschöne Orte, um den Bus zu parken, Spaziergänge zu unternehmen und unsere Bücher zu schreiben. Es ist wichtig für uns, Orte zu finden, wo wir uns großartig fühlen, denn das ist ein wichtiger Schlüssel zu einer guten Entspannung, die es wiederum ermöglicht, mit Abraham zu kommunizieren. Wenn wir uns zu Hause in Texas aufhalten, kann ich unter vielen stillen und schönen Plätzen auswählen, wo ich mich in Ruhe hinsetzen und Abrahams Botschaft empfangen kann. Mein Lieblingsplatz ist aber unser phantastisches Baumhaus. Stets bin ich von freudiger Erwartung erfüllt, was Abraham wohl diesmal zu sagen hat, wenn ich mit meinem Notebook hinauf in die Baumwipfel steige und mich für Abrahams herrliche Energie öffne.

* * *

Als ich die Augen schloss und mich entspannte, um den Anfang eines neuen wundervollen Buches zu empfangen, sagte Abraham zu mir: *Esther, diese Worte werden ganz leicht aus dir herausfließen. Unsere Bücher* »Wünschen und bekommen« *und* »Wunscherfüllung« *werden von so vielen Menschen gelesen, und immer mehr Fragen treffen bei uns ein. Darum wird es dir leichtfallen, dieses Buch zu empfangen, das eine Fortsetzung der ersten beiden, aber doch anders ist. Genieße diesen Entstehungsprozess. Es freut uns, wie viel Freude dir das Baumhaus bereitet. Lass uns beginnen. ...*

* * *

1. Kapitel

Eine neue Sicht des Lebens

Ganz im Gegensatz dazu, was viele unserer physischen Freude glauben, ist das Leben auf dem Planeten Erde so großartig wie nie zuvor … und es wird immer noch besser! Diese eindrucksvolle und absolut zutreffende Feststellung beruht nicht nur auf unseren eigenen Beobachtungen des Lebens auf der Erde in all seiner komplexen Vielfalt, sondern auch auf unserem Wissen um die mächtigen Gesetze des Universums und unserer Erkenntnis, dass alle Dinge sich ewig verbessern und weiterentwickeln.

Die Leute beklagen sich oft über das moderne Leben und sagen, dass früher vieles schöner gewesen sei. Und sie sehnen sich danach, zu diesen früheren Orten und Lebensumständen zurückzukehren. Aber wir denken niemals, dass die Zeiten früher besser waren, weil wir wissen, dass das, was als Nächstes kommt, stets das Beste ist, was das Leben zu bieten hat.

Die Leute missverstehen häufig ihre Rolle in diesem großartigen Prozess ewiger Ausdehnung und Evolution. In demütiger Bescheidenheit glauben sie, ihr eigenes Leben sei für den großen Lauf der Welt völlig bedeutungslos. Manche glauben, Gott oder eine andere höhere Macht hätte alle Dinge erschaffen, auch sie selbst. Sie denken, dass ihre Aufgabe hier auf Erden darin bestünde, einen Zustand größerer Göttlichkeit zu erreichen, und versuchen, das zu tun, was ihrer Ansicht nach Gott gefällt. Andere sind zu dem Schluss gekommen, dass es keinen Gott gibt, und deshalb versuchen sie gar nicht erst, irgendjemandem zu gefallen.

Aus unserer größeren, Nicht-Physischen Perspektive heraus erkennen wir die Kraft, den Sinn und den Wert des menschlichen Daseins, der menschlichen Seele und des menschlichen Denkens, denn wir wissen, dass Ihr Euch an vorderster Front des Evolutionären Denkens befindet. Wir wissen um den Wert der Euch umgebenden Vielfalt und um den *Sinn*, der den von Euch wahrgenommenen Gegensätzen zugrunde liegt. Wir spüren die Klarheit, die aus Eurer Konzentration auf Eure äußere Umwelt entsteht, und wir freuen uns an der Evolution des Denkens, die aus Eurer Auseinandersetzung mit Euren Lebenserfahrungen entsteht. Wir wissen, was Schöpfung bedeutet – und wir wissen um die Macht des Denkens.

Ihr seid nicht hier in Eurem Körper, um nach dem Nicht-Physischen zu streben, denn ihr seid niemals vom Nicht-Physischen getrennt. Ihr seid eine Ausdehnung – eine evolutionäre Ausdehnung – dieser Nicht-Physischen Energie. Euer Streben hier auf dem Planeten Erde sollte nicht auf eine Rückkehr ins Nicht-Physische ausgerichtet sein. Es ist vielmehr so, dass ihr das Nicht-Physische *herbeiruft*, es dorthin holt, wo Ihr gerade seid. Dadurch dehnt sich Alles-Was-Ist immer mehr aus. Dieses Herbeirufen, Euer schöpferischer Einsatz der Nicht-Physischen Energien ist die Ursache für diese Expansion und Evolution.

Alle Eure Bitten und Wünsche werden gehört und beantwortet

Wenn Ihr im Bewusstsein Eurer Umwelt und all ihrer gegensätzlichen, kontrastreichen Elemente Euer Leben lebt, findet ein natürlicher Klärungsprozess statt. Ihr werdet Euch über Eure persönlichen Vorlieben klar. Manchmal sind Euch diese Vorlieben so deutlich bewusst, dass Ihr von ihnen als Eure Wünsche sprecht, manchmal sind sie jedoch subtilerer Natur und bleiben unausgesprochen, denn solche Vorlieben können auf vielen Ebenen Eures Seins existieren. Sogar die Zellen Eures Körpers sind Bewusstseins-Punkte, die Gegensätze wahrnehmen und sich immer wieder neu über ihre Vorlieben klar werden. Tatsächlich ist alles, was Euch umgibt – Tiere, Bäume, sogar Steine, Erde und Staub – pulsierendes, lebendiges Bewusstsein. Und jeder dieser Bewusstseins-Punkte erfährt Kontraste und Gegensätze und entwickelt Vorlieben und aktiviert dadurch das Nicht-Physische.

Einfacher ausgedrückt: *Wenn Ihr um etwas bittet, so wird Euch gegeben. Es wird immer gegeben, jederzeit, ohne Ausnahme. ... Wenn Ihr oder irgendein anderes Bewusstsein um etwas bittet, dann wird gegeben.*

Und dieser einfache Prozess der Konfrontation mit Erfahrungen, die das Bewusstsein veranlassen, seine persönlichen Vorlieben zu definieren, aktiviert Schwingungen, die eine ewige Ausdehnung des Universums verursachen.

Wenn Ihr Euch klarmacht, dass alles, was Ihr in Eurer Raum-Zeit-Realität rings um Euch wahrnehmt, bewusst ist und dass *jeder* Bewusstseins-Punkt Erfahrungen macht, anhand derer er seine persönlichen Vorlieben herausbildet, und dass zudem jede dieser Vorlieben im Universum gehört und befriedigt wird, dann werdet Ihr so wie wir begreifen, dass alles im Universum wirklich sehr gut ist.

Ihr seid Schöpferinnen und Schöpfer, die machtvoll die Evolution vorantreiben

Ihr steht an der Spitze des Evolutionären Denkens und der Evolutionären Erfahrung und Ausdehnung. Dabei seid Ihr ganz sicher nicht allein, denn Alles-Was-Ist ist sich stets bewusst, wo Ihr gerade seid, was Ihr tut und was Ihr Euch wünscht. Der Nicht-Physische Aspekt Eures überaus evolutionären Selbst nimmt an dieser Entwicklung regen Anteil, freut sich an neuen Ideen und schließt sich Euch auf Eurem Weg in eine wunderbare Zukunft freudig an.

Es ist unser Wunsch, dass Ihr Euch an *alles* erinnert, was Ihr seid. Dann könnt Ihr Eure herausragende Stellung an der Spitze der Evolution genießen, so wie es einst Eure Absicht war, als Ihr Euch entschlossen hattet, in diesem physischen Körper auf die Erde zu kommen.

Ihr seid keine niederen Geschöpfe, die der Erleuchtung bedürfen. Ihr seid keine unbedeutenden Partikel in einem riesigen, endlosen Universum. Ihr seid keine in die Irre gegangenen und vergessenen Kinder, die verzweifelt versuchen, den Weg nach Hause zu finden. ... Ihr seid machtvolle Schöpfer an der Vorderfront der bedeutendsten Evolutionswelle aller Zeiten. Und es ist unser Wunsch, dass Ihr Euch dessen wieder bewusst werdet, damit Eure Zeit in diesem physischen Körper zu einer Zeit bewusster, aktiver Freude wird!

2. KAPITEL

Das Leben auf der Erde wird immer besser

Jede Generation auf Eurem Planeten profitiert von den Erfahrungen früherer Generationen. Diese Feststellung dürfte für alle, die sie lesen, ziemlich offensichtlich sein. Sie hat jedoch eine Brisanz und Kraft, die den meisten Menschen nicht auf Anhieb klar ist.

Betrachtet diese Feststellung im Licht des *Gesetzes der Anziehung (Gleiches zieht Gleiches an)*, und denkt daran, dass alles, was in der physischen Raum-Zeit-Realität existiert, nur deshalb existiert, weil aus dieser Raum-Zeit-Realität heraus jemand konzentriert gewünscht hat, dass es existieren möge. Dann wird Euch klar, welche Bedeutung all Euren Vorfahren zukommt, die sich konzentriert, Gegensätze durchlebt und Bitten an das Universum gerichtet haben – Bitten um die Beantwortung von Fragen, um die Lösung von Problemen, die Verbesserung einer Situation oder um die Erfüllung von Wünschen.

Dieses Leben inmitten von Kontrasten, bei dem immer neue Wünsche entstehen, aktiviert ständig die Schöpfungsenergie des Universums und ist die treibende Kraft jeglicher Evolution.

Bewusste Schöpfung schenkt Freude und Befriedigung

Wir haben schon oft über den Schöpfungsprozess gesprochen und immer wieder dargelegt, dass Ihr Eure Erfahrungen selbst erschafft. Und viele von Euch werden sich jetzt des untrennbaren Zusammenhangs bewusst zwischen dem, was Ihr denkt, wie sich dieser Gedanke anfühlt und was sich dann in Reaktion auf diesen Fokus in Eurem Leben manifestiert. Immer mehr Menschen überall auf der Welt werden zu Schülern in der Kunst der Bewussten Schöpfung, konzentrieren sich bewusst auf spezifische persönliche Schöpfungen und finden dabei große Befriedigung.

Es gefällt uns sehr, wenn unsere physischen Freunde ihr Denken bewusst auf ein Ziel ausrichten, während sie zugleich ihre emotionalen Reaktionen auf diese Gedanken beobachten – wodurch sie sich immer angenehmere äußere Lebensumstände erschaffen, was eine wirklich befriedigende Sache ist.

Es gefällt uns sehr, dass unsere physischen Freunde, wenn sie sich mit unerwünschten Lebenssituationen konfrontiert sehen, ihren Aufmerksamkeits-Fokus bewusst modifizieren, wodurch sich ihr Gefühlszustand ändert und sie damit andere Dinge in ihr Leben ziehen, sich also positivere Resultate einstellen. Auch das ist eine wirklich befriedigende Sache.

Sich bewusst zu *konzentrieren* und zu *fokussieren* ist demnach *Bewusste Schöpfung*, und es ist sehr befriedigend, *bewusst* positive Resultate und Situationen zu erschaffen. Es ist sehr befriedigend, die eigene körperliche Verfassung von Krankheit hin zu Gesundheit zu verändern. Es ist sehr befriedigend, mehr Geld heranzuziehen, weil Ihr Euch dann viele befriedigende Dinge leisten könnt. Es ist sehr befriedigend, zwischenmenschliche Beziehungen positiv zu verändern, sich ein neues Haus leisten zu können und ein neues Auto zu fahren. Es ist sehr befriedigend, wenn Ihr die Kontrolle über all die physischen Stolpersteine habt, die sonst Eure Lebensfreude beeinträchtigen könnten. ...

Die Kunst der Wunscherfüllung

Damit Wünsche in Erfüllung gehen können, müsst Ihr Euch innerlich öffnen. Die Kunst der Wunscherfüllung könnte man auch eine Kunst des Sich-Öffnens nennen. Um Euch bewusst die Lebensumstände zu erschaffen, die Ihr Euch wünscht, müsst Ihr Euch öffnen für die persönliche Verbindung mit dem Strom des Wohl-Seins und allem, was Ihr als gut anseht.

Natürlich geht es bei der bewussten Schöpfung um die Resultate, die Wunscherfüllung, die Manifestation der Dinge, Erfahrungen und Zustände, die Ihr herbeisehnt, aber ebenso wichtig ist der *Prozess* des Schöpfens. Mit anderen Worten, es ist wunderbar, wenn Ihr Euch ein neues Auto manifestiert habt – aber im Leben geht es vor allem um den *Prozess*, der zu solchen Manifestationen führt.

Im Leben geht es vor allem um dieses leise nagende Gefühl der Unzufriedenheit mit Eurem bisherigen Auto … und dann um den sanften Prozess, bei dem Ihr Euch über Eure persönlichen Vorlieben klar werdet, erkennt, dass Ihr gerne etwas anderes möchtet … und Euch dann gefühlsmäßig mit der Idee und den Details Eures neuen Wunschautos identifiziert … und dann bewusst miterlebt, wie die Energien und Situationen sich so formen, dass dieses neue Auto zu Euch kommen kann.

Im Leben geht es um den nie endenden Prozess der Neu-Fokussierung von einem Evolutionsschritt zum nächsten. Das Leben fließt ständig durch Euch hindurch, aber die wahre Lebenskunst besteht darin, dass Ihr Euch dieses Lebensstromes in Euch ständig bewusst seid.

Eine Manifestation ist die Erreichung eines Endresultates; wenn Ihr bewusst Euer Schwingungs-Gleichgewicht steuert und aufrechterhaltet, lebt Ihr ein wirklich *bewusstes Leben*; dann lebt Ihr wirklich die *Kunst der Wunscherfüllung*.

Die erstaunliche Kraft der Bewussten Absicht

Dieses evolutionäre Buch soll Euch also eigentlich deutlich machen, wie wichtig es ist, wenn Ihr Resultate erzielen wollt, dass Ihr einerseits eine bewusste Absicht verfolgt und andererseits Eure Energie im Gleichgewicht haltet. Letztlich ist Eure energetische Balance sogar wichtiger als das Setzen von Zielen und die Konzentration auf Endresultate. *Absicht und Erfolg* beschäftigt sich vor allem mit dieser sehr wichtigen Unterscheidung.

Wenn Ihr die hier vorgestellten Methoden versteht und effektiv anwendet, werdet Ihr nicht nur rascher Eure Wünsche und Ziele verwirklichen, sondern sogar schon *bevor* die gewünschte Manifestation eintritt, jeden einzelnen Schritt Eures Weges genießen. Wenn Ihr Euer Leben wirklich *lebt*, werdet Ihr Freude nicht mehr nur innerhalb eines langen, zähen Prozesses als kurzen Moment der Befriedigung erleben, der sich gelegentlich einstellt, wenn einer Eurer Wünsche in Erfüllung geht. Die Freude wird dann Eure ständige Reisebegleiterin werden.

3. Kapitel

Der Tod – nur ein weiterer Neuanfang

Die meisten Menschen haben keine genaue Vorstellung, wer sie eigentlich sind. Sie wissen nicht wirklich, woher sie kommen und wohin sie gehen. Und, was noch wichtiger ist, sie wissen nicht, warum sie sich hier auf dem Planeten Erde befinden.

Wir sagen Dir, wer Du für uns bist – und wie Du in das größere Bild von *Allem-Was-Ist* hineinpasst –, denn wir wissen, wie wichtig unsere Perspektive für Dich sein kann. Wenn Du Dich erinnerst, wer Du bist, und ein Gefühl der Kontinuität wiedererlangst, ein Wissen darüber, woher Du kommst und wohin Du gehst, wird Dein Jetzt Dir unendlich mehr Befriedigung schenken.

Am leichtesten können wir Dir die Ganzheit Deines Seins erklären, wenn wir Deinen physischen Tod erörtern. Das mag Dir seltsam erscheinen, wenn Du zu denjenigen unserer physischen Freunde gehörst, die den »Tod« als das »Ende« ihrer Lebenserfahrung betrachten. Wir jedoch betrachten das, was Ihr als »Todeserfahrung« bezeichnet, nicht als das Ende von irgendetwas, denn jeder Mensch ist ein Wesen, das ewig lebt.

So wie der »Tod« nicht das Ende Deiner Lebenserfahrung sein wird, war das, was Ihr »Geburt« nennt, nicht der Anfang. Du bist Ewiges Bewusstsein, das sich in einem niemals endenden, wunderbaren Tanz des Bewusstseins selbst erfährt und schöpferisch ausdrückt. Du wirst niemals aufhören zu existieren.

Wenn Du erlebst, was Ihr den »physischen Tod« nennt

(wir setzen dieses Wort in Anführungszeichen, denn in Wahrheit gibt es so etwas wie den Tod nicht), ziehst Du Dein Bewusstsein aus jenem Aufmerksamkeits-Fokus zurück, den Du jetzt als deine physische Persönlichkeit erlebst, und konzentrierst Dich vollständig auf den Nicht-Physischen Bereich. Sobald sich dieser Wechsel Deines Fokus vollzieht, lässt Du alle Minderwertigkeits-gefühle, alle Zweifel, alle Sorgen, allen Hass, alle Wut hinter Dir. In einem Augenblick, zu kurz, um ihn zu messen, *tauchst Du wieder ein in die freudige, reine, positive Energie-Perspektive, die Dein wahres Sein ist.*

Wenn Du Dich dazu entschließt, Dich in der physischen Welt zu verkörpern, fokussiert sich nur ein Teil Deines Bewusstseins vorübergehend in diesem Körper. Wenn Du den »physischen Tod« erlebst, ziehst Du diesen Teil Deines Bewusstseins aus dem physischen Bereich ab und fokussierst ihn wieder im Nicht-Physischen.

Du bist aufgrund Deiner eigenen Bewussten Absicht hier

Aus der Nicht-Physischen Perspektive ist es keine leichte Entscheidung, sich in einem physischen Körper zu fokussieren. Wenn Du Dich entscheidest, einen Teil Deines Bewusstseins in diese Raum-Zeit-Realität zu projizieren, geschieht das stets mit einer klaren, genau definierten Absicht. Und eine solche Verkörperung ist stets von großer Begeisterung getragen. Ihr vibriert dann jedes Mal geradezu vor freudiger Erwartung. Dafür gibt es zahlreiche Gründe:

- Du weißt, dass Du ein Ewiges, Unsterbliches Wesen bist.
- Du kennst den Wert Deines Seins.

- Du zweifelst nicht an Deinem Wert.
- Du weißt, dass das Leben in dieser Raum-Zeit-Realität sich an der Vorderfront der Evolution abspielt.
- Du weißt, dass Du in eine stabile Umwelt hineingeboren wirst.
- Du weißt, dass Wohl-Sein das vorherrschende Prinzip in dieser Umwelt ist.
- Du weißt, dass dies eine Umwelt mit einer faszinierenden Vielfalt interessanter Elemente ist.
- Du verstehst die Gesetze des Universums und die Grundlage aller Schöpfungsprozesse.
- Du bist ein Meister-Schöpfer, und Du weißt das.
- Du liebst es, kreativ und schöpferisch zu sein.
- Du weißt, dass Du das Schöpfungs-Handwerk ausgezeichnet beherrschst.
- Du kennst und schätzt das *Gesetz der Anziehung*.
- Du weißt, dass dieses Gesetz absolut fair und verlässlich ist.
- Du kannst es kaum erwarten, in Deine neue Umwelt »hineinzuschlüpfen«, damit sie Dich zu neuen persönlichen Vorlieben und Wünschen inspirieren kann.
- Du genießt es, immer neue, frische Wünsche zu haben.
- Du weißt, dass das Universum auf jeden Wunsch reagiert.
- Du liebst das anregende Gefühl, wenn Wünsche in Dir geweckt werden.
- Du weißt, dass Wünsche zu haben bedeutet, lebendig zu sein und das Leben wirklich zu spüren.
- Du findest Gegensätze und Kontraste gut, denn Du weißt, welchem Zweck sie dienen.
- Du weißt, dass Deine Wünsche durch Deine Auseinandersetzung mit Gegensätzen und Vielfalt geboren werden.

- Dass immer neue Wünsche in Dir entstehen ist für Dich eine Quelle der Freude und ein unvermeidliches Resultat Deiner Teilhabe am Prozess der Evolution, der hier auf der Erde besonders lebhaft und intensiv ist.
- Du verkörperst Dich auf der Erde nicht in der Erwartung, irgendetwas vollenden zu müssen, denn Du weißt um die ewige Natur Deines Selbst und des *Alles-Was-Ist*.
- Du weißt, dass das Leben sich unendlich entfaltet und es nicht Deine Aufgabe – oder überhaupt irgendjemandes Aufgabe – ist, es zu vollenden oder abzuschließen.
- Du begreifst, dass ständige Ausdehnung das natürliche Resultat Deiner Konzentration auf die Kontraste des Lebens ist, weil die Kontraste immer neue Wünsche in Dir wecken.
- Da Du weißt, dass jeder Deiner Wünsche erfüllt wird, gehst Du Kontrasten nicht aus dem Weg, denn sie helfen Dir, Dich auf Wünschenswertes zu konzentrieren.
- Du weißt, dass Vielfalt und Gegensätzlichkeit Dich veranlassen werden, Deine persönlichen Vorlieben zu definieren, von denen jede, sei sie klein oder groß, augenblicklich vom Universum beantwortet wird.

Damit Du also das Kontinuum Deines wahren Seins erfahren kannst, musst Du zunächst anfangen, Deine an Gegensätzen reiche Umwelt wertzuschätzen.

Du bist in der Erwartung hier,
neue Wünsche hervorzubringen

Wir möchten Dir dabei helfen, jene freudige Erwartung zurückzuerlangen, mit der Du Dich einst in Deinen physischen Körper und diese Raum-Zeit-Realität gestürzt hast. Du bist nicht hergekommen, um etwas Kaputtes zu reparieren oder um dabei zu helfen, eine irregeleitete Welt wieder auf den richtigen Kurs zu bringen. Du bist nicht hergekommen, um Deinen Wert unter Beweis zu stellen oder um eine Belohnung zu erlangen für Anstrengungen, die Du in diesem physischen Leben auf Dich nimmst. ... Du bist hierher gekommen mit dem vollen Wissen um Deinen eigenen Wert und mit der Gewissheit, dass die Welten vollkommen sind, die physische ebenso wie die Nicht-Physische. Du bist gerne und bereitwillig in diese an Gegensätzen reiche Umwelt gekommen, weil Du wusstest, dass in dieser Umwelt viele frische, neue persönliche Wünsche entstehen würden: Wünsche, die *Energie* und *Bewusstsein* aktivieren und die schöpferische Evolution von *Alles-Was-Ist* immer neu anregen und inspirieren.

Damals wusstest Du, dass Du Leben bist, das schöpferisch immer neues Leben hervorbringt.

Und, was noch wichtiger ist, Du wusstest (und Dein Nicht-Physischer Teil weiß es immer noch), dass der einzige Grund für das alles – die *Lebensfreude* ist!

4. Kapitel

Jeder Mensch ist eine Schwingungs-Ausdehnung des Nicht-Physischen

Da Du Dich in Deinem physischen Körper kennen ge-
lernt hast, kennst Du Dich, wenn Du so bist wie die
meisten unserer physischen Freunde, nicht so, wie wir
Dich kennen. Du siehst Deine physische Natur – Dein
Selbst aus Fleisch und Blut, sozusagen. Und natürlich er-
kennen wir dieses physische Selbst voll und ganz an.
Doch weit über die physische Manifestation hinaus, die
Du als Deinen Körper kennst, kennen wir Dich als *Be-
wusstsein*, als *Schwingung* und als eine Ausdehnung des
Energiestroms der Ur-Kraft.

Du bist weit mehr *Schwingung* und *Energie* als dass
Du das physische Wesen bist, mit dem Du Dich identifizierst. Und nur wenn Du Dich als Schwingungs-Wesen
begreifst, wirst Du Dir des Schwingungsenergie-Konti-
nuums bewusst werden, das Dein wahres Sein ist. Und
nur wenn Du dieses Kontinuum bewusst erkennst, wirst
Du Deine wirkliche Bestimmung in diesem Körper erfüllen und diesen Prozess wirklich genießen können.

Oft fühlen sich die Menschen desorientiert, wenn sie
versuchen, sich als *Schwingung* oder *Energie* zu sehen,
da sie es gewohnt sind, nur die physischen Manifestationen dieser Schwingungen zu beobachten. In Eurer Wahrnehmung Eurer Welt und ihrer physischen Merkmale
konzentriert Ihr Euch oft derartig auf die *Ergebnisse* der
Schwingungen, dass Ihr die Schwingungen, die für diese
Ergebnisse verantwortlich sind, gar nicht beachtet.

Emotionen zeigen Dir Deine
Nicht-Physische Relativität an

Die Sinne, mit denen Dein physischer Körper Schwingungen misst, funktionieren so präzise und ausgeklügelt, dass Du das Vorhandensein dieser Sinne oft gar nicht bemerkst und Dir nicht darüber im Klaren bist, dass Du sie benutzt, um Deine physische Realität zu definieren – aber dies ist nun einmal eine Schwingungs-Welt, und alle Deine Wahrnehmungen beruhen auf Deiner Fähigkeit, Schwingungen zu deuten:

- Deine Augen deuten Schwingungen, was Dir das Sehen ermöglicht.
- Deine Ohren deuten Schwingungen, und dadurch kannst Du hören.
- Deine Nase deutet Schwingungen, und das verhilft Dir zu Deinem Geruchssinn.
- Deine Haut deutet Schwingungen, wodurch Du über einen Tastsinn verfügst.
- Deine Zunge deutet Schwingungen, was Dich in die Lage versetzt, zu schmecken.

Deine Fähigkeit, zu verstehen, wer Du als Ewiges Nicht-Physisches Wesen bist (und wer Du hier in Deinem physischen Körper bist), beruht auf jenen Schwingungs-Messinstrumenten, die Du »Emotionen« nennst.

Deine Emotionen zeigen Dir jederzeit an, wie es um die Schwingungs-Beziehung zwischen Deinem Nicht-Physischen Selbst und Deinem physischen Selbst bestellt ist. Nichts ist wichtiger für Dich als diese Beziehung, und nichts kann Deine physischen Erfahrungen stärker verbessern als ein klares Verständnis Deiner Emotionen, denn sie verraten Dir alles, was Du über die Beziehung zwischen Deinem physischen Selbst und Deinem Nicht-Physischen Selbst wissen musst.

Verbunden-Sein, Dein
natürlichster Seinszustand

Mit bewusster Absicht und etwas Übung wirst Du Dir nicht nur Deiner Beziehung zu Deinem Nicht-Physischen Selbst bewusst werden, sondern es wird Dir gelingen, Dich schwingungsmäßig dauerhaft auf dieses Selbst einzustimmen.

Wir nennen das bewusste Schwingungs-Harmonie mit Deiner Ursprungsenergie ... die *Kunst des Sich-Öffnens*, die erst die Wunscherfüllung möglich macht. Du öffnest Dich für die Gesamtheit Deines Seins, um an diesem großartigen Augenblick der Evolution voll bewusst teilzuhaben.

Jedes Mal, wenn Du diesen wundervollen Zustand des Verbunden-Seins erreichst, fühlst Du Dich lebendiger; Du empfindest Neugierde, Leidenschaft, Liebe, Wertschätzung, Klarheit, Vitalität und Begeisterung. Mit anderen Worten, Du lässt es zu, dass Du von allem profitieren kannst, zu dem Du geworden bist. *So bist Du in der gegenwärtigen bahnbrechenden Phase der Evolution auf dem Planeten Erde voll und ganz gegenwärtig.* Das ist die optimale kreative Erfahrung; es ist die optimale Form Deines persönlichen Lebensausdrucks – und es ist Dein natürlichster Seinszustand.

Dieses Verbunden-Sein mit Deinem gesamten wahren Selbst erreichst Du also, indem Du Schwingungs-Harmonie anstrebst. Du passt sozusagen die Schwingungsfrequenzen optimal an, so als würdest Du an Deinem Radio einen bestimmten Sender einstellen. Auch hier muss die Frequenz richtig eingestellt sein, damit Du einen klaren Empfang hast.

Zwar ist Dein physischer Körper nicht mit einem Einstellknopf und einer Frequenzanzeige ausgestattet, aber Deine Emotionen sind das Instrument, das Dir anzeigt, ob Deine Schwingungen optimal justiert sind. *Wenn Du auf Deine Emotionen achtest, kannst Du den Weg zu optimaler Schwingungs-Harmonie mit Deiner Ur-Kraft buchstäblich »erfühlen«.*

5. Kapitel

Du bist hergekommen, um Deine Erfahrung selbst zu erschaffen

Wenn Du einmal eine bewusste Verbindung zwischen Deiner physischen Persönlichkeit (das, was Du als Dein Ich in diesem Körper kennst) und Deinem Ewigen Nicht-Physischen Bewusstsein (Deinem wahren Selbst) hergestellt hast, kannst Du Dich dem wahren Sinn dieses physischen Lebens widmen.

Nur wenn Du Dir der Kontinuität Deiner Existenz bewusst wirst – der Tatsache, dass Dein jetziges Dasein nicht mit der physischen Geburt begonnen hat, sondern eine Fortsetzung und Ausdehnung Deines wahren Seins ist –, bist Du in der Lage, ein wirklich befriedigendes, erfülltes Leben zu führen.

Eine weitere wichtige Komponente eines befriedigenden physischen Lebens ist, dass Du Dich selbst wertschätzt, was Dir nur gelingen wird, wenn Du eine gute Verbindung zu Deinem Nicht-Physischen Teil aufbaust. Mit anderen Worten, wenn Du nicht bewusst erkennst, wer Du wirklich bist, und Dich schwingungsmäßig nicht auf dieses wahre Sein einstellst, fehlt Dir etwas, das Du auf andere physische Weise nicht ersetzen kannst.

Wenn Menschen nicht in Harmonie mit ihrem *Nicht-Physischen Sein, Gott*, der *Ur-Kraft* (es gibt viele Namen für Euren Nicht-Physischen Teil) schwingen, stellt sich bei ihnen ein Gefühl der Leere ein, das sie auf unterschiedliche Weise zu füllen versuchen: Manche streben nach Anerkennung durch andere, manche suchen Sicherheit in der Befolgung der strikten Regeln einer bestimmten Gruppe und manche wollen durch perfektes persönliches Verhalten beeindrucken, indem sie ständig ihr Verhalten mit dem Verhalten anderer vergleichen – aber es gibt keinen Ersatz für echte Schwingungs-Harmonie mit Eurem Selbst.

Schwingungs-Harmonie mit Deinem wahren Sein

Nichts ist wichtiger als eine optimale Schwingungsharmonie, also eine Aufrechterhaltung der Verbundenheit zwischen Deinem physischen Selbst und Deinem größeren, Nicht-Physischen Selbst.

Die gesamte Qualität Deines Lebens hängt davon ab, ob und wie gut Du mit Deinem Inneren Sein in Verbindung stehst – jenem größeren Du, aus dem Du hervorgingst, als Du in diesem physischen Körper geboren wurdest.

Hast Du einmal begriffen, wer Du wirklich bist, und arbeitest bewusst darauf hin, in Schwingungs-Harmonie mit diesem Deinem wahren Sein zu treten, wird sich alles andere in Deinem Leben auf wunderbare Weise fügen. Sorgst Du dagegen nicht für eine gute Verbundenheit, gibt es nichts, was diese Leere füllen und an die Stelle dieser Verbindung treten könnte.

Manchmal kommt es vorübergehend zu einer Schwingungs-Harmonie, weil Du etwas Schönes wahrnimmst oder durch die Begegnung mit einem Menschen, der sich selbst in Harmonie befindet.

Manchmal stolperst Du sozusagen in die Schwingungs-Harmonie hinein, ohne zu wissen, was Du tust, vielleicht weil Du tiefe Wertschätzung für einen Menschen oder eine Sache empfindest. ... Aber wenn Du ein optimales Leben führen möchtest, solltest Du Dir bewusst sein, welchen Wert die Schwingungs-Harmonie hat und wie Du sie ständig aufrechterhalten kannst. Das nennen wir *Bewusste Schöpfung*.

Das Innere Sein und Dein »Emotionales Feedback-System«

Dein *Emotionales Feedback-System* zeigt Dir an, inwieweit Deine eigene momentane Schwingung mit der Schwingungs-Frequenz Deines *Inneren Seins* übereinstimmt. Und wenn Du an das Verbunden-Sein zwischen Deinem physischen Selbst und dem größeren Selbst denkst, leuchtet das vollkommen ein.

Du bist eine evolutionäre Ausdehnung Deines Nicht-Physischen Ursprungs-Selbst. Wenn Du nun hier, an der Vorderfront der Evolution, Deine Aufmerksamkeit auf irgendetwas richtest, sendest Du eine Schwingungs-Frequenz aus, die entweder mit der Sichtweise Deines *Inneren Seins* übereinstimmt oder nicht.

Nehmen wir beispielsweise an, Dir unterläuft bei Deiner Arbeit ein Fehler. Du bemerkst den Fehler und korrigierst ihn. Aber dann ärgerst Du Dich über Dich selbst oder machst Dir Vorwürfe wegen Deiner Unachtsamkeit. Du nimmst den Fehler zum Anlass, schlecht über Dich selbst zu denken. Damit weichst Du von der liebevollen Schwingungs-Frequenz Deines Inneren Seins ab. *Denn Dein Nicht-Physischer Wesensteil* (die *Gott-Kraft*, die *Ur-Kraft* oder *Ursprungsenergie*, Dein *Inneres Selbst*, oder wie immer Du die Ewige Nicht-Physische Energie nennst, aus der Du hervorgegangen bist) *empfindet niemals, unter keinen Umständen, etwas anderes als Liebe und Wertschätzung für das, was Du bist.*

Hast Du einmal gelernt, die Gefühle der Harmonie in Beziehung zu den Gefühlen der Disharmonie zu erkennen, kannst Du beginnen, Dein *Emotionales Feedback-System* effektiv zu gebrauchen.

Du kannst dann sagen:

Ich befinde mich in Harmonie oder in Disharmonie (mit der Energie meines Nicht-Physischen Selbst)

Ich bin in Kontakt oder nicht in Kontakt (mit der Energie meines Nicht-Physischen Selbst)

Ich bin offen (für die Energie meines Nicht-Physischen Selbst) *oder ich habe Widerstand aufgebaut*

Diese bewusste Wahrnehmung Deines Gefühlszustandes ist der einzige Indikator, an dem Du erkennen kannst, in welchem Maße Du gegenwärtig für die Gesamtheit Deines Seins offen bist. Zwar kann es auch sein, dass andere Menschen Dich inspirieren oder beeinflussen, aber den Grad Deiner Verbundenheit mit der Ur-Kraft kannst Du aus ihrem Verhalten Dir gegenüber nicht ablesen. Im Leben der anderen gibt es zu viele fremde Faktoren, die nichts mit Dir zu tun haben. Verlasse Dich daher, was die Pflege Deines Verbunden-Seins mit der Ur-Kraft angeht, nicht auf den Rat oder das Feedback anderer Menschen.

Erfühle Deine energetische Harmonie

Um glücklich zu sein und Dein eigenes Leben bewusst erschaffen und gestalten zu können, musst Du lernen, in jedem Augenblick die Qualität Deiner momentanen Schwingungs-Verbindung zu Deiner Ur-Kraft bewusst zu erkennen. Du musst fühlen, ob Deine gegenwärtigen Gedanken über die aktuelle Situation sich in Einklang befinden mit dem, was Dein Inneres Sein darüber denkt.

Das ist es, worum es bei der *Bewussten Schöpfung* eigentlich geht; und wenn Du in der Lage bist, die Schwingungs-Disharmonie oder -Harmonie zwischen diesen beiden Schwingungszentren bewusst zu *fühlen*, machst Du bewussten Gebrauch von Deinem *Emotionalen Feedback-System*.

Wenn Du bewusst Gedanken wählst, die Dein physisches und Dein Nicht-Physisches Selbst in Einklang bringen, nennt man das *Energetische Harmonisierung*. Dadurch erwachst Du zur wahren Macht und Kraft Deines Selbst. Diese Harmonie solltest Du unbedingt anstreben – es gibt nichts, was sie ersetzen könnte.

Wenn Du Dich im Zustand der Schwingungs-Harmonie befindest, erlebst Du Klarheit, Vitalität, körperliches Wohlbefinden, Fülle an allen Dingen, die Du als gut betrachtest, und eine überschäumende Lebensfreude. *Das ist Dein natürlicher Seinszustand*.

6. Kapitel

Die Anziehungskraft Deines schöpferischen Denkens

Auch wenn Du Dir Deiner energetischen Natur vielleicht nicht voll bewusst bist, so bist Du dennoch ein energetisches, ein Schwingungs-Wesen, das in einem Schwingungs-Universum lebt. Tatsächlich ist alles, was existiert, Schwingung!

Wenn Du Deine Aufmerksamkeit auf etwas richtest: auf eine Idee, eine Erinnerung, eine Situation, die Du beobachtest, auf einen Traum oder auf eine Phantasie, die Du visualisierst ... aktivierst Du jedes Mal eine Schwingung. Und da diese Aktivierung durch Deine Aufmerksamkeit erfolgt, wird dieser Schwingungs-Inhalt damit zu Deinem Punkt der Anziehung. *Jedes Mal, wenn Du über eine Sache nachdenkst, machst Du damit deren Schwingung zu einem aktiven Bestandteil Deiner Schwingungs-Essenz – und der Gegenstand Deiner Aufmerksamkeit bewegt sich auf Dich zu.*

Die meisten Leute sind sich nicht bewusst, dass sie, wenn sie über etwas nachdenken, die Essenz dieses »Etwas« in ihren Erfahrungsbereich einladen. Natürlich wusstest Du damals, als Du beschlossen hattest, in diesem Körper geboren zu werden, um die energetische Natur Deiner Welt und dieses Universums, und Du warst darüber sehr begeistert, denn Du glaubtest an Deine Fähigkeit der bewussten Konzentration.

Das Wissen um die Schwingungs-Natur Deines Universums ist zugleich tröstlich und erfrischend: *tröstlich* in dem Sinne, dass es nichts gibt, wovor Du Dich fürchten musst, denn es kann nichts zu Dir kommen, das Du nicht eingeladen hast; und *erfrischend* in dem Sinne, dass Du alles, was Du möchtest, in Deinen Erfahrungsbereich hereinziehen kannst, um Dich daran zu erfreuen.

Wenn Du erkennst, dass Du selbst alle Dinge, die zu Dir kommen, in Dein Leben holst, und die Kontrolle darüber hast, was zu Dir kommt, eröffnen sich Dir neue Horizonte. … Es gibt dann keinen Grund, Deine Erlebnismöglichkeiten durch übertriebene Vorsicht zu beschränken, denn nichts Unerwünschtes kann mehr in Dein Leben eindringen. Du, und das gilt ausnahmslos für jeden, bist der Schöpfer oder die Schöpferin all Deiner Erfahrungen, und niemand sonst hat Macht über Deine Erfahrungen.

Das mächtige, universale »Gesetz der Anziehung«

So wie das Gesetz der Schwerkraft für alle *physische Materie* Eures Planeten wirksam ist, regiert das *Gesetz der Anziehung* über alle Schwingungen. Jede Gedankenprojektion, ob Du Dich dabei auf die Vergangenheit, die Gegenwart oder die Zukunft konzentrierst, ist eine Schwingung und besitzt somit Anziehungskraft. Jeder Gedanke sendet ein Signal, ähnlich einem Funksignal. Das *Gesetz der Anziehung* erkennt dieses Signal und bewirkt eine Angleichung der Schwingungen. Dieses mächtige, allgemeingültige Gesetz (wonach Gleiches sich anzieht) reagiert stets in gleicher Weise auf die Schwingungen, die Du aussendest. Es gibt keinerlei willkürliche, widersprüchliche Reaktionen, die das *Gesetz der Anziehung* unverständlich und unvorhersagbar machen würden. Es ist allgemeingültig, konsequent und fair. Es reagiert immer. Und es ist der beste Freund eines jeden Bewussten Schöpfers. Wenn Du Dir die stets absolut zuverlässige Wirkungsweise dieses

Gesetzes klarmachst und Dein *Emotionales Feedback-System* bewusst anwendest, versetzt Dich das in die Lage, Dir ein wunderbares, glückliches Leben zu erschaffen.

Wähle die Objekte Deiner Aufmerksamkeit gezielt und bewusst und führe mit Hilfe Deines *Emotionalen Feedback-Systems* eine ständige Feinabstimmung Deiner Bewusstseins-Ausrichtung durch. So wirst Du zu einem erfolgreichen Bewussten Schöpfer, der seine Bestimmung in diesem physischen Leben voll und ganz erfüllt – denn Du ermöglichst es dadurch, dass die Perspektive Deiner Ur-Kraft in Deiner evolutionären Lebenserfahrung präsent ist, während Du mit Deinen wunderbaren schöpferischen Talenten dem Denken neue Horizonte eröffnest.

Deine Lebenserfahrung ist einzigartig und persönlich

Auch wenn Du vielleicht andere Menschen kennst, die ähnliche Erfahrungen machen, ist Dein Leben trotzdem einzigartig. Anders ausgedrückt, wenn Du Dich, mit den Komponenten Deiner Raum-Zeit-Realität interagierend, durch Deine Welt bewegst und die Dich umgebende Vielfalt und Gegensätzlichkeit erlebst, klärst und bestimmst Du dabei automatisch und ständig Deine persönlichen Vorlieben. Da Deine Perspektive einzigartig und evolutionär ist, entwickelst Du auch immer wieder einzigartige Vorlieben und Wünsche, die Du als Schwingungs-Signale aussendest. Da diese Schwingungen gemäß dem *Gesetz der Anziehung* entsprechende Erfahrungen zufolge haben, erfährst Du – und damit auch Dein Inneres Sein und Deine Ur-Kraft – die evolutionäre Ausdehnung und Verwirklichung Deiner Schwingungen.

Dein Nicht-Physischer Teil genießt diese evolutionäre Ausdehnung voller Freude, denn es gibt nichts Schöneres, als diese bahnbrechende Evolution aus erster Hand zu erleben.

Wir schreiben dieses Buch, um Euch zu zeigen, wie wichtig und aufregend diese evolutionäre Perspektive ist. Wir wollen, dass Ihr bewusst erkennt, an welch herausragender Stellung innerhalb der Evolution Ihr Euch befindet und über wie viel grandiose Schöpfungsenergie Ihr verfügt. …

Zukünftige Generationen werden von den Wünschen profitieren, die Du und Deine Zeitgenossen heute ausstrahlen – aber es ist unser Wunsch, dass auch Ihr selbst von diesen Wünschen profitiert. Und zwar hier und jetzt!

7. Kapitel

Du manifestierst die Essenz Deiner Gedanken

Hast Du einmal die Schwingungs-Natur des Denkens und die Reaktion des *Gesetzes der Anziehung* darauf begriffen, verstehst Du, wie es kommt, dass Du Deine Realität selbst erschaffst. Alles in Deinem Leben kommt zu Dir in Reaktion auf Deinen gedanklichen Fokus. Aber solange Du die Schwingungs-Natur Deiner Gedanken und die Möglichkeiten des *Emotionalen Feedback-Systems* noch nicht kennst, hast Du keine bewusste Kontrolle über Deine Erfahrungen.

Bewusste Schöpfung ist sehr viel mehr als nur die Konzentration auf einen bewusst gewählten Gegenstand der Aufmerksamkeit. Zwar ist es gut, wenn Du die Objekte Deiner Aufmerksamkeit bewusst auswählst, aber Du musst den Schwingungsgehalt Deiner Gedanken außerdem *fühlen*, um Deine Schöpfungen bewusst steuern zu können. Nehmen wir zum Beispiel an, Du konzentrierst Dich auf das Thema finanzieller Fülle. Dieses Thema hat, wie alle Themen, eine große Bandbreite. Am einen Ende der Skala befindet sich der Gedanke an das *Vorhandensein* finanzieller Fülle, während am anderen Ende der Gedanke an das *Nichtvorhandensein* derselben steht. Vereinfacht könnt man also sagen, dass jedes Thema eigentlich aus zwei Themen besteht: Das, was Du Dir wünschst, und der Mangel daran.

Jeder Aufmerksamkeitsgegenstand hat eine große Schwingungsbreite

»Ihr bekommt das, worüber ihr nachdenkt«, sagen wir oft zu unseren physischen Freunden. Dann sind sie manchmal verwirrt, denn sie glauben, sie hätten darüber »nachgedacht«, *reicher, gesünder, liebevoller oder beruflich erfolgreicher zu werden.*

Die Leute behaupten manchmal, sie hätten ganz bewusst darüber nachgedacht, wohlhabender zu werden, und verstehen nicht, warum sich trotzdem kein finanzieller Segen einstellen will. Aber das Thema Geld besitzt eine große Schwingungsbreite – von wunderbarer, unerschöpflicher Fülle bis zu verzweifelter Armut. Sich also auf das Thema oder die Idee »Geld« zu konzentrieren ist nur der Anfang der Fokussierung oder Schwingungs-Formung, die nötig ist, um tatsächlich mehr Geld in Deinen Erfahrungsbereich zu bringen.

Dich gedanklich auf das Thema Geld zu konzentrieren, ist ein guter erster Schritt, aber dann musst Du herausfinden, wo auf der Schwingungsskala des Geldes Du Dich tatsächlich befindest. Zu welchem Ende dieser Skala tendierst Du momentan? Ist Dein Denken und Fühlen mehr auf wunderbaren Wohlstand ausgerichtet oder auf verzweifelten Geldmangel? Diese Frage kannst Du Dir leicht beantworten, wenn Du Deine Emotionen verstehst, denn wenn Du Dir Deiner Emotionen bewusst wirst, erkennst Du den Schwingungs-Inhalt Deiner Gedanken. In erster Linie kommt es nämlich darauf an, wie Du Dich *fühlst*, während Du Dich gedanklich mit einem bestimmten Thema beschäftigst.

Wie fühlt sich der Gedanke an?

Manche Menschen akzeptieren inzwischen den Satz: *Du bekommst, worüber Du nachdenkst.* Aber wir ziehen es vor, diese Feststellung präziser zu formulieren: *Du bekommst, was Du »empfindest«, während Du über eine Sache nachdenkst.*

Wo befindest Du Dich also auf der Schwingungs-Skala zum Thema Geld? Vielleicht sagst Du, dass Du gerne mehr Geld hättest, aber wenn Du ständig Enttäuschung oder gar Angst empfindest, weil Du nicht genug Geld hast, dann entspricht Deine Schwingung nicht dem von Dir geäußerten Wunsch. Und Du ziehst immer die Entsprechung der von Dir ausgesendeten Schwingung in Dein Leben. *Das, was in Deinem Leben derzeit in Sachen Geld passiert, spiegelt stets wider, welche Geld-Schwingungen Du ausstrahlst.*

Wenn Du beobachtest, was sich derzeit manifestiert oder mit Dir geschieht, erhältst Du ein genaues Feedback, wo auf der Schwingungs-Skala der Möglichkeiten Du Dich befindest. Und diese Bewusstwerdung ist extrem hilfreich. Aber Du kannst lernen, Dir Deines Standortes auf der Schwingungs-Skala schon bewusst zu werden, *bevor* sich die Dinge in Deinem Leben manifestieren. Das ist sehr viel befriedigender und ermöglicht Dir, eine bewusste Kontrolle über Deine Erfahrungen zu erlangen.

Es ist nie zu spät, den Kurs zu ändern

Du kannst Dir Deines Anziehungs-Punktes entweder nachträglich bewusst werden (wenn es schon passiert ist) oder vor der Manifestation (wenn es noch nicht passiert ist). Natürlich möchten wir Dir empfehlen, Dir stets bewusst zu sein, welchen Kurs Du eingeschlagen hast.

Das wäre ja sonst, als würdest Du mit dem Auto ein bestimmtes Fahrtziel anvisieren, dann jedoch in die völlig falsche Richtung fahren, ohne Dir dessen bewusst zu sein! *Du kannst Deinen Kurs immer ändern, aber je früher Du bemerkst, dass Du vom Weg abkommst, desto besser und befriedigender wird Deine Reise verlaufen.*

Der Schlüssel zur bewussten Schöpfung besteht darin, Deine Gedanken mit Absicht zu wählen und Dir gleichzeitig bewusstzumachen, wie sich jeder Gedanke anfühlt. Solange Du Dir nicht bewusst bist, wie sich der Gedanke anfühlt, weißt Du nicht, wo Du Dich auf der Skala der möglichen Schwingungen befindest.

8. Kapitel

Bittet, dann wird Euch immer gegeben

Als Du beschlossen hast, in diesen physischen Körper und in diese Raum-Zeit-Realität zu kommen, wusstest Du um die grenzenlose Fülle dieser Umwelt. Du hattest nicht das Gefühl, mit jenen, die mit Dir den Planeten bewohnen würden, in einen Konkurrenzkampf zu treten, denn Du wusstest, dass Deine Umwelt sich entsprechend den Wünschen ausdehnt und erweitert, die durch die schöpferische Auseinandersetzung mit ihr geboren werden. Du freutest Dich darauf, mit vielen anderen zu interagieren und ein vielfältiges Spektrum an Absichten, Ideen, Überzeugungen und Wünschen zu erfahren. Du wusstest, wie wertvoll die große Vielfalt und Gegensätzlichkeit dieser Umwelt ist, weil sie Dein Denken stimulieren würde. Du wusstest, dass nur aus der Konfrontation mit Gegensätzen Vorlieben und Wünsche geboren werden können. Du wusstest sehr gut, welchen Wert Wünsche haben, da Du die schöpferische Anziehungskraft genau kanntest, die von Euren Wünschen ausgeht. Du wusstest, dass jede Deiner Bitten beantwortet werden würde – ausnahmslos.

Betrachten wir dies einmal von einem Schwingungs-Standpunkt: Du bist Dir Deiner Umwelt bewusst, welche deine persönlichen Vorlieben stimuliert. Eine solche Vorliebe, ob Du sie laut aussprichst oder nicht, veranlasst Dich, eine Schwingung auszustrahlen (eine Bitte), und das *Gesetz der Anziehung* antwortet auf Deine Ausstrahlung mit anderen Schwingungs-Sendungen, die dazu passen.

Du hast eine Wunsch-Rakete gezündet, aber …?

Es scheint wirklich simpel: *Kontraste bringen Wünsche hervor; alle Wünsche werden erhört.* … Wenn das stimmt, dann sollte jedem, der sich etwas wünscht, sein Wunsch zügig »ausgeliefert« werden. Wie kann es dann sein, dass Du Dir mehr Geld oder eine bessere Gesundheit wünschst, dies aber nicht bekommst?

Die Antwort auf diese oft gestellte Frage ist in der *Schwingungs-Skala* zu suchen. Ein intensives Erlebnis kann bewirken, dass Du einen starken Wunsch aussendest. In diesem kurzen Moment, wenn Du den Wunsch ausstrahlst, befindest Du Dich in Schwingungs-Harmonie mit ihm. Tatsächlich ist diese Schwingungs-Harmonie von so kurzer Dauer, dass wir von einer *Wunsch-Rakete* sprechen. Wenn Du aber im Laufe der Zeit immer wieder Gedanken gedacht hast, die auf einer anderen Zone der Schwingungs-Skala angesiedelt waren, dann hast Du Dir höchstwahrscheinlich ein gewohnheitsmäßiges Denkmuster zugelegt, das sich stark von dem unterscheidet, was Du Dir jetzt plötzlich wünschst.

Immer wenn Du einen Gedanken denkst, aktivierst Du die Energieschwingung dieses Gedankens in Dir. Wenn eine Schwingung aktiviert wird, gesellen sich andere Gedanken hinzu, die zu dieser Schwingung passen, und so wird es für Dich immer leichter und leichter, diesen Gedanken zu denken.

Wenn Du Deine Aufmerksamkeit immer wieder auf diesen aktivierten Gedanken richtest, wird er zu einem *dominanten Gedanken* oder einem *Glaubenssatz*. (Ein Glaubenssatz ist einfach nur ein Gedanke, den Du sehr häufig denkst.) Und natürlich macht das *Gesetz der Anziehung* es Dir leicht, immer weiter die gleichen Gedanken zu denken, weil Deine Konzentration auf die entsprechende Schwingung das *Gesetz der Anziehung* veranlasst, Dir immer mehr ähnliche Gedanken zu bringen – und damit erscheint Dir dieser Gedanken immer wahrer.

9. KAPITEL

Wahr ist für Dich immer das, worauf Du Deine Aufmerksamkeit richtest

Wahrscheinlich ist Dir inzwischen klarer, dass Du ein Schwingungs-Wesen bist und dass Du tatsächlich Deine Realität selbst erschaffst. Darüber hinaus begreifst Du jetzt sicher allmählich, dass Du Deine Realität durch die Fokussierung Deiner Gedanken erschaffst, weil Deine Gedanken Schwingungen sind und das *Gesetz der Anziehung* auf diese reagiert. Daher bist Du immer dann schöpferisch, wenn Du Dich auf irgendetwas Vergangenes, Gegenwärtiges oder Zukünftiges konzentrierst.

Wenn Deine Aufmerksamkeit sich auf etwas fokussiert, das Du in der Gegenwart beobachtest; auf etwas aus der Vergangenheit, woran Du Dich erinnerst; auf etwas, das Du Dir selbst oder anderen erklärst; auf etwas, das Du imaginierst und Dir für die Zukunft ausmalst, sendest Du jedes Mal eine Schwingung aus … und das *Gesetz der Anziehung* reagiert auf diese Schwingung. Und immer wenn Du Dich erneut mit diesem Gegenstand beschäftigst, werden dadurch noch mehr Schwingungen gleicher oder ähnlicher Frequenz herbeigezogen, sodass Dein Signal, das Du bezüglich dieses Gegenstandes aussendest, immer stärker wird.

Je öfter Du Dich auf ein Thema konzentrierst, desto aktiver ist diese Schwingung und desto mehr dazu passende Schwingungen werden angezogen. Schließlich wirst Du erleben, wie sich physische Beweise manifestieren, die zu den Gefühlen passen, welche Du bezüglich dieses Themas immer wieder gehegt hast.

Du erschaffst Dir Deine eigene Wahrheit

Wenn Du über eine Idee nachdenkst, aktivierst Du eine diesbezügliche Schwingung, und das *Gesetz der Anziehung* liefert Dir nun weitere Ideen, die auf der gleichen Frequenz schwingen. Wenn Du nun noch weiter darüber nachdenkst, werden Dir immer mehr Gedanken zufließen, die zu Deinen anfänglichen Gedanken passen. So wächst die Anziehungskraft Deiner Idee immer mehr. Nach einiger Zeit werden sich in Deinem Leben Dinge manifestieren, die diese Ideen bestätigen. An diesem Punkt fängst Du für gewöhnlich an, die Erfahrung als *Wahrheit*, als *Tatsache* zu betrachten. Und niemand könnte das leugnen, denn der physische Beweis ist ja unübersehbar. Aber statt *Wahrheit* oder *Tatsache* nennen wir es eine *Schöpfung*. Wir nennen es die natürliche Reaktion des Universums auf eine von Dir konsequent aktivierte Schwingung. … Es hat daher überhaupt keinen Wert, sich auf unerwünschte Dinge zu konzentrieren (und die entsprechende Schwingung zu aktivieren). Das *Gesetz der Anziehung* reagiert *immer*, und so erschaffst Du in Deiner Realität etwas, das Du nicht willst.

Oft begründen die Leute den Umstand, dass sie sich mit einer bestimmten Sache gedanklich beschäftigen, damit, dass diese Sache doch schließlich *wahr* sei. Natürlich gibt es viele Dinge, die wahr und außerdem *wünschenswert* sind, aber es gibt auch sehr vieles, das zwar wahr ist, das Du aber *auf keinen Fall* selbst erleben möchtest.

Nicht ob etwas wahr ist oder nicht zählt, sondern ob Du diese Wahrheit am eigenen Leib erleben möchtest.
»Alles, worauf Du Dich lange genug konzentrierst, wird zur Wahrheit! So ist das Gesetz!«

10. Kapitel

Bewusstheit als Schlüssel zur Bewussten Schöpfung

Dein Leben wird sofort besser gedeihen, wenn Du Dein *Emotionales Feedback-System* verstehst und es bewusst anwendest.

Dadurch, dass Du ständig neuen Lebenserfahrungen ausgesetzt bist, wirst Du zu ständiger Bewusstheit stimuliert, was bedeutet, dass Du Dich den ganzen Tag lang, und zwar jeden Tag, auf Dinge konzentrierst, und dass der jeweilige Gegenstand Deiner Konzentration in Dir eine Schwingung aktiviert. Den meisten Menschen ist nicht klar, dass sie Schwingungs-Wesen sind, die in einem Schwingungs-Universum leben. Und die meisten sind sich nicht bewusst, dass sie sich ihre Realität durch die Schwingungen, die sie ausstrahlen, selbst in ihr Leben ziehen. Daher unternehmen die meisten Leute wenig oder gar keine Anstrengung, ihr Denken bewusst zu fokussieren.

In Eurer schnelllebigen Umwelt, wo es so viel zu beachten gibt, wäre es keine leichte Aufgabe, sich *jedes* Gedankens bewusst zu werden. Tatsächlich wäre ein Sichten und Sortieren aller dieser Daten schlichtweg unmöglich. Glücklicherweise musst Du gar nicht die ganze Gedankenmasse ordnen, die Dich durchfließt, denn das *Gesetz der Anziehung* nimmt Dir diese Arbeit ab.

Alles im Universum ist Bewusstsein. Und alles Bewusstsein ist Schwingung, oder Energie. Und alles Bewusstsein besitzt die Fähigkeit, sich zu konzentrieren (sogar eine einzellige Amöbe). Alles Bewusstsein macht

Erfahrungen, und alles Bewusstsein nimmt diese Erfahrungen auf persönliche, individuelle Weise wahr – und ständig werden aus dieser persönlichen Wahrnehmung neue Vorlieben geboren.

Wenn eine Erfahrung in Dir eine neue Vorliebe (einen Wunsch) entstehen lässt, sendest Du eine Schwingung aus (eine Wunsch-Rakete), und Dein *Inneres Sein*, deine *Ur-Kraft*, *Alles-Was-Ist* reagiert unverzüglich auf diese Bitte. Mit anderen Worten, wenn Du bittest (von jeder möglichen Ebene Deines Seins aus), wird Dir immer gegeben.

Befindest Du Dich schwingungsmäßig im Einklang mit Deinen neuen Wünschen?

Dein Nicht-Physischer Wesensteil empfängt also Deine Bitte und widmet ihr seine ungeteilte Aufmerksamkeit. Mit anderen Worten, Dein *Inneres Sein* passt sich schwingungsmäßig augenblicklich Deinem neuen Wunsch an, den Du an der Vorderfront der Evolution hervorbringst. Damit profitiert es auch sofort von den entsprechenden energetischen Wirkungen. Du hingegen, in Deiner physischen Perspektive, befindest Dich normalerweise noch nicht in perfekter Schwingungs-Harmonie mit Deinem Wunsch, denn dieser Wunsch wurde aus dem Spiel der Gegensätze geboren, sodass es in Dir diesbezüglich gemischte Gefühle gibt.

In dem Augenblick, wenn der Wunsch »gestartet« wird, kommt es zu einer Schwingungs-Diskrepanz zwischen Deinem *Inneren Sein* (das sofort in Harmonie zu dem Wunsch geht) und Deiner persönlichen physischen Perspektive (mit ihren gemischten Schwingungen). Deine Aufgabe besteht nun darin, nur solche Schwingungen in Dir zu aktivieren, die zu Deinem neuen Wunsch passen.

Hier hilft Dir das *Emotionale-Feedback-System*, denn Deine Emotionen zeigen Dir an, ob Du in Harmonie oder Disharmonie schwingst.

Nehmen wir an, Du hast ein Gespräch mit jemandem, der sehr beschäftigt ist und sich nicht die Zeit nehmen will, mit Dir zu diskutieren. Also fertigt er Dich kurz angebunden ab, wird vielleicht sogar laut und unhöflich. Dieses Erlebnis bewirkt, dass Du eine Schwingung ausstrahlst. Auch wenn Du dies nicht in Worte fassen kannst oder willst, wird das Erlebnis in Dir den Wunsch wecken, respektvoller behandelt zu werden. Also strahlst Du nun diesen neu definierten Wunsch aus. Dein *Inneres Sein* befindet sich sofort in Harmonie mit Deinem Wunsch. Du selbst findest aber nicht gleich zu dieser Harmonie. Du denkst noch an das unfreundliche Benehmen Deines Gegenübers. Deine Schwingungen sind ein Gemisch aus dem, wie Du behandelt werden willst, und wie Du behandelt wurdest. Du bist nicht in Harmonie mit dem neuen Wunsch – aber Dein *Inneres Sein* schon.

Wenn Du auf Deine Gefühle achtest, kannst Du die Disharmonie zwischen der Schwingung Deines Inneren Seins und Deiner momentanen Schwingung spüren. Tatsächlich ist es genau das, was Dir Deine Emotionen stets anzeigen: *Eine angenehme Emotion zeigt an, dass Du Dich in Schwingungs-Harmonie mit Deinem Inneren Sein befindest. Eine unangenehme Emotion zeigt eine Disharmonie zwischen Deinem Inneren Sein und Dir an.*

Ein anderes Beispiel: In Deiner Post findest Du viele Rechnungen. Du addierst die Beträge und stellst fest, dass Du nicht genug Geld hast, um alle Schulden zu begleichen. In diesem Moment strahlst Du einen Wunsch nach mehr Geld aus. Dein *Inneres Sein* fokussiert sich sofort vorbehaltlos auf die Idee finanzieller Fülle und freut sich daran. Du dagegen siehst die vielen unbezahlten Rechnungen und konzentrierst Dich auf Deine momentane Realität. »Ich habe nicht genug Geld, um diese Rechnungen zu bezahlen«, klagst Du. Du bist nicht in Harmonie mit Deinem neuen Wunsch, und Deine negative Emotion (Sorge, Wut, Frustration) zeigt an, dass kein Einklang zwischen Dir und Deinem *Inneren Sein* besteht.

Kein Wunsch kann sich in Deinem Leben manifestieren, solange es eine Schwingungs-Disharmonie zwischen dem Wunsch und der von Dir praktizierten Schwingung gibt. Du musst erst diese Schwingungs-Harmonie zu Deinen Wünschen einüben, damit sie sich verwirklichen können.

Deshalb bezeichnen wir Deine Emotionen als Dein *Emotionales Feedback-System.* An ihnen kannst Du ablesen, inwieweit die Schwingung Deines Wunsches und die von Dir ausgestrahlte Schwingung übereinstimmen oder nicht. Andere Faktoren brauchst Du bei der Verwirklichung Deiner Wünsche nicht zu berücksichtigen: Was andere und Du selbst denken oder tun, was sie und Du in der Vergangenheit gedacht oder getan haben – nichts davon spielt eine Rolle für Deine Fähigkeit, das Gewünschte zu erlangen. Es kommt ganz allein darauf an, ob Dein Wunsch und Du selbst auf der gleichen Frequenz schwingen.

11. KAPITEL

Schwingungs-Beziehungen und Energie-Balance

Die Schwingungs-Beziehung zwischen Dir und Deiner *Ur-Kraft* ist die Grundlage Deines *Emotionalen Feedback-Systems*. Hierbei geht es, wie bei allen solchen Systemen, um den Vergleich von einer Sache mit einer anderen.

Nimm beispielsweise das GPS-Gerät in Deinem Auto. So ein satellitengestütztes Navigationssystem kann zwar Deinen genauen Standort bestimmen, aber von Nutzen sein kann es Dir nur, wenn Du den Zielort eingibst. Sobald es über diese Information verfügt, kann es einen Routenvorschlag erstellen. Genauso ist der Vergleich Deines jetzigen Gewichts mit Deinem Wunschgewicht die Grundlage für das emotionale Feedback, das Du bekommst. Der Vergleich Deiner momentanen Finanzen und der Geldsumme, die Du gerne auf Deinem Konto haben möchtest, ist die Basis für Dein emotionales Feedback.

Der Vergleich, die Beziehung, zwischen dem Ist-Zustand und Deinem Ziel ist die Grundlage für Dein persönliches Feedback-System.

Sogar ohne ein elektronisches Navigationssystem ist offensichtlich, dass Du Deine gegenwärtige Position bestimmten und Dein Ziel kennen musst, um einen klaren Kurs einzuschlagen.

Diese Schwingungs-Beziehung zwischen Ist-Zustand und Ziel existiert grundsätzlich: bei wichtigen Themen ebenso wie bei den vielen kleinen Alltagsbegebenheiten und bei Dingen, über die Du nur ab und zu nachdenkst. In allen Lebensfragen kannst Du stets auf dieses Feedback zurückgreifen, denn es gibt kein Thema, bei dem diese Schwingungs-Beziehung nicht besteht.

Der beste Weg zu Deinem Ziel?

Falls Du beim Autofahren je ein elektronisches Navigationssystem benutzt hast, ist es sicher schon vorgekommen, dass Du ein bestimmtes Ziel einprogrammiert hast, dann jedoch von der Route abgewichen bist. Vielleicht hat unterwegs etwas Dein Interesse geweckt und Dich veranlasst, einen kleinen Umweg zu machen. ... Sobald Du vom empfohlenen Kurs abweichst, reagiert das System mit einem Warnsignal. Du magst gute Gründe für Deine Kursänderung haben, aber das System wird Dir einfach mitteilen, dass Du vom Weg abgekommen bist. Natürlich kannst Du das System entsprechend umprogrammieren. Dann wird es eine neue Fahrtroute berechnen. Aber solange Du Dir ein bestimmtes Ziel gesetzt hast, werden immer wieder Warnglocken läuten, wenn Du von dem Weg dorthin abweichst.

Jetzt magst Du einwenden: »Aber Abraham, es gibt doch bestimmt mehr als einen Weg zu meinem Ziel.« Da stimmen wir Dir zu: Es gibt viele Wege, viele sehr befriedigende Wege, aus unterschiedlichen Gründen befriedigende Wege, die zu Deinem Wunschziel führen. Schließlich liegt die wahre Lebensfreude nicht so sehr im Ankommen, sondern in der Reise selbst. Doch das Navigationssystem Deines Autos arbeitet ausschließlich mit der in ihm gespeicherten Information. Es hat Deine Position ermittelt, und nun verfügt es über eine Auswahl an vielen möglichen Fahrtrouten. Anhand dieser Informationen berechnet es die bestmögliche Route. Mit anderen Worten, es kann nur auf der Basis der ihm verfügbaren Daten Entscheidungen treffen oder Empfehlungen geben.

Du besitzt ein persönliches »Emotionales Feedback-System«

Dein persönliches *Emotionales Feedback-System* arbeitet ähnlich wie ein elektronisches Navigationssystem. Du kannst von ihm lediglich Empfehlungen erhalten, die auf den in Deinem System gespeicherten Routen (oder Glaubenssätzen) beruhen. Es arbeitet ausschließlich mit Deinen *aktiven* Schwingungen (Glaubenssätzen) und ihrer Relation zu Deinen Zielen. (Zur Erinnerung: Ein *Glaubenssatz* ist lediglich ein *Gedanke*, den Du oft denkst.)

Deine Emotionen zeigen Dir an, in welcher Relation die in Dir aktiven Schwingungen zueinander stehen. Du bist als eine Ausdehnung Deiner Ursprungsenergie in diesen physischen Körper gekommen, die Schwingung Deines Ursprungs ist daher in Dir ständig aktiv. Während Du die Vielfalt und die Gegensätze Deines Lebens erfährst, sendest Du Deine Vorlieben und Wünsche als Schwingungs-Signale aus (ganz ähnlich elektronischen Signalen). Du sendest diese Signale ganz buchstäblich in Deine Zukunft voraus.

Wie Wunsch-Raketen schickst Du diese Signale vor Dir her. In Deiner Schwingungs-Zukunft gewinnen Sie dann an Kraft und Klarheit, bilden sozusagen ein Guthaben, das später von Dir eingelöst werden kann. Dieses Guthaben gehört ganz allein Dir. Niemand kann es Dir wegnehmen und Dich Deiner eigenen Schöpfung berauben. Pulsierend wartet es dort – gewinnt an Kraft, Schwung und Klarheit –, während Du Deine Wünsche ständig durch weitere Kontrast-Erlebnisse verfeinerst.

Die Lebens-Gegensätze, auf die Du Dich konzentrierst, bilden eine wunderbare Basis für Deine einzigartigen »Wunsch-Raketen«, denn immer wenn Du etwas erlebst, das Du nicht willst, wird Dir klarer, was Du wirklich willst.

Deine Ur-Kraft hilft sofort,
Deine Wünsche zu verwirklichen

Während Du in dieser Raum-Zeit-Realität fokussiert bist und das Leben aus Deiner einzigartigen Perspektive betrachtest, strahlst Du ständig neue Signale zur Verbesserung Deiner Lebenserfahrung aus. *Die Ursprungsenergie vereint sich sofort mit Deinen Wünschen, sobald Du Deine Raketen losschickst. Die Ursprungsenergie nimmt jeden Deiner Wünsche zur Kenntnis, stimmt damit überein, kennt Deine Wünsche und fließt mit ihnen.* ... Nun wird die Schwingungs-Relation zwischen Deinem frisch gestarteten Wunsch – mit dem Deine Ur-Kraft sich sofort vereint – und Deinen gegenwärtigen gewohnheitsmäßigen Denk- und Glaubensmustern bezüglich dieses Themas offenkundig. Du kannst deutlich spüren, ob die Frequenzen dieser Energien übereinstimmen oder nicht.

Wenn Dir klar wird, dass Du nicht genug Geld hast, um alle Deine Rechnungen zu bezahlen, schickst Du augenblicklich den Wunsch nach mehr Geld in Deine Schwingungs-Zukunft. Deine Ur-Kraft verleiht dieser Wunsch-Rakete sofort den nötigen Schub. Wenn Du Dich nun aber weiter darüber sorgst und grämst, dass zu wenig Geld auf Deinem Konto ist, um die Schulden zu begleichen, steht diese Schwingung in klarem Widerspruch zu Deinem Wunsch und zeigt somit an, dass Du Dich schwingungsmäßig in Disharmonie zu Deinem Ziel befindest.

Wenn jemand, den Du liebst, Dich schlecht behandelt, startet in Dir sogleich eine Wunsch-Rakete, dass Du einen respektvolleren Umgang möchtest. Deine Ur-Kraft ist damit ganz im Einklang und reagiert auf Deine Bitte. ... Aber wenn Du Dich weiterhin auf das schmerzhafte, frustrierende Erlebnis konzentrierst und darüber nachgrübelst, schneidest Du Dich schwingungsmäßig von der Erfüllung Deines Wunsches ab. Die Schwingung Deines Wunsches stimmt nicht mit der Schwingung überein, die Du aussendest, wenn Du Dich weiter auf das unerfreuliche Erlebnis konzentrierst.

Wenn die Schwingung des Ist-Zustandes bezüglich einer Situation in Dir vorherrscht, kann sich diese Situation nicht verbessern. Der emotionale Schmerz, den Du verspürst, signalisiert Dir, dass Du die Schwingungs-Beziehung zwischen Deiner gegenwärtigen Situation und Deinem Wunschziel verbessern musst. Du musst einen Weg finden, eine Deinem Wunsch und Deiner Ur-Kraft gemäße Schwingung auszustrahlen, sonst kann er nicht in Erfüllung gehen.

12. Kapitel

Harmonie mit der Ursprungsenergie herstellen

Du bist eine evolutionäre Ausdehnung der Nicht-Physischen Ursprungsenergie, fokussiert in einem physischen Körper. Dein Ewiges Selbst ist hier in diesem Körper fokussiert. *Das hellsichtige, lebensfrohe Wesen, das Du in Deiner Gesamtheit bist, fließt zu Dir und durch Dich in diesem Körper – aber Dein Inneres Sein oder Deine Ur-Kraft denkt nicht »für« Dich. Du bist keine Marionette, die an den Fäden dieses größeren Selbst hängt. Du bist ein voll bewusster Schöpfer, der seinen einzigartigen Wünschen hier in dieser physischen Raum-Zeit-Realität Ausdruck verleiht. »Du bist frei, die Richtung Deiner Gedanken selbst zu wählen.«*

Dein *Emotionales Feedback-System* existiert also, um Dir in jedem Augenblick dabei zu helfen, die Schwingung dessen, worauf Du Dich momentan konzentrierst, mit der Perspektive Deines *Inneren Seins* zu vergleichen.

Wie schon gesagt, startest Du, inspiriert durch Deine physische Erfahrung und den Umgang mit anderen Menschen, viele Wunschraketen. Sie warten darauf, in Deiner Zukunft von Dir verwirklicht zu werden. Wir drücken es gerne so aus, dass die Ursprungsenergie sie als Guthaben für Dich aufbewahrt und behütet. Sie sind Deine Schöpfung, sie gehören Dir und Du musst lediglich Deine Schwingung mit ihnen harmonisieren, damit sie sich in Deinem Leben manifestieren können. *Und jetzt musst Du nur noch lernen, den Weg zu ihnen zu »erfühlen«.*

Wenn Du Deine Aufmerksamkeit auf Deinen Wunsch

richtest, kannst Du fühlen, in welchem Maße Du mit ihm in Harmonie bist: Je besser Du Dich dabei fühlst, desto größer ist die Harmonie zwischen Dir und Deinem Wunsch. Je schlechter Du Dich dabei fühlst, desto geringer ist diese Harmonie.

Erhöhte Aufmerksamkeit steigert die emotionale Intensität

Wenn Dein Wunsch in Dir aktiviert wird, indem Du ihm Aufmerksamkeit widmest, kannst Du spüren, wo auf der Schwingungs-Skala Du Dich dabei befindest. Du kannst fühlen, ob Du eher zur Erfüllung des Wunsches hinneigst oder noch zu sehr auf den Mangelzustand konzentriert bist. *Deine Emotionen zeigen Dir an, was Du gegenwärtig in Bezug auf Deinen Wunsch glaubst.*

Wenn Dein bisheriges Leben Dich dazu angeregt hat, bezüglich eines bestimmten Themas viele Wunschraketen zu starten, dann fließt die Ursprungsenergie stärker in Richtung dieses speziellen Wunsches. Ist das der Fall, dann wirst Du bezüglich dieses Themas stärkere Emotionen spüren. Je mehr Aufmerksamkeit Du der Sache widmest, desto mehr reagiert das *Gesetz der Anziehung*, desto schneller bewegt sich die Energie, und dass sie sich schneller bewegt, erkennst Du daran, dass Du Begeisterung, Leidenschaft und Freude empfindest.

Aber was geschieht mit Dir, wenn Du die starken negativen Emotionen Zorn, Hass und Furcht empfindest? Diese starken Emotionen zeigen ebenfalls an, dass sich Energie schnell bewegt. (Mit anderen Worten, Deine kontrastierenden Lebenserfahrungen haben Dich veranlasst, mächtige Wunschraketen zu starten, und die Ursprungsenergie, die Ur-Kraft, fließt nun in Richtung dieser Wünsche.) Die negativen Emotionen resultieren aus der Disharmonie zwischen Deinem aktiven Wunsch (dem die volle Aufmerksamkeit Deiner Ur-Kraft zuteil wird) und Deiner momentanen Schwingung (dem, worauf *Deine* Aufmerksamkeit gerichtet ist).

Konzentrierst Du Dich überwiegend auf Erwünschtes?

Die Informationen Deines *Emotionales Feedback-Systems* beruhen also auf zwei wichtigen Faktoren: *Erstens*, der Kraft Deines Wunsches (also seiner Schwingungsfrequenz), die von der Anzahl kontrastierender Erfahrungen und der Menge Deiner diesbezüglichen Wunschraketen abhängt; und *zweitens*, der augenblicklichen Richtung Deiner Aufmerksamkeit. Mit anderen Worten, Dein *Emotionales Feedback-System* zeigt Dir an, welche Schwingungs-Beziehung besteht zwischen Deiner momentanen Situation und dem Ziel, das Du anstrebst.

Wenn Du im Leben Erfahrungen machst, die bewirken, dass Du Dir etwas sehr wünschst, wirst Du eine starke *negative* Emotion verspüren, solange Du Deine Aufmerksamkeit auf das Gegenteil des Gewünschten richtest. Sobald Deine gegenwärtigen Gedanken aber in Schwingungs-Harmonie mit dem Gewünschten sind, wirst Du eine starke *positive* Emotion fühlen. Deine Emotionen zeigen Dir ganz genau an, wie Du momentan in Relation zu Deinen Wünschen und Zielen schwingst. Dieses präzise Feedback-System steht Dir jederzeit zur Verfügung. Und es funktioniert wirklich gut.

13. KAPITEL

Schwingungs-Harmonie und der physische Körper

Nachfolgend nun einige Beispiele für die Schwingungs-Beziehung zwischen häufig anzutreffenden *Wünschen* und *Glaubenssätzen* bezüglich Eures physischen Körpers. Zuerst werden wir einen *Wunsch* nennen, den viele Menschen bezüglich ihres Körpers hegen. Dann werden wir eine Reihe von weit verbreiteten *Glaubenssätzen* bezüglich dieses Wunsches auflisten. Dahinter, in Klammern, werden wir angeben, in welchem Maße der *Wunsch* und die *Glaubensätze* kompatibel sind.

Damit sich ein Wunsch verwirklichen oder sich etwas in Deinem Leben manifestieren kann, müssen Deine Wünsche und Deine Glaubenssätze schwingungsmäßig kompatibel sein.

Achte beim Lesen der nachfolgenden Listen darauf, wie sich der emotionale Widerstand verringert – oder die Schwingungs-Harmonie zunimmt.

Wunsch:
Ich will lange und gesund in diesem Körper leben.

Glaubenssatz: Es ist unwahrscheinlich, dass ich lange und gesund lebe, denn in meiner Familie sind viele Leute an schweren Krankheiten gestorben. [Dieser Glaubenssatz ist mit dem Wunsch schwingungsmäßig inkompatibel.]

Glaubenssatz: Ich wurde zu einer ganz anderen Zeit geboren als meine Eltern, Großeltern und Urgroßeltern. [Dieser Glaubenssatz ist schwingungsmäßig kompatibler.]

Glaubenssatz: Heute kann ich mich viel besser mit Lebensmitteln und Informationen versorgen, die mir helfen, mich gesund zu erhalten. [Dieser Glaubenssatz ist noch kompatibler.]

Wunsch:
Ich will lange und gesund in diesem Körper leben.

Glaubenssatz: Meine Eltern waren oft krank. [Dieser Glaubenssatz ist mit dem Wunsch schwingungsmäßig inkompatibel.]

Glaubenssatz: Meine Eltern leben ganz anders als ich. Meine Umwelt ist anders, ich ernähre mich anders und habe ein anderes Selbstbild. [Dieser Glaubenssatz ist schwingungsmäßig kompatibler.]

Glaubenssatz: Es besteht kein Zusammenhang zwischen der Gesundheit meiner Eltern und meiner eigenen. [Dieser Glaubenssatz ist noch kompatibler.]

Wunsch:
Ich will lange und gesund in diesem Körper leben.

Glaubenssatz: In unserer modernen Gesellschaft gibt es viele Krankheiten. [Dieser Glaubenssatz ist mit dem Wunsch schwingungsmäßig inkompatibel.]

Glaubenssatz: Krankheiten waren immer schon ein Bestandteil meiner Umwelt, ohne dass ich selbst an ihnen erkrankt bin. [Dieser Glaubenssatz ist schwingungsmäßig kompatibler.]

Glaubenssatz: Dass Krankheiten existieren, bedeutet nicht, dass ich selbst anfällig dafür bin. [Dieser Glaubenssatz ist noch etwas kompatibler.]

Glaubenssatz: Mein intelligenter Körper ist schon oft mit Krankheiten in Kontakt gekommen, mit denen er problemlos fertiggeworden ist, ohne dass ich etwas davon gemerkt habe. [Dieser Glaubenssatz ist erheblich kompatibler.]

Wunsch:
Ich will lange und gesund in diesem Körper leben.

Glaubenssatz: Obwohl ständig neue Heilmethoden entdeckt werden, treten immer wieder neue Krankheiten auf. [Dieser Glaubenssatz ist mit dem Wunsch schwingungsmäßig inkompatibel.]

Glaubenssatz: Weltweit sind die Menschen immer gesünder. [Dieser Glaubenssatz ist schwingungsmäßig kompatibler.]

Glaubenssatz: Krankheiten treten bei Schwingungs-Disharmonie auf und befallen niemanden, der sich in Schwingungs-Harmonie befindet. [Dieser Glaubenssatz ist noch etwas kompatibler.]

Glaubenssatz: Wenn andere Menschen *ihr* Wohl-Sein durch energetischen Widerstand beeinträchtigen, hat das nichts mit mir und *meinem* Wohl-Sein zu tun. [Dieser Glaubenssatz ist erheblich kompatibler.]

Wunsch:
Ich will lange und gesund in diesem Körper leben.

Glaubenssatz: Die meisten Menschen erleben im Alter einen fortschreitenden körperlichen Verfall. [Dieser Glaubenssatz ist mit dem Wunsch schwingungsmäßig inkompatibel.]

Glaubenssatz: Der Grad des körperlichen Verfalls ist bei jedem Menschen anders. Man kann bis zum Ende des physischen Lebens gesund bleiben. [Dieser Glaubenssatz ist schwingungsmäßig kompatibler.]

Glaubenssatz: Es besteht kein Zusammenhang zwischen Lebensalter und Gesundheit. [Dieser Glaubenssatz ist noch kompatibler.]

Wunsch:
Ich möchte mein ganzes Leben aktiv und stark sein.

Glaubenssatz: Es ist unausweichlich, dass meine Körperkraft und Belastbarkeit mit dem Alter abnehmen. [Dieser Glaubenssatz ist mit dem Wunsch schwingungsmäßig inkompatibel.]

Glaubenssatz: Wenn ich einen alten, gebrechlichen Menschen sehe, weiß ich nicht, was er für ein Leben geführt hat. [Dieser Glaubenssatz ist schwingungsmäßig kompatibler.]

Glaubenssatz: Es gibt in allen Altersstufen starke und schwache Menschen. Das Alter ist dabei kein bestimmender Faktor. [Dieser Glaubenssatz ist noch kompatibler.]

Wunsch:
Ich möchte ein gesundes, attraktives Körpergewicht.

Glaubenssatz: Es ist sehr schwer, mein Wunschgewicht zu erreichen, ohne täglich anstrengenden Sport zu treiben und auf all die Dinge zu verzichten, die mir schmecken. [Dieser Glaubenssatz ist mit dem Wunsch schwingungsmäßig inkompatibel.]

Glaubenssatz: Es gibt bei den Menschen eine große Vielfalt an Lebensstilen und Ernährungsgewohnheiten mit individuell verschiedenen Ergebnissen. [Dieser Glaubenssatz ist schwingungsmäßig kompatibler.]

Glaubenssatz: Ich kann einen für mich angenehmen Lebensstil finden und mich wohlfühlen. [Dieser Glaubenssatz ist noch kompatibler.]

Wunsch:
Ich möchte agil und beweglich sein, sodass es sich angenehm anfühlt, wenn ich mich bewege.

Glaubenssatz: Mit dem Alter wird der Mensch nun einmal steifer und unbeweglicher. [Dieser Glaubenssatz ist mit dem Wunsch schwingungsmäßig inkompatibel.]

Glaubenssatz: Es gibt viele alte Menschen, die beweglich sind und sich wohlfühlen, und es gibt viele junge

Menschen, die steif sind und sich unwohl fühlen. Das hat nichts mit dem Alter zu tun. [Dieser Glaubenssatz ist schwingungsmäßig kompatibler.]

Glaubenssatz: Wenn ich meinen Körper täglich bewege, bessert sich sein Zustand stetig – und zwar in jedem Alter! [Dieser Glaubenssatz ist noch kompatibler.]

Wunsch:
Ich wünsche mir gedankliche Klarheit. Ich möchte schnell lernen und das Gelernte mühelos behalten.

Glaubenssatz: Ich bin oft verwirrt und kann mir Gelesenes oder Gelerntes nicht gut merken. [Dieser Glaubenssatz ist mit dem Wunsch schwingungsmäßig inkompatibel.]

Glaubenssatz: Ich habe festgestellt, dass ich mir die Dinge sehr gut merken kann, die mich wirklich interessieren. [Dieser Glaubenssatz ist schwingungsmäßig kompatibler.]

Glaubenssatz: Wenn ich mir gedankliche Klarheit wünsche und mich bewusst konzentriere, dann ist mein Denken auch klar! [Dieser Glaubenssatz ist noch kompatibler.]

Wunsch:
Ich will bewusst und aufmerksam sein. Ich will mir merken, wo ich Dinge hingelegt habe.

Glaubenssatz: Immer wieder verlege ich Dinge und finde sie nicht wieder. [Dieser Glaubenssatz ist mit dem Wunsch schwingungsmäßig inkompatibel.]

> *Glaubenssatz:* Zwar verlege ich manchmal etwas, aber ich finde es immer wieder. [Dieser Glaubenssatz ist schwingungsmäßig kompatibler.]

> > *Glaubenssatz:* Wenn ich mich klar entscheide, etwas an einen bestimmten Platz zu legen, weil dieser Platz dafür besonders geeignet ist, dann erinnere ich mich mühelos daran, dass ich es dort hingelegt habe. [Dieser Glaubenssatz ist noch kompatibler.]

Zweifelsohne hegst Du viele Meinungen und Glaubenssätze zu den unterschiedlichsten Dingen und Themen. Vermutlich hast Du in den Beispielen, die Du gerade gelesen hast, manches davon wiedergefunden. Aber die entscheidende Frage, die Du Dir stellen musst, lautet: *Ist dieser Glaubenssatz schwingungsmäßig mit meinem Wunsch kompatibel?* Falls nicht, kann Dein Wunsch sich nicht erfüllen. Du solltest dann etwas sagen oder denken, was sich besser anfühlt, also kompatibler zu Deinem Wunsch ist. Wenn Du das beharrlich immer wieder praktizierst, trainierst Du Dir damit ein höheres Schwingungs-Niveau an, und nach einiger Zeit wirst Du nur noch gute Dinge in Dein Leben ziehen.

Manche Deiner Glaubenssätze sind nützlich, manche nicht. Das findest Du heraus, indem Du auf die Schwingungs-Beziehung zwischen Deinen aktiven Wünschen und Deinen aktiven Glaubenssätzen achtest. Es ist wirklich nicht schwierig, Glaubenssätze zu finden und zu aktivieren, die mit Deinen Wünschen harmonieren, und wenn Dir das gelingt, werden Deine Wünsche Wirklichkeit.

14. Kapitel

Schwingungs-Harmonie im häuslichen Bereich

Nachfolgend nun einige Beispiele für die Schwingungs-Beziehung zwischen häufig anzutreffenden *Wünschen* und *Glaubenssätzen* bezüglich des Zuhauses. Zuerst werden wir einen *Wunsch* nennen, den viele Menschen bezüglich ihres Zuhauses hegen. Dann werden wir eine Reihe von weit verbreiteten *Glaubenssätzen* bezüglich dieses Wunsches auflisten.

Dahinter, in Klammern, werden wir angeben, in welchem Maße der *Wunsch* und die *Glaubenssätze* kompatibel sind.

Damit sich ein Wunsch verwirklichen oder sich etwas in Deinem Leben manifestieren kann, müssen Deine Wünsche und Deine Glaubenssätze schwingungsmäßig kompatibel sein.

Achte beim Lesen der nachfolgenden Listen darauf, wie sich der emotionale Widerstand verringert – oder die Schwingungs-Harmonie zunimmt.

Wunsch:
Ich möchte mir ein wunderschönes Zuhause leisten können.

Glaubenssatz: Ich werde mir nie ein schönes Haus leisten können. [Dieser Glaubenssatz ist mit dem Wunsch schwingungsmäßig inkompatibel.]

Glaubenssatz: Ein schönes eigenes Zuhause kann für mich durchaus erschwinglich sein. [Dieser Glaubenssatz ist schwingungsmäßig kompatibler.]

Glaubenssatz: Es ist durchaus möglich, auf dem Immobilienmarkt wahre Schätze zu entdecken. [Dieser Glaubenssatz ist noch kompatibler.]

Wunsch:
Ich möchte Kontrolle über meine persönliche Umgebung.

Glaubenssatz: Meine Nachbarn können tun und lassen, was sie wollen, und es ist ihnen egal, ob sie mich damit stören. [Dieser Glaubenssatz ist mit dem Wunsch schwingungsmäßig inkompatibel.]

Glaubenssatz: Die meisten meiner Nachbarn wünschen sich wie ich angenehme Lebensverhältnisse in unserem Viertel. [Dieser Glaubenssatz ist schwingungsmäßig kompatibler.]

Glaubenssatz: Das Leben in meiner Wohngegend ist zumeist sehr angenehm. [Dieser Glaubenssatz ist noch kompatibler.]

Wunsch:
Ich will, dass mein Zuhause sicher ist.

Glaubenssatz: Alle möglichen Leute gehen hier in diesem Mietshaus ein und aus. Da muss man immer mit dem Schlimmsten rechnen. [Dieser Glaubenssatz ist mit dem Wunsch schwingungsmäßig inkompatibel.]

Glaubenssatz: Zwar kommen gelegentlich Einbrüche vor, aber statistisch gesehen geschieht das ziemlich selten. [Dieser Glaubenssatz ist schwingungsmäßig kompatibler.]

Glaubenssatz: Mein Eigentum ist kein Ziel negativer Absichten. Alles ist gut in meinem Zuhause. [Dieser Glaubenssatz ist noch kompatibler.]

Wunsch:
Ich möchte ein bequemes, modern ausgestattetes Zuhause.

Glaubenssatz: Mein Zuhause mit modernstem Komfort auszustatten wäre leider sehr teuer, und ich kann mir das nicht leisten. [Dieser Glaubenssatz ist mit dem Wunsch schwingungsmäßig inkompatibel.]

Glaubenssatz: Geräte und Möbel, die modernen Komfort ins Haus bringen, sind für mich durchaus erschwinglich. [Dieser Glaubenssatz ist schwingungsmäßig kompatibler.]

Glaubenssatz: Ich habe viele Möglichkeiten, auf kreative Weise mein Zuhause wohnlich und bequem zu gestalten. [Dieser Glaubenssatz ist noch kompatibler.]

Wunsch:
Ich möchte ein eigenes Haus.

Glaubenssatz: Ein eigenes Haus kostet viel Geld, und ich komme schon jetzt nur gerade eben über die Runden.

[Dieser Glaubenssatz ist mit dem Wunsch schwingungsmäßig inkompatibel.]

Glaubenssatz: Zur Zeit sind die wirtschaftlichen Verhältnisse so gut, dass sich fast jeder ein eigenes Haus
leisten kann. [Dieser Glaubenssatz ist schwingungsmäßig kompatibler.]

Glaubenssatz: Ich entscheide mich zum richtigen
Zeitpunkt, ein eigenes Haus zu kaufen, und dann
verfüge ich auch über die nötigen Mittel. [Dieser
Glaubenssatz ist noch kompatibler.]

Wunsch:
**Ich wünsche mir ein Zuhause, das für mein ganzes wei-
teres Leben die optimale Lösung ist.**

Glaubenssatz: Das wird immer nur ein schöner Traum
bleiben, und ich könnte es mir sowieso niemals leisten.
[Dieser Glaubenssatz ist mit dem Wunsch schwingungsmäßig inkompatibel.]

Glaubenssatz: Ich weiß, dass ich mich ständig weiter-
entwickle, und so wachsen auch meine Möglichkeiten,
mir meine Wünsche zu erfüllen. [Dieser Glaubenssatz
ist schwingungsmäßig kompatibler.]

Glaubenssatz: Es ist nicht nötig, mir ein Haus zu suchen, das für mein ganzes Leben optimal ist. Ich
finde eines, das jetzt für mich richtig ist. Wenn meine
Bedürfnisse sich ändern, finde ich ein neues. [Dieser
Glaubenssatz ist noch kompatibler.]

Manche Leute wenden ein, es würde sich wenig ändern, wenn man immer nur nach Gedanken sucht, die sich etwas besser anfühlen als die bisherigen. »Was bringt es schon, wenn man einfach nur ein paar andere Worte benutzt? Ist das nicht eine Verleugnung der harten Tatsachen? Man hat mir beigebracht, dass ich die Dinge beim Namen nennen und der Realität ins Gesicht sehen soll.«

Wir möchten Dir aufzeigen, dass diese Methode Dir helfen wird, eine andere und erfreulichere Realität zu erschaffen. Wenn Du immer weiter damit fortfährst, die Dinge zu sehen, wie sie sind, und über sie so zu reden, wie sie (scheinbar) sind, kann und wird sich nichts verändern. Du kannst die Dinge nicht von einem Augenblick zum nächsten völlig anders sehen, aber Du kannst Deine Perspektive allmählich positiv verändern und Dich dadurch in immer mehr Lebensbereichen besser fühlen. Wenn Du Deine Schwingungen auf diese Weise veränderst und die emotionale Verbesserung *fühlst*, wird sich die schwingungsmäßige Diskrepanz zwischen Deinen Wünschen und Deinen Glaubenssätzen auflösen. Du gelangst zu vollkommener Harmonie mit dem, was Du Dir wünschst, und diese Veränderung wird sich schon bald in Deinem Leben widerspiegeln.

Warum willst Du eine Realität akzeptieren, die *nicht* angenehm ist, wenn Du Dir eine angenehme Realität erschaffen kannst?

15. Kapitel

Schwingungs-Harmonie in Arbeit und Beruf

Nachfolgend nun einige Beispiele für die Schwingungs-Beziehung zwischen häufig anzutreffenden *Wünschen* und *Glaubenssätzen* bezüglich Arbeit und Beruf. Zuerst werden wir einen *Wunsch* nennen, den viele Menschen bezüglich ihrer Arbeit hegen.

Dann werden wir eine Reihe von weit verbreiteten *Glaubenssätzen* bezüglich dieses Wunsches auflisten. Dahinter, in Klammern, werden wir angeben, in welchem Maße der *Wunsch* und die *Glaubenssätze* kompatibel sind.

Damit sich ein Wunsch verwirklichen oder sich etwas in Deinem Leben manifestieren kann, müssen Deine Wünsche und Deine Glaubenssätze schwingungsmäßig kompatibel sein.

Achte beim Lesen der nachfolgenden Listen darauf, wie sich der emotionale Widerstand verringert – oder die Schwingungs-Harmonie zunimmt.

Wunsch:
Ich möchte eine befriedigendere Arbeit.

Glaubenssatz: Ich habe doch nur diesen Beruf erlernt. Also habe ich keine Wahl, obwohl er mir keinen Spaß mehr macht. [Dieser Glaubenssatz ist mit dem Wunsch schwingungsmäßig inkompatibel.]

Glaubenssatz: Anfangs, als meine Arbeit noch *neu* für mich war, fand ich sie interessanter. [Dieser Glaubenssatz ist schwingungsmäßig kompatibler.]

Glaubenssatz: Ich habe es geschafft, meinen jetzigen Beruf zu erlernen, also kann ich mir auch andere Fertigkeiten aneignen und andere Tätigkeiten ausüben. [Dieser Glaubenssatz ist noch kompatibler.]

Wunsch:
Ich wünsche mir eine besser bezahlte Arbeit.

Glaubenssatz: Für diese Tätigkeit wird nun einmal nicht mehr gezahlt, damit muss ich mich abfinden. [Dieser Glaubenssatz ist mit dem Wunsch schwingungsmäßig inkompatibel.]

Glaubenssatz: Manche Firmen zahlen besser als andere, und es gibt noch viele andere mögliche Arbeitgeber als meinen jetzigen. [Dieser Glaubenssatz ist schwingungsmäßig kompatibler.]

Glaubenssatz: Ich kann eine Firma finden, die meine Fähigkeiten besser zu schätzen weiß. [Dieser Glaubenssatz ist noch kompatibler.]

Wunsch:
Ich möchte ein angenehmeres Arbeitsklima.

Glaubenssatz: Das Klima in dieser Firma ist einfach lausig. [Dieser Glaubenssatz ist mit dem Wunsch schwingungsmäßig inkompatibel.]

Glaubenssatz: Indem ich ein paar gute Ideen einbringe, mir etwas einfallen lasse, kann ich meinen Arbeitsplatz angenehmer gestalten. Wer weiß, vielleicht folgen andere meinem Beispiel. [Dieser Glaubenssatz ist schwingungsmäßig kompatibler.]

Glaubenssatz: Wenn ich ein paar positive Veränderungen visualisiere und mich entscheide, alles in einem anderen Licht zu sehen, fühle ich mich bei der Arbeit gar nicht mehr so schlecht. [Dieser Glaubenssatz ist noch kompatibler.]

Wunsch:
Ich wünsche mir nette Kollegen und Kunden.

Glaubenssatz: Ich habe keine Kontrolle darüber, wen der Chef einstellt, und der Kollege, mit dem ich das Büro teilen muss, ist eine Nervensäge. [Dieser Glaubenssatz ist mit dem Wunsch schwingungsmäßig inkompatibel.]

Glaubenssatz: Es gibt viele unterschiedliche Menschen in der Firma, nette und weniger nette. [Dieser Glaubenssatz ist schwingungsmäßig kompatibler.]

Glaubenssatz: Die junge Frau am Empfang ist wirklich nett. [Dieser Glaubenssatz ist noch kompatibler.]

Wunsch:
Ich möchte eine Arbeit, die meine persönliche Entwicklung anregt.

Glaubenssatz: Ich bin beruflich in einer Sackgasse. Es gibt keine interessanten Herausforderungen mehr. [Dieser Glaubenssatz ist mit dem Wunsch schwingungsmäßig inkompatibel.]

Glaubenssatz: Vielleicht gibt es bei meiner Arbeit ja noch Entfaltungsmöglichkeiten, die ich bisher übersehen habe. [Dieser Glaubenssatz ist schwingungsmäßig kompatibler.]

Glaubenssatz: Ich weiß, es gibt die richtige Aufgabe für mich. Ich muss nur die Augen offenhalten, dann finde ich sie. [Dieser Glaubenssatz ist noch kompatibler.]

Wunsch:
Ich möchte frei sein.

Glaubenssatz: Ich fühle mich bei der Arbeit wie ein Sklave, und es gibt keinen Ausweg aus meiner Situation. [Dieser Glaubenssatz ist mit dem Wunsch schwingungsmäßig inkompatibel.]

Glaubenssatz: Es gibt durchaus auch Abwechslung in meinem Beruf, und manches dabei macht mir wirklich Freude. [Dieser Glaubenssatz ist schwingungsmäßig kompatibler.]

Glaubenssatz: Ich habe mich entschieden, hier zu arbeiten, und ich kann mich jederzeit entscheiden, mir etwas anderes zu suchen. [Dieser Glaubenssatz ist noch kompatibler.]

Im Umgang mit anderen Leuten fällt es Euch manchmal wesentlich schwerer, bewusst Eure eigenen Gedanken zu wählen. Es scheint so natürlich, die Zustände zu sehen, die Euch umgeben, und dann reflexartig auf diese Zustände zu reagieren. Hast Du aber einmal Deine Fähigkeit entdeckt, bewusst Sichtweisen zu wählen, die sich besser anfühlen, wirst Du Deine schöpferische Unbesiegbarkeit erkennen. Mit der Zeit wirst Du lernen, ständig in Kontakt mit Deinen Wünschen zu bleiben, ganz gleich, was um Dich herum gerade vorgeht. Und wenn Du Deine Schwingungen bewusst steuern kannst, werden nur noch Situationen zu Dir kommen, die sich für Dich gut anfühlen.

16. KAPITEL

Schwingungs-Harmonie im zwischenmenschlichen Bereich

Nachfolgend nun einige Beispiele für die Schwingungs-Beziehung zwischen häufig anzutreffenden *Wünschen* und *Glaubenssätzen* im Umgang mit anderen Menschen. Zuerst werden wir einen *Wunsch* nennen, den viele Menschen bezüglich ihrer zwischenmenschlichen Beziehungen hegen. Dann werden wir eine Reihe von weit verbreiteten *Glaubenssätzen* bezüglich dieses Wunsches auflisten. Dahinter, in Klammern, werden wir angeben, in welchem Maße der *Wunsch* und die *Glaubenssätze* kompatibel sind.

Damit sich ein Wunsch verwirklichen oder sich etwas in Deinem Leben manifestieren kann, müssen Deine Wünsche und Deine Glaubenssätze schwingungsmäßig kompatibel sein.

Achte beim Lesen der nachfolgenden Listen darauf, wie sich der emotionale Widerstand verringert – oder die Schwingungs-Harmonie zunimmt.

Wunsch:
Ich möchte den perfekten Partner finden.

Glaubenssatz: Ich suche schon so lange nach ihm/ihr. Alle wirklich tollen Männer/Frauen sind längst vergeben. [Dieser Glaubenssatz ist mit dem Wunsch schwingungsmäßig inkompatibel.]

Glaubenssatz: Wenn ich bereit für den richtigen Partner bin, ist er auch bereit für mich. [Dieser Glaubenssatz ist schwingungsmäßig kompatibler.]

Glaubenssatz: Ich treffe richtige Entscheidungen, aus denen nur Gutes entsteht. [Dieser Glaubenssatz ist noch kompatibler.]

Wunsch:
Ich möchte mich mit meinem Partner/meiner Partnerin besser verstehen.

Glaubenssatz: Alles, was ich tue, scheint meinen Partner zu verärgern. [Dieser Glaubenssatz ist mit dem Wunsch schwingungsmäßig inkompatibel.]

Glaubenssatz: Am Anfang war unsere Beziehung wirklich wunderbar. [Dieser Glaubenssatz ist schwingungsmäßig kompatibler.]

Glaubenssatz: Ich möchte diese liebevollen Gefühle gerne wieder aufleben lassen. [Dieser Glaubenssatz ist noch kompatibler.]

Wunsch:
Ich wünsche mir ein besseres Verhältnis zu meinen Eltern.

Glaubenssatz: Obwohl ich schon lange erwachsen bin, glaubt meine Mutter immer noch, sie müsste mir sagen, was ich tun und lassen soll. [Dieser Glaubenssatz ist mit dem Wunsch schwingungsmäßig inkompatibel.]

Glaubenssatz: Mein Vater meint es gut. Er möchte, dass ich ein schönes Leben habe. [Dieser Glaubenssatz ist schwingungsmäßig kompatibler.]

Glaubenssatz: Meine Mutter meint es wirklich gut, und was sie sagt oder tut hat wenig oder keine Auswirkung auf mein Leben. [Dieser Glaubenssatz ist noch kompatibler.]

Wunsch:
Ich möchte besser mit meinem Kind/meinen Kindern auskommen.

Glaubenssatz: Meine Tochter denkt offenbar, dass ich immer für sie da bin und sie selbst keine Verantwortung übernehmen muss. [Dieser Glaubenssatz ist mit dem Wunsch schwingungsmäßig inkompatibel.]

Glaubenssatz: Als ich in ihrem Alter war, habe ich die Dinge auch anders gesehen als heute – und meine Sicht hat sich wahrscheinlich gar nicht so sehr von ihrer unterschieden. [Dieser Glaubenssatz ist schwingungsmäßig kompatibler.]

Glaubenssatz: Wir verändern uns beide ständig, und das ist auch gut so. [Dieser Glaubenssatz ist noch kompatibler.]

Wunsch:
Ich möchte besser mit meinem Chef zurechtkommen.

Glaubenssatz: Mein Chef scheint überhaupt nicht anzuerkennen, wie viel ich für ihn leiste. [Dieser Glaubenssatz ist mit dem Wunsch schwingungsmäßig inkompatibel.]

Glaubenssatz: Ich möchte, dass meine beruflichen Leistungen anerkannt werden. [Dieser Glaubenssatz ist schwingungsmäßig kompatibler.]

Glaubenssatz: Meine Arbeit schenkt mir Freude und Befriedigung, unabhängig davon, ob andere sie anerkennen oder nicht. [Dieser Glaubenssatz ist noch kompatibler.]

Wunsch:
Ich möchte generell mit anderen Menschen besser zurechtkommen.

Glaubenssatz: Die Leute verstehen mich einfach nicht. Ich fühle mich oft wie ein Fremder. [Dieser Glaubenssatz ist mit dem Wunsch schwingungsmäßig inkompatibel.]

Glaubenssatz: Die Menschen sind sehr verschieden. Mit manchen komme ich gut aus, mit anderen weniger. [Dieser Glaubenssatz ist schwingungsmäßig kompatibler.]

Glaubenssatz: Ich habe ein seht gutes Verhältnis zu diesem Menschen. [Dieser Glaubenssatz ist noch kompatibler.]

Wenn Du anfängst, Deine Wahrnehmung dahingehend zu trainieren, dass Du Dich bewusst auf sich besser anfühlende Glaubenssätze konzentrierst, empfehlen wir immer, mit etwas Einfachem zu beginnen. Mit anderen Worten, nimm Dir nicht gleich eine besonders schwierige zwischenmenschliche Beziehung vor, um Deine Schwingungs-Harmonie zu testen. Beweise Dir erst einmal bei den einfacheren Fällen, dass es wirklich leicht ist, eine sich besser anfühlende Perspektive einzunehmen. *Danach* kannst Du Dich auch an die besonders schwierigen Situationen heranwagen. Mit der Zeit wirst Du lernen, dass Du völlige Kontrolle über Deine Gefühle hast und darüber, worauf Du Dich konzentrierst. Somit hast Du auch die Kontrolle darüber, welche Erfahrungen Du in Dein Leben ziehst.

17. KAPITEL

Schwingungs-Harmonie und Deine Finanzen

Nachfolgend nun einige Beispiele für die Schwingungs-Beziehung zwischen häufig anzutreffenden *Wünschen* und *Glaubenssätzen* im finanziellen Bereich. Zuerst werden wir einen *Wunsch* nennen, den viele Menschen bezüglich ihrer Finanzen hegen. Dann werden wir eine Reihe von weit verbreiteten *Glaubenssätzen* bezüglich dieses Wunsches auflisten. Dahinter, in Klammern, werden wir angeben, in welchem Maße der *Wunsch* und die *Glaubenssätze* kompatibel sind.

Damit sich ein Wunsch verwirklichen oder sich etwas in Deinem Leben manifestieren kann, müssen Deine Wünsche und Deine Glaubenssätze schwingungsmäßig kompatibel sein.

Achte beim Lesen der nachfolgenden Listen darauf, wie sich der emotionale Widerstand verringert – oder die Schwingungs-Harmonie zunimmt.

Wunsch:
Ich wünsche mir mehr Geld.

Glaubenssatz: Ich bin es so leid, mir meine Wünsche nicht erfüllen zu können, weil das nötige Geld fehlt. [Dieser Glaubenssatz ist mit dem Wunsch schwingungsmäßig inkompatibel.]

Glaubenssatz: Wenn ich mir mein Geld besser einteile, reicht es länger, und ich kann etwas davon zurücklegen. [Dieser Glaubenssatz ist schwingungsmäßig kompatibler.]

Glaubenssatz: Ich bin froh, dass ich genug Geld habe, um gezielt für meinen Wunsch zu sparen. [Dieser Glaubenssatz ist noch kompatibler.]

Wunsch:
Ich möchte, dass das Geld leichter in mein Leben fließt.

Glaubenssatz: Ich verbringe viel zu viel Zeit damit, Geld zu verdienen. [Dieser Glaubenssatz ist mit dem Wunsch schwingungsmäßig inkompatibel.]

Glaubenssatz: Es gibt Tätigkeiten, bei denen viel höhere Stundenlöhne gezahlt werden. [Dieser Glaubenssatz ist schwingungsmäßig kompatibler.]

Glaubenssatz: Wie schön, dass ich diese auf dem Arbeitsmarkt gefragten Fähigkeiten habe und damit meinen Lebensunterhalt bestreiten kann. [Dieser Glaubenssatz ist noch kompatibler.]

Wunsch:
Ich wünsche mir ein positiveres Verhältnis zum Geld.

Glaubenssatz: Meine Mutter sagt immer, dass Geld nicht glücklich macht. Ja, sie ist sogar überzeugt, dass es etwas Schlechtes ist. [Dieser Glaubenssatz ist mit dem Wunsch schwingungsmäßig inkompatibel.]

Glaubenssatz: Man kann mit viel Geld oder mit wenig Geld glücklich sein. Das ist von Mensch zu Mensch verschieden. Aber Geld an sich ist nichts Schlechtes. [Dieser Glaubenssatz ist schwingungsmäßig kompatibler.]

Glaubenssatz: Geld schenkt mir Freiheit. Es macht mich unabhängig und ermöglicht es mir, mein Leben nach meinen Wünschen zu gestalten. [Dieser Glaubenssatz ist noch kompatibler.]

Wunsch:
Ich möchte mich wegen meines Wohlstandes nicht schlecht fühlen, nur weil andere arm sind.

Glaubenssatz: Ich liebe mein neues Luxusauto, aber wenn ich dann einen armen Obdachlosen sehe, habe ich ein schlechtes Gewissen. [Dieser Glaubenssatz ist mit dem Wunsch schwingungsmäßig inkompatibel.]

Glaubenssatz: Wenn ich auf mein Auto verzichtet hätte, würde das diesem Obdachlosen auch nicht aus seiner Misere helfen. [Dieser Glaubenssatz ist schwingungsmäßig kompatibler.]

Glaubenssatz: Jeder Mensch verfügt genau über so viel Geld, wie er selbst es erwartet und sich zugesteht. [Dieser Glaubenssatz ist noch kompatibler.]

Wunsch:
Ich wünsche mir Harmonie im finanziellen Bereich.

Glaubenssatz: Ich kann mich noch so abrackern, ich komme doch nie auf einen grünen Zweig. [Dieser Glaubenssatz ist mit dem Wunsch schwingungsmäßig inkompatibel.]

Glaubenssatz: Ich kann im Moment zwar nicht viel an meinem Einkommen ändern, aber ich kann sparen und meine Ausgaben im Griff behalten. [Dieser Glaubenssatz ist schwingungsmäßig kompatibler.]

Glaubenssatz: Nach und nach bessert sich meine finanzielle Situation, und ich gelange zu angenehmem Wohlstand. [Dieser Glaubenssatz ist noch kompatibler.]

Wunsch:
Ich möchte schuldenfrei sein.

Glaubenssatz: Meine Schulden sind eine solche Belastung! Die Kreditraten verschlingen so viel von meinem Monatseinkommen, dass kaum etwas übrig bleibt, um das Leben zu genießen. [Dieser Glaubenssatz ist mit dem Wunsch schwingungsmäßig inkompatibel.]

Glaubenssatz: Wenn man in verantwortungsbewusster Weise Kredite aufnimmt, ist das gar nicht schlecht. So konnte ich mir ein paar schöne Dinge viel früher leisten, als es mir sonst möglich gewesen wäre. [Dieser Glaubenssatz ist schwingungsmäßig kompatibler.]

Glaubenssatz: Mit oder ohne Schulden kann ich finanzielle Harmonie erreichen. Einige der erfolgreichsten Menschen auf der Welt sind zugleich hoch verschuldet. [Dieser Glaubenssatz ist noch kompatibler.]

Wenn Du beschließt, die Schwingungs-Beziehung zwischen dem, was Du Dir finanziell »wünschst«, und dem, was Du gegenwärtig über das Geld »glaubst« zu verbessern, werden sich sehr schnell Resultate einstellen. Da das Geld in Eurem Leben eine so wichtige Rolle spielt, beschäftigt Ihr Euch gedanklich sehr oft damit. Wenn Du also eine bewusste Anstrengung unternimmst, Dich besser zu fühlen, wenn Du an Geld denkst oder darüber sprichst, wird das *Gesetz der Anziehung* Dir relativ schnell zu größerer finanzieller Harmonie verhelfen.

18. Kapitel

Schwingungs-Harmonie für die Welt

Nachfolgend nun einige Beispiele für die Schwingungs-Beziehung zwischen häufig anzutreffenden *Wünschen* und *Glaubenssätzen,* die die Menschen bezüglich ihrer eigenen und der Welt insgesamt hegen. Zuerst werden wir einen *Wunsch* nennen, den viele Menschen für die Welt haben. Dann werden wir eine Reihe von weit verbreiteten *Glaubenssätzen* bezüglich dieses Wunsches auflisten. Dahinter, in Klammern, werden wir angeben, in welchem Maße der *Wunsch* und die *Glaubenssätze* kompatibel sind.

Damit sich ein Wunsch verwirklichen oder sich etwas in Deinem Leben manifestieren kann, müssen Deine Wünsche und Deine Glaubenssätze schwingungsmäßig kompatibel sein.

Achte beim Lesen der nachfolgenden Listen darauf, wie sich der emotionale Widerstand verringert – oder die Schwingungs-Harmonie zunimmt.

Wunsch:
Ich möchte, dass diese Welt ein glücklicherer Ort wird.

Glaubenssatz: Es gibt so viel Leid auf der Welt. [Dieser Glaubenssatz ist mit dem Wunsch schwingungsmäßig inkompatibel.]

Glaubenssatz: Mein Leben ist bislang recht gut verlaufen. [Dieser Glaubenssatz ist schwingungsmäßig kompatibler.]

Glaubenssatz: Schau, wie glücklich dieses kleine Mädchen dort ist! [Dieser Glaubenssatz ist noch kompatibler.]

Wunsch:
Ich wünsche mir, dass die Menschen überall auf der Welt in Frieden leben.

Glaubenssatz: Es gibt heute so viele Kriege und bewaffnete Konflikte. [Dieser Glaubenssatz ist mit dem Wunsch schwingungsmäßig inkompatibel.]

Glaubenssatz: Nicht *alle* Menschen sind an Konflikten beteiligt. [Dieser Glaubenssatz ist schwingungsmäßig kompatibler.]

Glaubenssatz: Es gibt viele Menschen auf der Welt, die sich ihres Lebens freuen. [Dieser Glaubenssatz ist noch kompatibler.]

Wunsch:
Ich möchte, dass diese Welt ein sicherer Ort ist.

Glaubenssatz: Was ist, wenn eine Katastrophe, zum Beispiel ein Erdbeben, eine Tsunami oder eine atomare Explosion unser Überleben gefährdet? [Dieser Glaubenssatz ist mit dem Wunsch schwingungsmäßig inkompatibel.]

Glaubenssatz: Diese Bedrohungen existieren schon sehr lange Zeit, und doch hat die Menschheit das alles überstanden. [Dieser Glaubenssatz ist schwingungsmäßig kompatibler.]

Glaubenssatz: Auf diesem Planeten dominiert ganz eindeutig das Wohl-Sein. [Dieser Glaubenssatz ist noch kompatibler.]

Wunsch:
Ich wünsche mir Gesundheit für alle Menschen.

Glaubenssatz: Es gibt heute auf der Welt so viele Gefahren für unsere Gesundheit. [Dieser Glaubenssatz ist mit dem Wunsch schwingungsmäßig inkompatibel.]

Glaubenssatz: Es gibt sicherlich einige Orte mit großer Umweltverschmutzung, aber in vielen Gegenden blüht und gedeiht das Leben. [Dieser Glaubenssatz ist schwingungsmäßig kompatibler.]

Glaubenssatz: Unser Planet verfügt über eine enorme Regenerationsfähigkeit. [Dieser Glaubenssatz ist noch kompatibler.]

Wunsch:
Ich möchte noch so viel von der Welt sehen.

Glaubenssatz: Diese Welt ist riesig, und ich kenne nur einen kleinen Teil von ihr. Ich habe das Gefühl, dass mir so viel entgeht. [Dieser Glaubenssatz ist mit dem Wunsch schwingungsmäßig inkompatibel.]

Glaubenssatz: Durch die moderne Technik steht mir die Welt viel mehr offen als früher. Ich kann mir Orte anschauen und Informationen über sie sammeln, ehe ich sie selbst besuche. [Dieser Glaubenssatz ist schwingungsmäßig kompatibler.]

> *Glaubenssatz:* Ich liebe es, meine Welt zu erkunden. Ab jetzt werde ich *jedem* Ort, an dem ich mich gerade aufhalte, mehr Aufmerksamkeit widmen. [Dieser Glaubenssatz ist noch kompatibler.]

In früheren Zeiten, ehe die Technik es Euch ermöglichte, mitzuerleben, was in jedem Dorf und jeder Stadt auf Eurem Planeten geschieht, habt Ihr nur die Menschen um Euch herum wahrgenommen, und so war es, von Ausnahmesituationen abgesehen, leicht möglich, Euer Gefühl des Wohl-Seins aufrechtzuerhalten. Aber in der heutigen Zeit, wo sämtlichen Unruheherden und Naturereignissen eine solche Bedeutung beigemessen wird, ist Eure Weltwahrnehmung – durch die überwiegend negative Brille Eurer Nachrichtenmedien – extrem verzerrt.

Nichts verstärkt Euer persönliches Ohnmachtgefühl so sehr wie die ständigen detaillierten Berichterstattungen über Tragödien, an denen Ihr selbst gar nicht beteiligt seid und auf die Ihr auch überhaupt keine Einflussmöglichkeiten habt.

Wir möchten Dich darauf hinweisen, dass die Beschäftigung mit diesen Dingen nicht Deine Aufgabe ist. Deine Aufgabe besteht darin, bei Dir selbst für energetische Harmonie zu sorgen. Dann wird »Deine« Welt sich perfekt und harmonisch entfalten.

19. Kapitel

Schwingungs-Harmonie und die Regierung

Nachfolgend nun einige Beispiele für die Schwingungs-Beziehung zwischen häufig anzutreffenden *Wünschen* und *Glaubenssätzen* im politischen Bereich. Zuerst werden wir einen *Wunsch* nennen, den viele Menschen bezüglich der Regierung hegen. Dann werden wir eine Reihe von weit verbreiteten *Glaubenssätzen* bezüglich dieses Wunsches auflisten. Dahinter, in Klammern, werden wir angeben, in welchem Maße der *Wunsch* und die *Glaubenssätze* kompatibel sind.

Damit sich ein Wunsch verwirklichen oder sich etwas in Deinem Leben manifestieren kann, müssen Deine Wünsche und Deine Glaubenssätze schwingungsmäßig kompatibel sein.

Achte beim Lesen der nachfolgenden Listen darauf, wie sich der emotionale Widerstand verringert – oder die Schwingungs-Harmonie zunimmt.

Wunsch:
Ich möchte, dass unser Land von weisen und verantwortungsbewussten Politikern regiert wird.

Glaubenssatz: Unsere Politiker sind doch alle dumm und unfähig! [Dieser Glaubenssatz ist mit dem Wunsch schwingungsmäßig inkompatibel.]

Glaubenssatz: Es gibt in der Regierung ganz sicher einige hoch qualifizierte Leute mit großem Fachwissen, die gute Arbeit leisten. [Dieser Glaubenssatz ist schwingungsmäßig kompatibler.]

Glaubenssatz: Was dieser Minister in dem Fernsehinterview gesagt hat, fand ich sehr vernünftig. [Dieser Glaubenssatz ist noch kompatibler.]

Wunsch:
Ich will, dass die Regierung sich um die Wünsche und Bedürfnisse der Bürgerinnen und Bürger kümmert.

Glaubenssatz: Vor der Wahl versprechen uns die Politiker eine Menge, aber wenn sie dann im Amt sind, denken sie nur noch an ihre eigenen Interessen. [Dieser Glaubenssatz ist mit dem Wunsch schwingungsmäßig inkompatibel.]

Glaubenssatz: Der Regierungsapparat ist sehr komplex. Sicherlich läuft dort manches falsch, aber es gibt auch Bereiche, wo Regierung und Verwaltung wirklich gute Arbeit leisten. [Dieser Glaubenssatz ist schwingungsmäßig kompatibler.]

Glaubenssatz: Es hat so viele Vorteile, hier in diesem wunderbaren Land zu leben! [Dieser Glaubenssatz ist noch kompatibler.]

Wunsch:
Unsere Regierung soll den Menschen dienen, die sie repräsentiert.

Glaubenssatz: Der Regierung geht es doch nur noch um den Machterhalt. Die so genannten Volksvertreter haben vergessen, dass es ihre Aufgabe ist, den Menschen zu dienen. [Dieser Glaubenssatz ist mit dem Wunsch schwingungsmäßig inkompatibel.]

Glaubenssatz: Es stimmt schon, dass Regierung und Verwaltung manchmal ineffizient arbeiten, aber das bedeutet nicht, dass es uns ohne sie besser ginge. [Dieser Glaubenssatz ist schwingungsmäßig kompatibler.]

Glaubenssatz: Es gibt in der Regierung viele Menschen mit guten, ehrlichen Absichten. [Dieser Glaubenssatz ist noch kompatibler.]

Wunsch:
Ich möchte, dass unser Land fair und ausgewogen regiert wird.

Glaubenssatz: Die Politiker lassen doch immer nur ihre eigene Meinung gelten und interessieren sich gar nicht für meine Belange. [Dieser Glaubenssatz ist mit dem Wunsch schwingungsmäßig inkompatibel.]

Glaubenssatz: Mir erscheint die Regierung immer dann besonders unfair und unausgewogen, wenn es sich um Themenbereiche handelt, wo ich andere Ansichten vertrete. Vielleicht ist diese Meinungsverschiedenheit ja Teil des gesellschaftlichen Ausgleichsprozesses. [Dieser Glaubenssatz ist schwingungsmäßig kompatibler.]

Glaubenssatz: Auch wenn ich mit den gegenwärtigen Amtsträgern nicht immer übereinstimme, weiß ich, dass ihre Amtszeit begrenzt ist. Bei den nächs-

ten Wahlen wird dann schon für einen Ausgleich gesorgt werden. [Dieser Glaubenssatz ist noch kompatibler.]

Wunsch:
**Ich wünsche mir eine Regierung, die überall auf der Welt
in hohem Ansehen steht.**

Glaubenssatz: Die Politik unserer Regierung wird in vielen Teilen der Welt als arrogant und selbstsüchtig wahrgenommen. [Dieser Glaubenssatz ist mit dem Wunsch
schwingungsmäßig inkompatibel.]

Glaubenssatz: Viele Leute, ich selbst eingeschlossen,
neigen dazu, sich vorschnell eine Meinung über die Arbeit der Regierung zu bilden, ohne sich ausreichend
und objektiv zu informieren. [Dieser Glaubenssatz ist
schwingungsmäßig kompatibler.]

Glaubenssatz: Unser Land und seine wechselnden
Regierungen haben immer wieder einen sehr positiven Beitrag für die Welt geleistet. [Dieser Glaubenssatz ist noch kompatibler.]

Wunsch:
**Ich wünsche mir eine Regierung, die eine verantwor-
tungsbewusste Steuerpolitik betreibt.**

Glaubenssatz: Wäre unser Staat ein normales Wirt-
schaftsunternehmen, hätte er längst pleite gemacht.
Man kann nicht ständig mehr ausgeben, als man besitzt.
[Dieser Glaubenssatz ist mit dem Wunsch schwingungsmäßig inkompatibel.]

Glaubenssatz: Ich erkenne, dass meine Sorge bezüglich der Steuerpolitik unserer Regierung mehr von meiner Angst vor der Zukunft motiviert ist als durch die tatsächliche momentane Entwicklung. [Dieser Glaubenssatz ist schwingungsmäßig kompatibler.]

Glaubenssatz: Zwar ist unser Regierungs- und Verwaltungsapparat beträchtlich angewachsen und es wird mehr Geld ausgegeben als je zuvor, aber alles in allem hat auch unsere Lebensqualität stetig zugenommen. [Dieser Glaubenssatz ist noch kompatibler.]

Viele Menschen, die sich zum ersten Mal mit der Idee beschäftigen, die eigenen Energien zu harmonisieren, sträuben sich heftig dagegen, Leuten das Recht auf eine eigene Meinung zuzugestehen, die völlig andere Positionen vertreten als sie selber. Aber wir versuchen keineswegs, Dich von einem bestimmten Standpunkt zu überzeugen oder Dir etwas auszureden, sei es in politischen Fragen oder überhaupt. *Unser einziger Wunsch ist es, Dir einen Weg aufzuzeigen, wie Du zu Harmonie mit Dir selbst findest. Diese Harmonie wird sich dann in Deinem Leben und Deiner Welt widerspiegeln. Befindest Du Dich aber in einem Zustand der Disharmonie, kannst Du das durch kein noch so gut gemeintes Handeln kompensieren, denn Du trägst dann diese Disharmonie ständig hinaus in die Welt.*

20. KAPITEL

Wie Du zu Deinem Wohl-Sein zurückfindest

Wenn die vielen Beispiele für *Wünsche* und *Glaubenssätze* in den vorherigen Kapiteln in Dir viele unterschiedliche Schwingungen aktiviert haben, ergeht es Dir wie den meisten Menschen. Manchen Aussagen konntest Du sicher zustimmen, während Du mit anderen ganz und gar nicht einverstanden warst. Wenn man mit einer Vielzahl fremder Meinungen konfrontiert wird, kann man dabei leicht die eigenen Positionen und Ziele aus den Augen verlieren. Aber wir möchten Dich an die wichtige Prämisse erinnern, die wir in diesem Buch immer wieder zur Sprache bringen:

Die Schwingungen Deiner Wünsche und die Schwingungen Deiner Überzeugungen und Glaubenssätze müssen in Harmonie sein, denn sonst bist Du nicht in Harmonie mit Dir selbst. Und solange Du Dich nicht in Schwingungs-Harmonie befindest, kann das Wohl-Sein, das Du Dir wünschst, sich nicht manifestieren.

Wenn Du Dir die Beispiele durchgelesen hast (und am Ende dieses Kapitels werden wir Dich bitten, sie Dir erneut durchzulesen), hast Du vermutlich festgestellt, dass Du den *Wünschen* (zumindest einigen) zustimmen konntest und dass Du außerdem vielen der erstgenannten Beispiele für *Glaubenssätze* zustimmen konntest (jenen, die inkompatibel mit dem jeweiligen *Wunsch* sind).

Mit anderen Worten, es kommt sehr häufig vor, *dass ein Mensch sich mehr Geld »wünscht«, andererseits aber »glaubt«, es gäbe einfach nicht genug Geld.*

Es kommt sehr häufig vor, *dass jemand schlank wer-den »möchte«, aber nicht »glaubt«, dass eine Diät bei ihm funktioniert.*

Es kommt sehr häufig vor, *dass jemand sich Gesund-heit »wünscht«, aber »glaubt«, dass es für seine Krank-heit keine Heilung gibt.*

Die Schwingungen von Wünschen und Glaubenssätzen angleichen

Mit den aufgeführten Beispielen wollten wir Dir zeigen, dass Du selbst Dich darum kümmern musst, Deine *Wün-sche* und Deine *Glaubenssätze* in Harmonie zu bringen. Wenn Dein Körper gegenwärtig gesund ist oder wenn Du finanziell glänzend dastehst, kannst Du Deine augenblick-liche Situation betrachten und über sie sprechen – so wie sie ist –, ohne eine Schwingungs-Disharmonie zwischen Deinen *Wünschen* und Deinen *Glaubenssätzen* auszulö-sen. Sind aber in irgendeinem Lebensbereich die Dinge *nicht* so, wie Du es wünschst, kannst Du über sie nicht sprechen, wie sie sind, ohne eine Schwingungs-Disharmo-nie zwischen *Wunsch* und *Glaubenssatz* zu erzeugen. Und genau diese Disharmonie verhindert dann, dass Dein Wunsch in Erfüllung geht. Und vergiss nicht, dass Deine Emotionen Dir diese Disharmonie in Deinen Schwin-gungen stets sofort und zuverlässig anzeigen.

Die ultimative Energie-Harmonisierung!

Lies Dir die Beispiele in den vorherigen Kapiteln noch einmal durch und achte dabei auf Dein Gefühl der Dis-harmonie zwischen dem jeweiligen Wunsch und dem obersten Glaubenssatz-Beispiel. Beobachte dann, ob Du

Erleichterung verspürst, wenn Du den jeweiligen mittleren Glaubenssatz liest, und noch mehr Erleichterung, wenn Du das dritte Beispiel liest.

Eine wunderbare Verbesserung Deiner Situation – und zwar in allen erdenklichen Lebensbereichen – wird sich absolut zuverlässig einstellen, wenn Du die Schwingungs-Beziehung zwischen Deinen Wünschen und Deinen Glaubenssätzen verstehst und dann diese Schwingungen bewusst harmonisierst. *Das ist die ultimative Harmonisierung Deiner Energien!*

Es ist so leicht, sich in Diskussionen darüber zu verlieren, ob etwas richtig oder falsch, wahr oder unwahr ist. Viele werden argumentieren: »Aber diese Dinge geschehen doch *wirklich*, ich kann doch die Tatsachen nicht leugnen!« Sie werden argumentieren, dass viele andere Leute mit ihnen einer Meinung sind bezüglich dieser Ungerechtigkeiten oder unhaltbaren Zustände. Aber wir möchten Dir klarmachen, dass die Aufmerksamkeit, die Du diesen Dingen widmest, in Dir Schwingungen aktiviert, die im Widerspruch zu Deinen Wünschen stehen – und dass die von Dir erstrebte Besserung Deiner Situation dadurch vereitelt wird. Solange Du in Dir solche Deinen Absichten widersprechenden Schwingungen aktivierst, können diese Absichten sich nicht verwirklichen. Zuerst musst Du die Schwingungen Deines Seins in Harmonie bringen.

21. KAPITEL

In Harmonie mit dem Inneren Sein

Es ist von unschätzbarem Wert, wenn Du Dir ständig der Schwingungs-Beziehung zwischen *Deinem* momentanen Fokus und dem Fokus Deines *Inneren Seins* bewusst bist. *Die Aufmerksamkeit Deines Inneren Seins ist immer auf die »Verwirklichung« Deiner Wünsche gerichtet – wenn Du also Harmonie mit Deinem Inneren Sein anstrebst, gelangst Du auch zu Schwingungs-Harmonie mit den von Dir gewünschten positiven Veränderungen.*

Es gibt viele wichtige, sich gut anfühlende Gründe dafür, Harmonie mit Deinem Inneren Sein/Deiner Ur-Kraft/Deinem Wahren Selbst anzustreben:

- Dein Nicht-Physischer Teil ist die Summe von allem, zu dem Du geworden bist, und daher äußerst weise.

- Dein Nicht-Physischer Teil ist Ursprungsenergie und daher das Schwingungs-Äquivalent zu Liebe und Wohl-Sein.

- Die Schwingung Deines Inneren Seins ist reine, positive Energie (aus Eurer Perspektive absolut widerstandsfrei) und daher extrem stark und wirkungsvoll.

Wenn Du Dir also die Mühe machst, Dich schwingungsmäßig besser auf Deinen Nicht-Physischen Teil einzustellen, öffnest Du Dich damit für Weisheit, Liebe, Wohl-Sein und Macht. Wenn Du Dich in Harmonie zu Deiner

Ur-Kraft befindest, erfährst Du die Klarheit, Vitalität, Begeisterung, Leidenschaft und das Wohl-Sein, die Deine wahre Natur sind.

Bin ich offen für mein Wohl-Sein oder widersetze ich mich?

Wir bezeichnen Deine Schwingungs-Harmonie mit Deiner Ur-Kraft als *Offen-Sein*. Deine Schwingungs-Disharmonie zur Ur-Kraft bezeichnen wir als *Einschränkung* Deines Offen-Seins. Je stärker Du Dein Offen-Sein einschränkst und je weniger Verbundenheit mit Deiner Ur-Kraft Du zulässt, desto mehr Schwingungs-*Widerstand* baust Du auf: Widerstand gegen natürliche Vitalität, Widerstand gegen geistige Klarheit, Widerstand gegen Wohlstand und Fülle, Widerstand gegen Dein persönliches Wohl-Sein. *Lerne, auf Deine Gefühle zu achten – an ihnen kannst Du ablesen, wie offen Du bist oder wie viel Widerstand Du gerade aufgebaut hast: »Je besser Du Dich fühlst, desto offener bist Du für die Ur-Kraft-Verbindung. Je schlechter Du Dich fühlst, desto weniger offen bist Du für Deine Ur-Kraft.«*

Die wichtigste Entscheidung überhaupt

Dich zu entscheiden, der Schwingungs-Beziehung zwischen Dir und Deiner Ur-Kraft höchste Bedeutung beizumessen, ist die wichtigste Entscheidung, die Du jemals treffen kannst, denn damit aktivierst Du ganz bewusst Dein persönliches Feedback-System. Von diesem Zeitpunkt an wirst Du immer über eine innere Führung verfügen. Wenn Du Deine Emotionen und ihre Bedeutung verstehst und somit in der Lage bist, deine Gefühlslage durch die Wahl sich schrittweise immer besser anfühlender Gedanken gezielt zu verbessern – ist Dir nichts mehr unmöglich! Alles, was Du Dir wünschst, wird dann leicht und mühelos in Dein Leben strömen.

Damit wird Dein Glaube stetig wachsen, jedes neue Ziel, das in Dir geboren wird, verwirklichen zu können. Du wirst Dich frei, unbesiegbar, erwartungsvoll und lebensfroh fühlen. Du wirst Dich fühlen, wie sich Dein Inneres Sein immer fühlt – Dich an den Kontrasten dieser Welt freuen, die in Dir immer neue Wünsche entstehen lassen, und vergnügt auf den Wellen der Evolution reiten.

Einfach ausgedrückt, kannst Du an Deinen Emotionen Dein Verhältnis zu Deinem Inneren Sein erkennen: Emotionen, die sich gut anfühlen, zeigen an, dass Du Dich in Harmonie mit Deinem Inneren Sein befindest; Emotionen, die sich schlecht anfühlen, zeigen an, dass Du Dich nicht in Harmonie mit Deiner Ur-Kraft befindest und Widerstand aufgebaut hast.

Freiheit oder Unfreiheit sind immer Wahrnehmungssache

Vergegenwärtige Dir einmal die ganze Skala der Emotionen, von den angenehmen wie Freude, Liebe und Wertschätzung … bis hinunter zu Depression, Angst und Trauer. Spürst Du, wie *stärkend* die sich angenehm anfühlenden Emotionen sind und wie *schwächend* die sich unangenehm anfühlenden? Spürst Du das Gefühl der Freiheit am einen Ende der Skala und den Mangel an Freiheit am andern Ende der Skala?

Das sich gut anfühlende Ende der *Emotionalen Feedback-Skala* harmonisiert mit der *wahrgenommenen* Schwingung der Freiheit. Das sich schlecht anfühlende Ende der Skala steht in Disharmonie dazu, passt also zum *wahrgenommenen* Mangel an Freiheit. Ob Du Dich frei oder unfrei fühlst, ist ausschließlich eine Sache Deiner persönlichen Wahrnehmung, denn – ob Du Dir dessen bewusst bist oder nicht – Du bist absolut frei. Niemand kann in Dich eindringen und die Schwingungen, die Du ausstrahlst, kontrollieren oder beeinflussen. Und es sind ausschließlich Deine Schwingungen, die bestimmen, welche Erfahrungen Du im Leben machst. Darum ist es für Dich von enormem Wert, wenn Du Dir der absoluten Freiheit und Schöpfungsmacht bewusst wirst, die manche Emotionen Dir signalisieren, und der völligen Unfreiheit und Ohnmacht, die Dir von anderen Emotionen signalisiert werden.

Dein Inneres Sein, Deine Ur-Kraft, weiß, dass Du jederzeit vollkommen frei bist, Deine Wünsche zu verwirklichen. Wenn Du aber *glaubst*, unfrei zu sein, zeigen Deine negativen Emotionen wie Depression, Verzweiflung oder Angst Dir Deinen disharmonischen Zustand präzise an. Wenn Du glaubst, frei zu sein, wenn das Dein Wahrnehmungs-Fokus ist, werden Dir positive Emotionen Deine Harmonie und Verbundenheit mit Deiner Ur-Kraft anzeigen.

Wenn Du nun daraus schließt, dass es im Leben nichts Wichtigeres gibt als sich gut zu fühlen, bist Du zur wichtigsten Erkenntnis überhaupt gelangt! Damit entscheidest Du Dich nämlich, die Schwingungs-Beziehung zwischen Dir und Deiner Ur-Kraft »bewusst« zu lenken. Du entscheidest Dich, das Feedback-System, mit dem Du geboren wurdest, dazu zu benutzen, bewusst zu überwachen und zu steuern, in welchem Verhältnis Dein momentaner Fokus und die daraus resultierende Schwingung zu Deinem Inneren Sein steht. Damit pflegst Du bewusst Deine Verbindung zu Deiner Ur-Kraft, sodass die Energie frei fließen kann, statt blockiert und behindert zu werden. Damit wählst Du Klarheit, Vitalität, Fülle an allen Dingen, die Du als gut ansiehst – und Freude.

22. KAPITEL

Dein Punkt der Anziehung und der Erleichterungs-Faktor

Wir beginnen dieses Kapitel mit einer ebenso weisen wie offensichtlichen Aussage: Du »bist«, wo Du »bist«. Was Du gedacht hast und gegenwärtig denkst ist Ursache Deines momentanen Lebens; Du hast dadurch Deine Erfahrung dessen erschaffen, »Was-ist«. Und darum ist es, wie es ist! Wir möchten aber, dass Du Deine volle Aufmerksamkeit auf die Schwingungs-Relation richtest zwischen deinem momentanen Zustand und dem Zustand, den Du erreichen möchtest – denn darin liegt Deine Macht. Dort kann sich Dein kreatives Genie entfalten.

Der Schwingungsfrequenz-Unterschied zwischen Deinem jetzigen Zustand und dem Zustand, den Du erreichen möchtest, ist Deine schöpferische Arena: die Vorderfront der Evolution. Sie zu erleben und Dich an ihr zu erfreuen bist Du hergekommen – und dieser Prozess wird niemals enden.

Deine momentane Situation und das, was Du hier und jetzt fühlst, ist Dein Schwingungs-Punkt der Anziehung. Und wenn Du achtsam bist, kannst Du daran, wie Du Dich fühlst, erkennen, inwieweit Deine Wahrnehmung Deines momentanen Standortes mit der Schwingung Deiner Ur-Kraft harmoniert oder nicht.

Wenn Du es Dir zum Ziel setzt, Dich so gut wie möglich auf Deine Ur-Kraft einzustimmen, wirst Du bewusst Gedanken wählen, die sich besser anfühlen – *und wenn Du einen solchen Gedanken gefunden hast, stellt sich ein Gefühl der Erleichterung ein.*

Die »Emotionale Feedback-Skala« von optimaler Öffnung hin zu maximalem Widerstand

Stelle Dir diese Skala so vor, dass sich die angenehm anfühlenden Gedanken an einem Ende und die sich unangenehm anfühlenden Gedanken am anderen Ende befinden. Jenes Ende der Skala, das sich gut anfühlt, entspricht dem Zustand innerer *Offenheit*, während das sich schlecht anfühlende Ende inneren *Widerstand* anzeigt. Je nachdem, welche Gedanken Du wählst, bewegst Du Dich auf dieser Skala in die eine oder die andere Richtung: »Dieser Gedanke fühlt sich *besser* an. Oh, dieser Gedanke fühlt sich *schlechter* an.« Der sich besser anfühlende Gedanke zeigt Offen-Sein an, der sich schlechter anfühlende Gedanke Widerstand. …

Eine Skala Deiner Emotionen sieht wie folgt aus:

1. Freude / Wissen / Macht / Freiheit / Liebe / Wertschätzung
2. Leidenschaft
3. Begeisterung / Hingabe / Glücklichsein
4. Positive Erwartung / Glaube
5. Optimismus
6. Hoffnung
7. Zufriedenheit
8. Langeweile
9. Pessimismus
10. Frustration/Irritation/Ungeduld
11. »Kontra-Sein«
12. Enttäuschung
13. Zweifel
14. Sorge
15. Vorwürfe/Schuldzuweisungen gegen andere

16. Entmutigung
17. Ärger
18. Rachlust
19. Hass / rasender Zorn
20. Neid / Eifersucht
21. Unsicherheit / Schuldgefühle / Minderwertigkeits-
    gefühle
22. Furcht / Trauer / Depression / Verzweiflung / Ohn-
    macht

Da Worte nicht für alle Menschen dieselbe Bedeutung haben und zwei Menschen manchmal unterschiedliche Worte benutzen, um denselben Sachverhalt zu beschreiben, kann es vorkommen, dass die in der Liste verwendeten Begriffe nicht jedem Menschen, der die jeweilige Emotion erlebt, passend erscheinen. Wenn man versucht, Emotionen anhand solcher Begriffe zu etikettieren, kann das sogar Verwirrung verursachen und Dich vom eigentlich Zweck dieser *Emotionalen Feedback-Skala* ablenken.

Es kommt in erster Linie darauf an, dass Du bewusst anstrebst, Dich besser zu fühlen. Welcher Name den jeweiligen Gefühlen gegeben wird ist unwichtig.

Strebe ständig nach Erleichterung

Eine effektive Methode, deine Energie zu harmonisieren, besteht darin, ständig nach Erleichterung zu streben und auf diese Weise Widerstand abzubauen. Ein Gefühl der Erleichterung zeigt an, dass Du Deine Schwingung angehoben hast und mehr *Offen-Sein* zulässt – *daher würden wir, wenn wir in Deiner Haut steckten, unser größtes Augenmerk stets auf den Erleichterungs-Faktor richten.*

Wenn Du beständig nach etwas Ausschau hältst, das sich ein wenig besser anfühlt als das, was Du momentan empfindest, gelangst Du zunehmend dahin, Deine Welt so zu sehen, wie Dein Inneres Sein sie sieht. Und so baust Du Deinen Widerstand immer mehr ab.

Dein Widerstand ist der einzige Faktor, der Dich daran hindert, alle Deine wunderbaren Wünsche zu verwirklichen.

Krankheit beruht auf Widerstand.

Verwirrung beruht auf Widerstand.

Armut beruht auf Widerstand.

Traurigkeit beruht auf Widerstand.

Autounfälle beruhen auf Widerstand. ...

Alles, was Du für schlecht hältst, existiert nur, weil Du Widerstand gegen Dein natürliches Wohl-Sein aufbaust.

Das »Unerwünschte« hat keine eigene Quelle

Niemals würdest Du einen Raum betreten und nach dem Dunkelheits-Schalter suchen, denn Du weißt, dass es keinen Schalter gibt, um einen Raum mit Dunkelheit zu fluten. So, wie es also nur eine Lichtquelle gibt und keine Quelle für Dunkelheit, gibt es auch keine Quelle für Krankheit, Schlechtigkeit oder das Böse, sondern nur Widerstand gegen die natürliche Quelle allen Wohl-Seins.

Wenn Du von Augenblick zu Augenblick, von Gedanke zu Gedanke, von Gegenstand zu Gegenstand nach Erleichterung und besseren Gefühlen strebst, bringt Dich das der Quelle Deines Wohl-Seins immer näher. Wenn Du darauf achtest, wie Du Dich fühlst, und die Dinge bewusst immer wieder so betrachtest, dass Du Dich besser und besser fühlst (also jeweils das *Beste* aus einer Situation machst und nicht das *Schlechteste*), wirst du mehr zulassen und weniger Widerstand leisten – und Deine Lebensumstände werden diese Veränderungen sofort widerspiegeln. *Erleichterung* zeigt an, dass Du *Widerstand* abgebaut hast und damit *offener* geworden bist. Auf diese Weise machst Du wirkungsvollen Gebrauch von Deinem *Emotionalen Feedback-System*.

23. KAPITEL

Die Energien für fröhliches Erschaffen harmonisieren

Die Vielfalt und die Gegensätze, die Dich umgeben, sind von enormem Wert, denn sie liefern Dir die Daten, aus denen Deine persönlichen Vorlieben und Wünsche geboren werden. Du bist ein Schöpfer, und Du erschaffst durch die Macht Deines Fokus, Deiner konzentrierten Aufmerksamkeit. In jedem Augenblick Deines Lebens und mit jeder neuen Erfahrung inspiriert die Vielfalt Deines Lebens Dich zu neuen Wunschraketen und zur Anpassung und Verfeinerung vorheriger Wünsche. So hörst Du niemals auf, konzentriert Wünsche auszustrahlen.

Die Ausdehnung des Universums hängt von diesem Vorgang ab: Kontraste rufen Wünsche hervor, und mittels des Gesetzes der Anziehung antwortet die Ursprungsenergie auf diese Wünsche. Mit anderen Worten, wenn Du bittest, wird Dir immer gegeben.

Viele Menschen beklagen sich, dass sie nicht bekommen, worum sie gebeten haben. Aber wir versichern ihnen, dass jeder Wunsch von der Ur-Kraft erfüllt wird, wer auch immer ihn aussendet. Mit dem Wort *bitten* meinen wir jedoch nicht eine mit Worten formulierte und ausgesprochene Bitte, sondern die Schwingungen, die ganz natürlich von Euch ausstrahlen, während Ihr Eure an Kontrasten so reiche Welt erkundet. Ihr könnt nämlich gar nicht aufhören zu bitten; Bitten ist das natürlichste und wichtigste Resultat der gegensatzreichen Umwelt, auf die Ihr fokussiert seid.

Der Grund (der »einzige« Grund) dafür, dass Menschen

nicht bekommen, worum sie bitten, besteht darin, dass ihre Schwingung nicht mit ihrem Wunsch übereinstimmt – die Schwingungsfrequenz ihres Wunsches muss mit der Frequenz der in ihnen vorherrschend aktiven Schwingung im Einklang sein.

Wie man gegensätzliche Schwingungen in Einklang bringt

Die folgenden Beispiele veranschaulichen, wie Du von den natürlichen Kontrasten Deiner physischen Umwelt profitieren kannst, indem Du Dein *Emotionales Feedback-System* nutzt und bewusst die Schwingungs-Beziehung zwischen Deinen Wünschen und Glaubenssätzen verbesserst. *Diese Beispiele zeigen, wie Du Energien bewusst harmonisieren kannst, um fröhlich und kraftvoll zu erschaffen:*

Momentane Kontrast-Situation: Zuerst beschreiben wir eine häufige Ist-Situation. (Beachte, welche Glaubenssätze in dieser Situation aktiv sind.)

Resultierender Wunsch (oder Wünsche): Dann listen wir die Wünsche auf, die aus diesem Kontrast entstehen. (Denn in jeder Situation, in der Du weißt, was Du *nicht* willst, wird Dir klarer bewusst, was Du *willst*.)

Resultierende Emotionen oder Anzeichen für Schwingungs-Disharmonie: Dann listen wir die Emotionen auf, die die momentan aktive Schwingung anzeigen (Glaubenssätze).

Bewusste Fokussierung, um die Schwingungen meines neuen Wunsches und meiner momentanen

Glaubenssätze zu harmonisieren: Und nun schlagen wir einige Aussagen vor, die helfen, die momentan aktive (Glaubenssatz-)Schwingung mit dem Wunsch in Harmonie zu bringen. (Beobachte beim Lesen, inwieweit Du eine Verbesserung der Schwingungs-Beziehung zwischen *Wünschen* und *Glaubenssätzen* fühlen kannst. Ein Gefühl der Erleichterung zeigt an, dass Widerstand abgebaut wurde und Wunsch und Glaubenssatz besser in Einklang gebracht wurden. Mit anderen Worten, je besser Du Dich fühlst, desto besser sind Deine Energien im Gleichgewicht. (Natürlich könntest Du auch andersherum sagen: »Je besser meine Energien ausbalanciert sind, desto besser fühle ich mich.«)

Resultat: Zum Schluss erläutern wir, welche Verbesserungen der Schwingungs-Beziehung zwischen *Wunsch* und *Glaubenssatz* erreicht wurden, was jeweils durch die sich besser anfühlende Emotion bestätigt wird.

Es gibt für Dich keine wichtigere Erkenntnis als diese! Hast Du einmal begriffen, wie Du die Schwingung Deiner *Glaubenssätze* mit den Schwingungen Deiner *Absichten* in Einklang bringen kannst, macht Dich das zum Bewussten Schöpfer Deiner Erfahrungen – und dann gibt es keine Absichten mehr, die Du nicht verwirklichen könntest.

Denke immer daran: Wenn das Leben, das Du lebst, über die Ressourcen verfügt, in Dir einen Wunsch zu wecken, dann existieren auch die Ressourcen, dass Du die volle Manifestation dieses Wunsches empfangen kannst.

24. KAPITEL

Mein Körper

Kontrast-Situation – Körpergewicht: Ich habe vierzig Pfund Übergewicht. Ich habe schon viele Diäten ausprobiert. Jedes Mal verliere ich etwas Gewicht, doch dann nehme ich alles wieder zu und werde sogar noch dicker als vorher. *Ich finde keine Kleidung mehr, die mir gut steht; Ich mag mein Aussehen nicht, aber ich weiß nicht, was ich tun soll.*

Resultierende Wünsche: Ich möchte abnehmen. Ich möchte ein angenehmes Gewicht dauerhaft halten. Ich möchte mich gut fühlen und gut aussehen.

Resultierende Emotionen oder Anzeichen für Schwingungs-Disharmonie: *Ich fühle mich frustriert. Ich fühle mich entmutigt.* (Es besteht eine deutliche Disharmonie zwischen meinem Wunsch und meinen Glaubenssätzen.)

Bewusste Fokussierung, um die Schwingungen meines neuen Wunsches und meiner momentanen Glaubenssätze zu harmonisieren:

• Ich habe es schon geschafft, abzunehmen.

• Es gibt ein paar Methoden, die bei mir schon funktioniert haben.

- Wenn ich mir etwas in den Kopf setze, erziele ich normalerweise auch Resultate.

Resultat: (Verbesserte Schwingungs-Beziehung.)

Kontrast-Situation – Gesundheit: Ich habe eine medizinische Diagnose erhalten, die mir Angst macht. Besonders besorgt bin ich, weil meine Eltern beide an dieser Krankheit leiden und in meiner Verwandtschaft mehrere Leute daran gestorben sind.

Resultierender Wunsch: Ich möchte gesund sein.

Resultierende Emotionen oder Anzeichen für Schwingungs-Disharmonie: *Ich habe Angst.* (Es besteht eine deutliche Disharmonie zwischen meinem Wunsch und meinen Glaubenssätzen.)

Bewusste Fokussierung, um die Schwingungen meines neuen Wunsches und meiner momentanen Glaubenssätze zu harmonisieren:

- Eine Diagnose ist kein Todesurteil.

- Es *gibt* Leute, die von dieser Krankheit geheilt wurden.

- Diese Krankheit muss nicht schwer verlaufen. Es gibt auch leichtere Fälle.

- Ich fühle mich gar nicht krank.

- Ich habe einen starken, widerstandsfähigen Körper.

- Ich erhole mich immer sehr gut.

Resultat: (Verbesserte Schwingungs-Beziehung.)

Kontrast-Situation – Erschöpfung: Ich habe keine Energie. Ich bin ständig müde. Ich schaffe es kaum durch den Tag. Ich bewältige meinen Alltag nur mit Mühe und habe gar keine Lebensfreude mehr, weil ich immer so erschöpft bin. *Ich fühle mich so überfordert.*

Resultierende Wünsche: Ich möchte mehr Energie. Ich möchte mich gut fühlen.

Resultierende Emotionen oder Anzeichen für Schwingungs-Disharmonie: *Ich fühle mich überfordert.* (Es besteht eine deutliche Disharmonie zwischen meinem Wunsch und meinen Glaubenssätzen.)

Bewusste Fokussierung, um die Schwingungen meines neuen Wunsches und meiner momentanen Glaubenssätze zu harmonisieren:

- Ich schaffe es immer, die wirklich notwendigen Dinge zu erledigen.

- Wenn ich klare Prioritäten setze, bewältige ich meine anstehenden Aufgaben.

- Mal habe ich mehr Energie, mal weniger.

- Es gibt Zeiten, da fühle ich mich deutlich besser.

Resultat: (Verbesserte Schwingungs-Beziehung.)

Kontrast-Situation – Nachlassende Kräfte: Ich bin besorgt wegen meiner körperlichen Verfassung. Ich habe nicht mehr so viel Energie wie früher. Dinge, die mir früher viel Freude machten, strengen mich jetzt an. Ich habe allerlei schmerzhafte Beschwerden. Meine Knie schmerzen beim Gehen, und zu joggen wage ich gar nicht mehr. Ich habe Angst, dass mein Zustand sich immer mehr verschlechtert. *Ich mache mir Sorgen.*

Resultierende Wünsche: Ich möchte, dass mein Körper sich gut anfühlt. Ich möchte, dass mein Körper mein ganzes Leben lang gesund ist.

Resultierende Emotionen oder Anzeichen für Schwingungs-Disharmonie: *Ich mache mir Sorgen.* (Es besteht eine deutliche Disharmonie zwischen meinem Wunsch und meinen Glaubenssätzen.)

Bewusste Fokussierung, um die Schwingungen meines neuen Wunsches und meiner momentanen Glaubenssätze zu harmonisieren:

- Ich bin fast mein ganzes Leben lang ziemlich gesund gewesen.

- Auch als ich noch viel jünger war, fühlte sich mein Körper manchmal etwas steif an.

- Ich erinnere mich, dass ich sogar schon in der Schule manchmal Muskelschmerzen hatte.

Resultat: (Verbesserte Schwingungs-Beziehung.)

25. KAPITEL

Mein Zuhause

Kontrast-Situation – Häuslicher Platzmangel: Meine Wohnung ist viel zu klein, und ich weiß nicht mehr, wo ich meine Sachen verstauen soll. Wenn ich versuche, aufzuräumen und alles zu ordnen, ist das Chaos hinterher noch größer. *Ich fühle mich frustriert. Ich fühle mich überfordert.*

Resultierende Wünsche: Ich möchte, dass in meiner Wohnung Ordnung herrscht. Mein Zuhause soll schön sein, und ich möchte immer alles finden, was ich suche.

Resultierende Emotionen oder Anzeichen für Schwingungs-Disharmonie: *Ich fühle mich frustriert. Ich fühle mich überfordert.* (Es besteht eine deutliche Disharmonie zwischen meinem Wunsch und meinen Glaubenssätzen.)

Bewusste Fokussierung, um die Schwingungen meines neuen Wunsches und meiner momentanen Glaubenssätze zu harmonisieren:

• Ich war früher besser organisiert als heute.

• Ich hatte schon kleinere Wohnungen als diese.

• Ich könnte mich von ein paar Dingen trennen und dadurch Platz schaffen.

- Ich muss nicht die ganze Aufräumarbeit auf einmal erledigen, sondern kann Schritt für Schritt vorgehen.

Resultat: (Verbesserte Schwingungs-Beziehung.)

Kontrast-Situation – Unzufriedenheit mit dem Haus: Wir wohnen jetzt schon sehr lange hier, und das Haus gefällt mir nicht mehr. Es erfüllt nicht mehr unsere Bedürfnisse, aber wir können uns nichts Anderes leisten. *Ich fühle mich frustriert. Ich fühle mich unzufrieden. Ich bin pessimistisch.*

Resultierende Wünsche: Ich möchte ein größeres, schöneres Haus. Ich möchte mich zu Hause wohlfühlen. Ich wünsche mir mehr Geld, damit wir uns ein besseres Haus kaufen können.

Resultierende Emotionen oder Anzeichen für Schwingungs-Disharmonie: *Ich fühle mich frustriert. Ich fühle mich unzufrieden. Ich bin pessimistisch.* (Es besteht eine deutliche Disharmonie zwischen meinem Wunsch und meinen Glaubenssätzen.)

Bewusste Fokussierung, um die Schwingungen meines neuen Wunsches und meiner momentanen Glaubenssätze zu harmonisieren:

- Es gibt hier in dem Haus einige schöne Dinge, die mir gefallen.

- Als wir damals hier einzogen, hat es mir gefallen.

- Wir können uns dieses eigene Haus leisten.

- Vielleicht können wir ein paar Renovierungs-
maßnahmen vornehmen.

- Eine solche Renovierung würde auch den Ver-
kaufswert des Hauses erhöhen.

Kontrast-Situation – Nachbarn: Früher habe ich mich
hier in der Straße wohlgefühlt, aber jetzt haben wir ganz
schreckliche neue Nachbarn bekommen. Ihr Hund verrichtet sein Geschäft auf unserem Rasen, und in ihrer
Einfahrt parken ein paar alte, vergammelte Rostlauben.
Es ist mir richtig peinlich, Besuch einzuladen. *Ich fühle
mich frustriert. Ich bin verärgert. Ich fühle mich entmutigt.*

Resultierende Wünsche: Ich möchte umgeben von netten Nachbarn wohnen. Ich wünsche mir rücksichts-
volle Nachbarn.

**Resultierende Emotionen oder Anzeichen für Schwin-
gungs-Disharmonie:** *Ich fühle mich frustriert. Ich bin
verärgert. Ich fühle mich entmutigt.* (Es besteht eine
deutliche Disharmonie zwischen meinem Wunsch
und meinen Glaubenssätzen.)

**Bewusste Fokussierung, um die Schwingungen
meines neuen Wunsches und meiner momentanen
Glaubenssätze zu harmonisieren:**

- Meine Gäste haben sich noch gar nicht negativ
über die neuen Nachbarn geäußert.

- Unsere vorherigen Nachbarn waren sehr ordentlich.

- Vielleicht ziehen diese Leute bald wieder aus.

- Sie haben eine nette kleine Tochter.

- Ich fühle mich gut, wenn ich in unserem ruhigen, abgeschiedenen kleinen Innenhof sitze.

Resultat: (Verbesserte Schwingungs-Beziehung.)

Kontrast-Situation – Hausinstandhaltung: Die Instandhaltung unseres Hauses kostet uns ein Vermögen. Es ist leider nicht sehr solide gebaut, und jetzt, nach zehn Jahren, geht ständig etwas kaputt. *Ich fühle mich frustriert. Ich fühle mich überfordert. Ich bin enttäuscht. Ich fühle mich entmutigt.*

Resultierende Wünsche: Ich möchte, dass in meinem Haus alles so funktioniert, wie es soll. Ich möchte ein neues Haus.

Resultierende Emotionen oder Anzeichen für Schwingungs-Disharmonie: *Ich fühle mich frustriert. Ich fühle mich überfordert. Ich bin enttäuscht. Ich fühle mich entmutigt.* (Es besteht eine deutliche Disharmonie zwischen meinem Wunsch und meinen Glaubenssätzen.)

Bewusste Fokussierung, um die Schwingungen meines neuen Wunsches und meiner momentanen Glaubenssätze zu harmonisieren:

- Ich möchte die Dinge gerne im Griff haben.

- Ich stelle an unser Haus hohe Ansprüche.

- Es ist logisch, dass mehr häuslicher Komfort auch mehr Instandhaltungsaufwand bedeutet.

- Ich mag die vielen Annehmlichkeiten dieses Hauses.

- Meine Familie war hier immer sehr glücklich.

  Resultat: (Verbesserte Schwingungs-Beziehung.)

26. KAPITEL

Meine zwischenmenschlichen Beziehungen

Kontrast-Situation – Eltern-Kind-Beziehung: Ich habe ständig Streit mit meiner erwachsenen Tochter. Ganz gleich, wie viel Zeit ich mit ihr verbringe, es ist nie genug. Ständig beschwert sie sich, dass ich sie vernachlässige. Es stimmt, dass ich nicht so viel Zeit habe, aber warum kann dann die Zeit, die wir füreinander haben, nicht schöner sein? *Ich habe Schuldgefühle. Ich bin wütend. Ich bin enttäuscht.*

Resultierende Wünsche: Ich möchte die Zeit mit meiner Tochter genießen. Ich möchte, dass meine Tochter mich gern hat. Ich möchte, dass sie glücklich ist.

Resultierende Emotionen oder Anzeichen für Schwingungs-Disharmonie: *Ich habe Schuldgefühle. Ich bin wütend. Ich bin enttäuscht.* (Es besteht eine deutliche Disharmonie zwischen meinem Wunsch und meinen Glaubenssätzen.)

Bewusste Fokussierung, um die Schwingungen meines neuen Wunsches und meiner momentanen Glaubenssätze zu harmonisieren:

• Alle unsere Beziehungen zu anderen Menschen wandeln sich ständig.

- Auch früher hatten wir manchmal Streit, haben uns aber immer wieder versöhnt.

- Sie ist eigentlich ein so wunderbarer Mensch.

- Sie hat einen wirklich netten Freund.

- Es ist doch schön, dass sie Wert darauf legt, Zeit mit mir zu verbringen.

Resultat: (Verbesserte Schwingungs-Beziehung.)

Kontrast-Situation – Einsamkeit: Ich habe nur wenige Freunde. Eigentlich habe ich überhaupt keine wirklich nahen Freunde. Es macht wenig Spaß, so allein durchs Leben zu gehen. Ich hatte früher Freundschaften, aber keine war wirklich von Dauer. Es scheint, dass die Leute von mir nehmen, was sie bekommen können, aber sie geben mir nichts zurück. *Ich fühle mich entmutigt. Ich fühle mich einsam.*

Resultierende Wünsche: Ich wünsche mir einen wirklich guten Freund. Ich wünsche mir Freundschaften, die für alle Beteiligten erfüllend sind.

Resultierende Emotionen oder Anzeichen für Schwingungs-Disharmonie: *Ich fühle mich entmutigt. Ich fühle mich einsam.* (Es besteht eine deutliche Disharmonie zwischen meinem Wunsch und meinen Glaubenssätzen.)

Bewusste Fokussierung, um die Schwingungen meines neuen Wunsches und meiner momentanen Glaubenssätze zu harmonisieren:

- Ich war immer schon ziemlich unabhängig.

- Ich mag das Gefühl nicht, *gebraucht* zu werden oder selbst andere zu *brauchen*.

- Ich schätze aber anregende Gespräche.

- Ich mag es, Spaß zu machen, und es ist immer schön, gemeinsam mit anderen zu lachen.

Resultat: (Verbesserte Schwingungs-Beziehung.)

Kontrast-Situation – Eheprobleme: Ich liebe meine Frau immer noch, aber unsere Beziehung ist nicht mehr so, wie sie einmal war. Am Anfang unserer Ehe konnte ich es kaum erwarten, abends nach Hause zu kommen. Jetzt ertappe ich mich manchmal dabei, dass ich am liebsten auswärts übernachten würde. Sie gibt mir die Schuld an allem, was nicht so läuft, wie sie es gerne hätte, und ständig beklagt sie sich. Ich will sie nicht verlassen, aber Freude macht unsere Ehe mir nicht mehr. *Ich fühle mich frustriert. Ich habe Schuldgefühle. Ich bin wütend.*

Resultierende Wünsche: Ich möchte mich wieder darauf freuen, abends zu ihr nach Hause zu kommen. Ich möchte die Stunden mit meiner Frau genießen. Ich will mich neu in sie verlieben. Ich möchte, dass meine Frau mich liebt. Ich möchte, dass sie glücklich ist.

Resultierende Emotionen oder Anzeichen für Schwingungs-Disharmonie: *Ich fühle mich frustriert. Ich habe Schuldgefühle. Ich bin wütend.* (Es besteht eine deutliche Disharmonie zwischen meinem Wunsch und meinen Glaubenssätzen.)

Bewusste Fokussierung, um die Schwingungen meines neuen Wunsches und meiner momentanen Glaubenssätze zu harmonisieren:

- Ich weiß noch, wie es war, als wir uns kennen lernten.

- Meine Frau hat sich immer sehr bemüht, effizient zu sein.

- Sie kümmert sich darum, dass unser Haushalt gut funktioniert.

- Obwohl sie berufstätig ist, erledigt sie nebenbei noch den Haushalt.

- Sie ist ein wirklich außergewöhnlicher Mensch.

Resultat: (Verbesserte Schwingungs-Beziehung.)

Kontrast-Situation – Einmischung der Mutter: Ich wohne jetzt schon seit zehn Jahren nicht mehr bei meinen Eltern, aber meine Mutter mischt sich immer noch in alles ein und meint, mir sagen zu müssen, was ich tun und lassen soll. Deswegen habe ich mich etwas zurückgezogen und besuche sie nicht mehr so oft, worüber sie sehr gekränkt und wütend ist. Aber wenn wir uns sehen, tut sie so, als wäre ich unfähig, ein selbständiges Leben zu führen. *Ich habe Schuldgefühle. Ich bin wütend auf meine Mutter.*

Resultierende Wünsche: Ich möchte, dass meine Mutter mich mein eigenes Leben führen lässt. Ich möchte, dass wir uns besser verstehen. Sie soll einsehen, dass ich erwachsen bin und meine eigenen Entscheidungen treffe.

Resultierende Emotionen oder Anzeichen für Schwingungs-Disharmonie: *Ich habe Schuldgefühle. Ich bin wütend auf meine Mutter.* (Es besteht eine deutliche Disharmonie zwischen meinem Wunsch und meinen Glaubenssätzen.)

Bewusste Fokussierung, um die Schwingungen meines neuen Wunsches und meiner momentanen Glaubenssätze zu harmonisieren:

• Von Eltern wird ja erwartet, dass sie ihren Kindern mit Rat und Hilfe zur Seite stehen.

• Sicher ist es nicht leicht, loszulassen und zu vertrauen, wenn die Kinder erwachsen werden und ihre eigenen Wege gehen.

• Ich weiß, meine Mutter wünscht aufrichtig, dass ich ein gutes Leben habe.

• Es ist meine Entscheidung, ob ich ihre Ratschläge befolge oder nicht.

• Manche ihrer Ratschläge sind ja auch wirklich hilfreich.

• Sie meint es auf jeden Fall gut.

Resultat: (Verbesserte Schwingungs-Beziehung.)

27. KAPITEL

Meine Arbeit

Kontrast-Situation – Probleme mit einer Kollegin: Ich muss mir das Büro mit einer Kollegin teilen, deren Gegenwart ich kaum ertragen kann. Sie ist total negativ eingestellt und redet ununterbrochen. Sie mag ihre Arbeit nicht und tut so, als wäre ich dumm, wenn ich versuche, meinen Job gut zu machen. Ich wünschte, dass sie gefeuert wird oder von sich aus kündigt. Das Leben ist zu kurz, um so viel Zeit mit einer so unangenehmen Person zu verbringen. *Ich fühle mich frustriert. Ich bin wütend.*

Resultierende Wünsche: Ich möchte mit angenehmen Kollegen arbeiten. Ich möchte mich an meinem Arbeitsplatz wohlfühlen.

Resultierende Emotionen oder Anzeichen für Schwingungs-Disharmonie: *Ich fühle mich frustriert. Ich bin wütend.* (Es besteht eine deutliche Disharmonie zwischen meinem Wunsch und meinen Glaubenssätzen.)

Bewusste Fokussierung, um die Schwingungen meines neuen Wunsches und meiner momentanen Glaubenssätze zu harmonisieren:

- Bei der Arbeit kann ich mich völlig auf das konzentrieren, was ich gerade mache.

- Durch meine gute Konzentration kann ich viel Arbeit schnell erledigen.

- Ich weiß nicht, worüber meine Kollegin sich eigentlich immer so aufregt.

- Sie hat ein nettes Lächeln.

- Ich bin sicher, dass sie auch gerne mehr Freude an ihrer Arbeit hätte.

Resultat: (Verbesserte Schwingungs-Beziehung.)

Kontrast-Situation – Berufliche Zufriedenheit: Ich werde ziemlich gut bezahlt, aber meine Arbeit macht mir nicht wirklich Freude. Ich mache diesen Job jetzt schon sehr lange und spüre dabei kaum noch Anregung und Herausforderung. Niemand nimmt von meiner Arbeit Notiz, außer wenn ich einen Fehler mache. Der Arbeitstag vergeht so langsam … und am nächsten Tag fängt die ganze langweilige Routine wieder von vorn an. *Ich langweile mich. Ich bin pessimistisch.*

Resultierende Wünsche: Ich wünsche mir eine interessantere, anregendere Arbeit. Ich möchte mich morgens auf meine Arbeit freuen. Ich möchte, dass mein Beruf mir Spaß macht.

Resultierende Emotionen oder Anzeichen für Schwingungs-Disharmonie: *Ich langweile mich. Ich bin pessimistisch.* (Es besteht eine deutliche Disharmonie zwischen meinem Wunsch und meinen Glaubenssätzen.)

Bewusste Fokussierung, um die Schwingungen meines neuen Wunsches und meiner momentanen Glaubenssätze zu harmonisieren:

• Wenn ich mich in eine Aufgabe richtig hineinknie, macht sie mir Spaß.

• Manche Dinge machen mir mehr Spaß als andere.

• Manchmal gelingt es mir, Aufgaben so zu gestalten, dass mir die Arbeit Freude macht.

• Ich liebe es, meine Arbeit ständig zu optimieren.

• In dieser Hinsicht könnte ich meine jetzige Arbeit noch deutlich aufwerten.

• Ich werde mehr darauf achten, wie ich Gutes für meinen Arbeitgeber bewirken kann.

• Es fühlt sich gut an, eine sinnvolle, für andere nützliche Tätigkeit auszuüben.

Resultat: (Verbesserte Schwingungs-Beziehung.)

Kontrast-Situation – Karriere: Schon als Kind wollte ich gerne Schauspielerin werden. Ich habe Schauspielunterricht genommen und festgestellt, dass ich wirklich Talent habe. Ab und zu werde ich für kleinere Rollen engagiert, aber es ist nichts Aufregendes dabei, keine wirkliche Herausforderung. Es gibt so viele arbeitslose Schauspieler. Meine Lage scheint wirklich hoffnungslos. Vielleicht sollte ich meine Träume begraben und mir einen normalen Job suchen. *Ich bin enttäuscht. Ich fühle mich entmutigt.*

Resultierende Wünsche: Ich möchte gerne große Rollen spielen. Ich möchte, dass meine schauspielerische Begabung endlich erkannt wird. Ich wünsche mir gute Engagements, die weitere gute Engagements zur Folge haben.

Resultierende Emotionen oder Anzeichen für Schwingungs-Disharmonie: *Ich bin enttäuscht. Ich fühle mich entmutigt.* (Es besteht eine deutliche Disharmonie zwischen meinem Wunsch und meinen Glaubenssätzen.)

Bewusste Fokussierung, um die Schwingungen meines neuen Wunsches und meiner momentanen Glaubenssätze zu harmonisieren:

• Wenigstens *bekomme* ich kleinere Rollen.

• Dadurch kann ich Erfahrungen sammeln.

• Und ich werde mir klarer darüber, welche Rollen ich wirklich spielen möchte.

• Bei meiner Arbeit begegnen mir wirklich interessante Leute.

• Ich behaupte mich jetzt schon ziemlich lange in diesem Beruf.

• Ich hatte einige wirklich gute Vorsprechtermine.

- Ich liebe das Gefühl, wenn ich beim Vorsprechen wirklich gut war.

Resultat: (Verbesserte Schwingungs-Beziehung.)

Kontrast-Situation – Wohlstand: Mein Mann und ich waren beide viele Jahre berufstätig und haben etwas Geld gespart – keine Riesensumme, aber genug, um ungefähr ein Jahr lang davon leben zu können. Wir hatten eine wirklich gute Geschäftsidee, und ein Freund lieh uns Geld als Startkapital, aber jetzt, nach zwei Jahren, müssen wir immer noch auf unser Erspartes zurückgreifen, und dieses Geld geht jetzt rapide zur Neige. *Ich mache mir Sorgen. Ich fühle mich entmutigt.*

Resultierende Wünsche: Ich möchte, dass unser Geschäft wirklich in die Gewinnzone kommt. Ich wünsche mir hohe Einnahmen. Ich möchte, dass wir von unserer Firma gut leben können.

Resultierende Emotionen oder Anzeichen für Schwingungs-Disharmonie: *Ich mache mir Sorgen. Ich fühle mich entmutigt.* (Es besteht eine deutliche Disharmonie zwischen meinem Wunsch und meinen Glaubenssätzen.)

Bewusste Fokussierung, um die Schwingungen meines neuen Wunsches und meiner momentanen Glaubenssätze zu harmonisieren:

- Ich bin froh, dass wir unsere eigene Firma gründen konnten.

- Ich bin dankbar, dass unser Freund an unsere Vision geglaubt hat.

- Die Firma wirft jetzt eindeutig mehr Geld ab als zu Beginn.

- Wir werden einen Weg finden, unsere Einnahmen weiter zu erhöhen.

- Unsere Kunden sind sehr zufrieden mit uns.

- Ich schätze unsere Kunden sehr und möchte, dass sie rundum zufrieden sind.

Resultat: (Verbesserte Schwingungs-Beziehung.)

28. KAPITEL

Mein Geld

Kontrast-Situation – Wohlstand: Ich schaffe es einfach nicht, finanziell auf einen grünen Zweig zu kommen. Ständig kommen unvorhergesehene Ausgaben auf mich zu, und meine Schulden wachsen mir allmählich über den Kopf. Ich gebe einfach mehr aus, als ich verdiene. Ich versuche zu sparen, aber obwohl meine Frau mitarbeitet, sind die Lebenshaltungskosten für uns und die Kinder einfach zu hoch. *Ich mache mir Sorgen. Ich fühle mich entmutigt.*

Resultierende Wünsche: Ich möchte genug Geld, um alle nötigen Ausgaben bestreiten und so leben zu können, wie ich es mir wünsche. Ich möchte meine Schulden tilgen. Ich möchte meiner Familie ein schönes Leben ermöglichen können.

Resultierende Emotionen oder Anzeichen für Schwingungs-Disharmonie: *Ich mache mir Sorgen. Ich fühle mich entmutigt.* (Es besteht eine deutliche Disharmonie zwischen meinem Wunsch und meinen Glaubenssätzen.)

Bewusste Fokussierung, um die Schwingungen meines neuen Wunsches und meiner momentanen Glaubenssätze zu harmonisieren:

• Wir leben recht angenehm.

- Eigentlich haben wir alles, was wir wirklich brauchen.

- Es geht uns viel besser als unseren Eltern, als die in unserem Alter waren.

- Unsere Kinder beklagen sich fast nie über Geldmangel.

- Unsere Kinder sind so lebensfroh.

- Es ist wunderbar, solche Kinder zu haben.

Resultat: (Verbesserte Schwingungs-Beziehung.)

Kontrast-Situation – Auto-Ärger: Seit meinem Schulabschluss habe ich auf ein eigenes Auto gespart und konnte nun eine gute Anzahlung auf einen Gebrauchtwagen leisten. Ich habe den Wagen zur Hälfte bezahlt, sodass die Kreditraten niedrig sind. Er machte einen wirklich guten Eindruck. Doch jetzt, nach zwei Monaten, war eine teure Reparatur fällig. Ich musste zusätzliches Geld leihen, um die Reparatur bezahlen zu können. Wenn ich zusammenzähle, was mich die Autofinanzierung und die Reparatur kosten, hätte ich mir auch einen Neuwagen leisten können. *Ich bin wütend. Ich fühle mich entmutigt.*

Resultierende Wünsche: Ich möchte ein neues Auto. Ich möchte für mein Geld einen fairen Gegenwert erhalten.

Resultierende Emotionen oder Anzeichen für Schwingungs-Disharmonie: *Ich bin wütend. Ich fühle mich entmutigt.* (Es besteht eine deutliche Disharmonie zwischen meinem Wunsch und meinen Glaubens-sätzen.)

Bewusste Fokussierung, um die Schwingungen meines neuen Wunsches und meiner momentanen Glaubenssätze zu harmonisieren:

- Immerhin ist der Wagen jetzt repariert.

- Von nun an wird er sicherlich gut funktionieren.

- Es ist doch erfreulich, dass ich das Geld für die Reparatur auftreiben konnte.

- Ich weiß noch, wie aufgeregt ich war, als ich dieses Auto zum ersten Mal sah.

- Der Wagen sieht jetzt noch genauso toll aus wie vor zwei Monaten.

- Es macht wirklich Freude, damit zu fahren.

- Für meine augenblicklichen Bedürfnisse war dieser Wagen eine gute Wahl.

Resultat: (Verbesserte Schwingungs-Beziehung.)

Kontrast-Situation – Finanzielle Sicherheit: Mein Mann und ich sind unser ganzes Leben berufstätig. Wir hatten vorgesorgt und eine hübsche Summe für den Lebensabend zurückgelegt. Unser Sohn, ein Börsenmakler, schlug vor, dieses Geld für uns zu investieren, um so die Summe, die wir später zur Verfügung haben würden, zu vervielfachen. Also vertrauten wir ihm die Verwaltung unseres

Vermögens an, und jetzt ist alles weg – alles, wofür wir unser ganzes Leben gearbeitet haben. Was wird nun aus uns, wenn wir nicht mehr arbeiten können? *Ich mache mir Sorgen. Ich fühle mich entmutigt. Ich mache mir Vorwürfe. Ich bin wütend auf unseren Sohn. Ich fühle mich verunsichert. Ich habe Angst.*

Resultierende Wünsche: Ich wünsche mir finanzielle Sicherheit. Ich möchte einen schönen Lebensabend verbringen. Ich liebe meinen Sohn und möchte ihm vertrauen können.

Resultierende Emotionen oder Anzeichen für Schwingungs-Disharmonie: (*Ich mache mir Sorgen. Ich fühle mich entmutigt. Ich mache mir Vorwürfe. Ich bin wütend auf unseren Sohn. Ich fühle mich verunsichert. Ich habe Angst.* (Es besteht eine deutliche Disharmonie zwischen meinem Wunsch und meinen Glaubenssätzen.)

Bewusste Fokussierung, um die Schwingungen meines neuen Wunsches und meiner momentanen Glaubenssätze zu harmonisieren:

• Unser Sohn wollte wirklich nur das Beste.

• Wir hatten ja sowieso noch nicht vor, uns zur Ruhe zu setzen.

• Zur Zeit macht mein Beruf mir noch großen Spaß.

• Unser momentanes Leben hat so viele schöne Seiten.

- Unsere Zukunftsplanung hat sich ja durchaus auch schon in anderer Weise bezahlt gemacht.

Resultat: (Verbesserte Schwingungs-Beziehung.)

Kontrast-Situation – Schulden: Seit ich eine Kreditkarte besitze, neige ich dazu, mehr auszugeben, als ich mir leisten kann – mit der Karte ist es so einfach, und man verliert leicht die Übersicht über seine Finanzen. Jetzt ist mein Bankkonto total überzogen. *Ich mache mir Sorgen. Ich fühle mich entmutigt. Ich mache mir Vorwürfe. Ich fühle mich verunsichert. Ich habe Angst.*

Resultierende Wünsche: Ich möchte genug Geld, um die Kontoüberziehung abzubauen. Ich möchte schuldenfrei sein. Ich möchte mir die Dinge leisten können, die ich brauche und die mir Freude machen.

Resultierende Emotionen oder Anzeichen für Schwingungs-Disharmonie: (*Ich mache mir Sorgen. Ich fühle mich entmutigt. Ich mache mir Vorwürfe. Ich fühle mich verunsichert. Ich habe Angst.* (Es besteht eine deutliche Disharmonie zwischen meinem Wunsch und meinen Glaubenssätzen.)

Bewusste Fokussierung, um die Schwingungen meines neuen Wunsches und meiner momentanen Glaubenssätze zu harmonisieren:

- Es ist doch immerhin positiv, dass das Kreditkarten-Unternehmen Vertrauen in mich hatte.

- Es hat Spaß gemacht, mir einige meiner Wünsche zu erfüllen.

- Diese Dinge machen mein Leben deutlich angenehmer.

- Jetzt, wo ein paar Anschaffungen getätigt sind, kann ich erst einmal sparen und die Überziehung des Kontos wieder abbauen.

Resultat: (Verbesserte Schwingungs-Beziehung.)

29. KAPITEL

Meine Welt

Kontrast-Situation – Weltlage: Unsere Welt ist in einem wirklich schlimmen Zustand. Es gibt so viele Kriege, so viel Konflikt, so viel Leid. Ich verstehe nicht, warum immer noch so viele Menschen hungern, trotz allen Fortschritts. Wir müssten doch längst Lösungen für diese Probleme gefunden haben. *Ich fühle mich entmutigt. Ich fühle mich schuldig. Ich bin wütend.*

Resultierende Wünsche: Ich möchte, dass alle Menschen genug zu essen haben. Ich möchte, dass wir alle in Frieden zusammenleben.

Resultierende Emotionen oder Anzeichen für Schwingungs-Disharmonie: *Ich fühle mich entmutigt. Ich fühle mich schuldig. Ich bin wütend.* (Es besteht eine deutliche Disharmonie zwischen meinem Wunsch und meinen Glaubenssätzen.)

Bewusste Fokussierung, um die Schwingungen meines neuen Wunsches und meiner momentanen Glaubenssätze zu harmonisieren:

- Zum großen Teil verläuft das Leben in meiner Umgebung harmonisch.

- In meiner Umgebung sehe ich nur sehr selten Menschen, die Hunger leiden.

- Es gibt auf der Welt weitaus mehr Wohlergehen als Leid.

- Vermutlich hat es immer schon bewaffnete Konflikte gegeben.

- Weltweit steigt der Lebensstandard eindeutig an.

- Für die meisten Menschen auf der Welt wird das Leben immer besser und besser.

Resultat: (Verbesserte Schwingungs-Beziehung.)

Kontrast-Situation – Sorge um den Planeten: Unser Planet erscheint mir instabil. Es gibt so viele Erdbeben, Lawinen, Flutwellen und Hurrikane, die große Zerstörungen anrichten. Manchmal möchte ich gar nicht, dass meine Familie das Haus verlässt, aus Angst, es könnte ihnen etwas Schreckliches zustoßen. *Ich mache mir Sorgen. Ich fühle mich nicht sicher. Ich habe Angst.*

Resultierende Wünsche: Ich möchte, dass meine Familie immer gut behütet ist. Ich wünsche mir, dass wir alle ein langes, glückliches Leben führen.

Resultierende Emotionen oder Anzeichen für Schwingungs-Disharmonie: *Ich mache mir Sorgen. Ich fühle mich nicht sicher. Ich habe Angst.* (Es besteht eine deutliche Disharmonie zwischen meinem Wunsch und meinen Glaubenssätzen.)

Bewusste Fokussierung, um die Schwingungen meines neuen Wunsches und meiner momentanen Glaubenssätze zu harmonisieren:

- Naturkatastrophen kommen immer wieder vor, aber noch nie waren wir persönlich davon betroffen.

- In der Regel überlebt die Mehrzahl der Betroffenen eine solche Katastrophe.

- Oft werden die Leute gewarnt und können das gefährdete Gebiet rechtzeitig verlassen.

- Wir leben auf einer sich ständig wandelnden Erde, und das wird immer so bleiben.

- Oft sorgen wir uns wegen Dingen, die uns gar nicht unmittelbar betreffen.

Resultat: (Verbesserte Schwingungs-Beziehung.)

Kontrast-Situation – Reisewünsche: Ich fühle mich so eingeengt. Ich kenne so wenig von der Welt. Ich würde gerne auf Reisen gehen, aber ich bekomme viel zu wenig Urlaub, um mich länger an anderen Orten aufhalten zu können, und außerdem verdiene ich nicht genug. Ich habe das Gefühl, dass mir sehr viel entgeht. *Ich langweile mich. Ich bin enttäuscht.*

Resultierende Wünsche: Ich möchte die Welt kennen lernen. Ich möchte meinen Horizont erweitern, Neues erleben.

Resultierende Emotionen oder Anzeichen für Schwingungs-Disharmonie: *Ich langweile mich. Ich bin enttäuscht.* (Es besteht eine deutliche Disharmonie zwischen meinem Wunsch und meinen Glaubenssätzen.)

Bewusste Fokussierung, um die Schwingungen meines neuen Wunsches und meiner momentanen Glaubenssätze zu harmonisieren:

- Ich bin jung genug, um noch viel von der Welt sehen zu können.

- Ich kann mich ja schon mal durch Bücher und andere Medien über interessante Reiseziele informieren.

- Ich werde eine Liste aller Orte aufstellen, die ich gerne besuchen möchte.

- Wenn man aufmerksam ist und zum Beispiel Last-Minute-Angebote nutzt, kann man oft erstaunlich günstig schöne Reisen machen.

Resultat: (Verbesserte Schwingungs-Beziehung.)

Kontrast-Situation – Umweltprobleme: Ich habe Angst, dass wir dabei sind, unseren Planeten zu zerstören. Die Luft wird immer stärker verschmutzt. Das Wasser ist vergiftet. Immer mehr Tierarten sterben aus. Die Polkappen drohen abzuschmelzen. *Ich fühle mich schuldig. Ich bin wütend. Ich bin verunsichert. Ich habe Angst.*

Resultierende Wünsche: Ich möchte, dass wir alle in einer gesunden Umwelt leben können. Ich möchte die Erde für zukünftige Generationen bewahren.

Resultierende Emotionen oder Anzeichen für Schwingungs-Disharmonie: *Ich fühle mich schuldig. Ich bin wütend. Ich bin verunsichert. Ich habe Angst.*

(Es besteht eine deutliche Disharmonie zwischen meinem Wunsch und meinen Glaubenssätzen.)

Bewusste Fokussierung, um die Schwingungen meines neuen Wunsches und meiner momentanen Glaubenssätze zu harmonisieren:

- Es gibt heute ausgezeichnete Trinkwasserfilter.

- Ein großer Teil des Wassers ist *nicht* verschmutzt.

- Bei dem, was wir für Symptome eines gestörten Weltklimas halten, handelt es sich in Wahrheit oft um ganz natürliche Wetterschwankungen.

- Zwar gibt es stark verschmutzte Gebiete, aber in anderen Regionen ist die Natur in sehr guter Verfassung.

- Ich atme nach wie vor und trinke Wasser, und es geht mir gut.

- Meine Sorge um den Planeten könnte unbegründet sein.

Resultat: (Verbesserte Schwingungs-Beziehung.)

30. Kapitel

Meine Regierung

Kontrast-Situation – Arbeit der Regierung: Ich finde es frustrierend, wie ineffizient die staatliche Bürokratie arbeitet! Ständig machen sie uns mit neuen komplizierten Vorschriften das Leben schwer. Gerade Geschäftsleute und kleine Unternehmer müssen sich durch einen Wust an Bürokratie kämpfen, der Zeit, Nerven und Geld verschlingt. Hier muss sich dringend etwas ändern. *Ich bin frustriert. Ich fühle mich überfordert. Ich bin wütend.*

Resultierende Wünsche: Ich wünsche mir eine effiziente Verwaltung. Ich wünsche mir so wenig Bürokratie wie möglich und klare, einfach zu befolgende Gesetze.

Resultierende Emotionen oder Anzeichen für Schwingungs-Disharmonie: *Ich bin frustriert. Ich fühle mich überfordert. Ich bin wütend.* (Es besteht eine deutliche Disharmonie zwischen meinem Wunsch und meinen Glaubenssätzen.)

Bewusste Fokussierung, um die Schwingungen meines neuen Wunsches und meiner momentanen Glaubenssätze zu harmonisieren:

• Auch die schwierigsten Vorschriften lassen sich durchschauen.

- Ich bin in der Lage, mich an veränderte Umstände anzupassen.

- Eine moderne, komplexe Gesellschaft ist nicht so einfach zu organisieren, und die Menschen in der staatlichen Verwaltung sind ehrlich bemüht, ihre Sache gut zu machen.

- Oft ist es einfach ein Kommunikationsproblem. Ich werde genauer nachfragen und mich besser informieren.

- Ein gut organisiertes Staatswesen mit detaillierter Gesetzgebung hat auch viele Vorteile.

Resultat: (Verbesserte Schwingungs-Beziehung.)

Kontrast-Situation – Staatsverschuldung: Unser Staat arbeitet so ineffizient und ineffektiv! Wird mehr Geld gebraucht, erhöht man einfach die Steuern und greift den Bürgern in die Tasche. Einerseits verschwenden die Politiker das Geld, und andererseits klagen sie, dass für die wirklich wichtigen Dinge, die für *uns* wichtigen Dinge, nicht genug da ist. Wie soll jemals wieder Ordnung in die politischen Verhältnisse kommen? Niemand scheint ein Rezept zu kennen. *Ich bin enttäuscht. Ich bin wütend auf die Politiker.*

Resultierende Wünsche: Ich möchte, dass die Steuern, die ich zahle, effektiv und effizient ausgegeben werden.

Resultierende Emotionen oder Anzeichen für Schwingungs-Disharmonie: *Ich bin enttäuscht. Ich bin wü-*

tend auf die Politiker. (Es besteht eine deutliche Disharmonie zwischen meinem Wunsch und meinen Glaubenssätzen.)

Bewusste Fokussierung, um die Schwingungen meines neuen Wunsches und meiner momentanen Glaubenssätze zu harmonisieren:

- Ich habe von der staatlichen Finanzpolitik eigentlich überhaupt keine Ahnung.

- Ich möchte nicht Finanzminister sein und all diese Milliarden in die richtigen Bahnen dirigieren müssen.

- Trotz allem funktioniert unser Staatswesen eigentlich recht gut.

- Dieser Staat hat durchaus auch seine Vorteile.

- Alles in allem ist unsere Gesellschaft stabil.

Resultat: (Verbesserte Schwingungs-Beziehung.)

Kontrast-Situation – Bürgerrechte: Ich habe den Eindruck, dass unsere bürgerlichen Freiheiten immer mehr eingeschränkt werden. Der Staat sollte aufhören, sich in alles einzumischen und die Bürger durch immer neue Gesetze zu gängeln. Die bürgerlichen Rechte dürfen auf keinen Fall der absoluten Sicherheit und Kontrolle geopfert werden. *Ich bin enttäuscht. Ich bin wütend. Ich fühle mich ohnmächtig.*

Resultierende Wünsche: Ich wünsche mir, dass die Politiker unsere von der Verfassung garantierten Rechte respektieren und schützen.

Resultierende Emotionen oder Anzeichen für Schwingungs-Disharmonie: *Ich bin enttäuscht. Ich bin wütend. Ich fühle mich ohnmächtig.* (Es besteht eine deutliche Disharmonie zwischen meinem Wunsch und meinen Glaubenssätzen.)

Bewusste Fokussierung, um die Schwingungen meines neuen Wunsches und meiner momentanen Glaubenssätze zu harmonisieren:

- Ganz egal, welche Parteien regieren, an meinem persönlichen Leben ändert sich wenig.

- Meine eigenen Entscheidungen wirken sich auf mein Leben viel stärker aus als die Entscheidungen der Politiker.

- Ich kann mich in unserem Land frei bewegen und diese Freiheit genießen.

- Die Regierung mischt sich nicht in meine persönlichen Lebensentscheidungen ein.

Resultat: (Verbesserte Schwingungs-Beziehung.)

31. KAPITEL

Der Wert einer verbesserten Schwingungs-Harmonie

Wenn Menschen gesagt wird, sie seien die Schöpfer ihrer eigenen Realität, wenden sie oft ein, dass es ziemlich schwierig ist, sich auf angenehme Gedanken über zukünftige Erfahrungen zu konzentrieren, wenn man sich gerade mitten in einer sehr unerfreulichen Situation befindet. Sie sagen, dass es viel leichter wäre, aus einer angenehmeren *Jetzt*-Erfahrung heraus eine schöne Zukunft zu erschaffen. Wir verstehen dieses Denken, und wir stimmen zu, dass es leichter ist, sich unter angenehmen äußeren Bedingungen wohlzufühlen als unter negativen. Daher verstehen wir, wenn Leute sich wünschen, dass die Dinge für sie *früher* besser gelaufen wären, weil dann ihr *Jetzt* ein besserer Ausgangspunkt für eine angenehme Zukunft wäre.

Manche Menschen empfinden eine tiefe Bitterkeit wegen früherer negativer Erfahrungen, besonders wenn sie in der Kindheit große Ungerechtigkeiten oder gar körperlichen Missbrauch erdulden mussten. Sie befinden sich häufig in einer ängstlichen Abwehrhaltung, und selbstverständlich ist es ihr gutes Recht, sich so zu fühlen. Angesichts dessen, was sie durchgemacht haben, ist ihre negative Reaktion gerechtfertigt und verständlich. Dennoch führen diese negativen Emotionen dazu, dass sie nicht empfangen können, was sie sich wirklich wünschen.

Wenn man ihnen das sagt, reagieren sie verletzt, wodurch sich ihre Abwehr zusätzlich verstärkt. Sie fühlen nun einmal, was sie fühlen. Und sie haben diese innere Haltung so lange eingeübt, dass unsere Worte (mögen diese Worte auch noch so weise sein) sie nicht von ihren Glaubenssätzen bezüglich des von ihnen erlittenen Unrechts abbringen können.

Hast Du etwas bewusst erschaffen – oder aus Versehen?

Bei vielen unserer physischen Freunde weckt es tief vergrabene Erinnerungen, wenn wir ihnen sagen, dass sie die Schöpfer ihrer eigenen Realität sind. Und viele von ihnen freunden sich mit der Idee an, dass sie Schwingungs-Wesen sind, die in einem Schwingungs-Universum leben. Oft akzeptieren sie sogar die Idee, dass sie mit einem *Emotionalen Feedback-System* geboren wurden, an dem sie ablesen können, welche Schwingungen sie ausstrahlen, was ihnen wiederum verrät, ob das, was sie momentan erschaffen, angenehm sein wird, wenn es sich in ihrem Leben materialisiert. *Aber die meisten Leute, selbst jene, die bewusst ihre Schwingungs-Natur und ihr »Emotionales Feedback-System« anerkennen, senden dennoch die meisten ihrer Schwingungen unbewusst und ungezielt aus, und somit erschaffen sie auch ihre Realität auf solche Weise. Das tun sie, weil die meisten Schwingungen, die sie ausstrahlen, eine Reaktion auf die von ihnen wahrgenommene Realität sind und nicht auf die von ihnen gewünschte und bevorzugte Realität.*

Das, was sich bereits in Eurer Realität manifestiert hat, übt einen enormen Reiz auf Euch aus. Ihr nennt es *Realität*; ihr nennt es *Fakten* und *Tatsachen*; Ihr nennt es *Beweise*. Ihr dokumentiert es in Schrift und Bild. Ihr nennt es *Geschichte* … und dabei übersieht Ihr seine absolut vergängliche Natur. Aus unserer Perspektive habt

Ihr es zugelassen, dass Eure »Realität« in Eurer Wahrnehmung einen wichtigeren Platz einnimmt, als sie es eigentlich verdient. Indem Ihr Eurer momentanen »Realität« so viel Aufmerksamkeit widmet, behindert Ihr jenen Prozess, durch den noch viel angenehmere »Jetzt«-Erfahrungen zu Euch kommen können.

Mache Dir also bewusst, dass dieses JETZT lediglich die Plattform ist, von der aus Du neue Erfahrungen ansteuerst. LEBEN ist ständige BEWEGUNG, die Reise zu immer neuen Erfahrungen. Wir möchten, dass Du Dich wieder erinnerst, wie wunderbar das Gefühl ist, DEINE EIGENE REALITÄT ZU ERSCHAFFEN, statt so viel Aufmerksamkeit jener Realität zu widmen, DIE DU SCHON ERSCHAFFEN HAST. Begreifst Du den Unterschied?

Du befindest Dich auf zwei Reisen gleichzeitig

Kürzlich suchte uns eine Frau auf, die an einer schweren Arthritis der Hüftgelenke litt, was ihr nahezu pausenlos Beschwerden verursachte.

Diese Frau sollte begreifen, dass ihr körperlicher Zustand nur vorübergehender Natur ist, dann könnte sie sofort zu einem Zustand überwechseln, der sich besser anfühlt. Sie müsste ihre Aufmerksamkeit darauf richten, WOHIN sie gelangen möchte, statt sich auf die REALITÄT zu konzentrieren, die sie gegenwärtig erlebt. … Sie müsste sich auf das GEFÜHL konzentrieren, UNTERWEGS zu einer positiven Veränderung zu sein, statt sich auf die REALITÄT zu konzentrieren, die sie als ihren Ist-Zustand wahrnimmt. Dann würde sich ihr Zustand unverzüglich zu bessern beginnen.

Wie jeder Mensch befindet sich auch diese Frau auf zwei Reisen gleichzeitig: der *Physischen Reise* (von der die Realität ihrer schmerzenden arthritischen Hüftgelenke ein Teil ist) und der *Emotionalen Reise* (die Emotionen, die sie im Alltag jeweils wählt).

Von ihrer momentanen Realität her, also der Start-Plattform für ihre künftigen Erfahrungen, hat sie zwei Möglichkeiten:

- Sie hat schmerzende Hüften und empfindet Furcht, Wut, Sorge, Schuldgefühle und Verzweiflung.

- Sie hat schmerzende Hüften und empfindet *Hoffnung*.

Ihr momentaner Zustand, die Schmerzen in den Hüften, ist also Teil ihrer *Physischen Reise*. Das *geschieht* hier und jetzt. Es ist Realität. Und es ist verständlich, dass ihr dieser Zustand zu schaffen macht. Aber wenn es ihr gelingt, sich, wenigstens für eine kleine Weile, auf ihre *Emotionale Reise* zu konzentrieren – würde sie ihre emotionalen Wahlmöglichkeiten erkennen, und dann würde ihre Schwingungsfrequenz sich positiv verändern, was dann auch eine Veränderung ihrer *Physischen Reise* nach sich zöge. Ihre physischen Beschwerden würden sich bessern.

Solange Du Deine Schwingungen nicht veränderst, können sich auch Deine äußeren Lebensumstände nicht verändern. Das wird nur möglich, wenn Du Deine Aufmerksamkeit, Deinen Fokus, und damit Deine Schwingung neu justierst.

32. KAPITEL

Physische Reise und Emotionale Reise

Stelle Dir vor, dass Du Deinen physischen Körper von einem Ort zu einem anderen beförderst. Vielleicht fährst Du mit dem Auto, oder Du wanderst, einen mit Proviant beladenen Rucksack auf dem Rücken, durch einen großen Wald. In beiden Fällen hast Du vermutlich eine klare Vorstellung von Deinem Zielort. Du bewegst Dich absichtsvoll vorwärts, ein klares Ziel vor Augen. Das nennen wir Deine Physische Reise (die äußere Reise, auf der Du Dich durch die materielle Welt bewegst).

Diese Reise lässt sich anhand einfacher Fakten beschreiben: Du kannst die Reisestrecke und Reisedauer identifizieren. Du kannst beschreiben, wie unterwegs das Wetter ist. Auch Deine Ankunftszeit kannst Du mehr oder weniger genau vorhersagen.

Die *Physische Reise* hat viele klar zu beschreibende, leicht verständliche, quantifizierbare Aspekte.

Jetzt möchten wir Deine Aufmerksamkeit auf einen anderen Teil Deiner Reise lenken. Und diese Perspektive ist es, die darüber entscheidet, was zukünftig in Deinem Leben geschehen wird. Denn eine Reise besteht nicht nur aus den äußeren, messbaren Fakten. Viel wichtiger ist, wie Du Dich während der Reise *fühlst*. Diesen Aspekt Deiner Erfahrung nennen wir Deine *Emotionale Reise*.

Wir möchten Dir bewusstmachen, dass Du Dich niemals nur auf einer dieser Reisen befindest. In jedem Augenblick erlebst Du *zwei* gleichzeitige Reisen: Deine *Physische Reise* (Deine bewusste Wahrnehmung von

Raum und Zeit und den Dingen, die sich bereits manifestiert haben) und Deine *Emotionale Reise* (Deine Schwingungs-Reaktion auf Deinen machtvollen Weg durch die Zeit – diese Reaktion formt alle Deine zukünftigen Erfahrungen).

Es gibt eine endlose Anzahl Kombinationsmöglichkeiten von *Physischen Reisen* und *Emotionalen Reisen*. Hier in diesem Buch werden wir Dir einige Beispiele vorstellen. Du musst wissen, dass der emotionale Aspekt das Wichtigste bei jeder Reise ist. Wenn Du in Kontakt mit Deinen Gefühlen bist und diese Gefühle gezielt beeinflussen kannst, dann (und nur dann) wirst Du bewusste Kontrolle über Deine Zukunft haben. Das nennen wir *Bewusste Schöpfung*.

Wenn andererseits dein Haupt-Fokus die *Physische Reise* ist – du also hauptsächlich damit beschäftigt bist, die Dinge, die momentan in Deinem Erfahrungsbereich geschehen, zu beobachten und auf sie zu reagieren und Du dementsprechend Deine Gefühle nicht bewusst steuerst, sondern sie einfach als Reaktionen auf die äußeren Umstände entstehen lässt ... dann wirst Du keine bewusste Kontrolle über Deine Lebenserfahrung erlangen. Das nennen wir *unbewusste, blinde Schöpfung*.

33. Kapitel

Das »Buch der positiven Aspekte« anwenden

Alles, worauf Du Deine Aufmerksamkeit fokussierst, aktiviert in Dir eine Schwingung, und je besser Du Dich dabei fühlst, desto günstiger ist der gewählte Fokus für Dich. Jedes Mal wenn Du gezielt nach den positiven Aspekten einer Sache suchst, aktivierst Du damit gezielt wohltuende Schwingungen. Dabei kommt es nicht darauf an, die perfekte Schwingung zu finden oder die beste Schwingung. Vielmehr wirst Du ganz automatisch in die richtige Richtung geführt, wenn Du bewusst nach den positiven Aspekten einer Sache Ausschau hältst.

Wenn Dir etwas Sorgen macht, ist es manchmal nicht leicht, eine lange Liste (oder wenigstens eine kurze Liste) seiner positiven Eigenschaften aufzustellen. Aber wenn Du entschlossen nach einem positiven Aspekt suchst, wirst Du in der Regel auch einen finden. Und wenn Du dann dessen positive Schwingung in Dir aktivierst, wirst Du rasch den nächsten positiven Aspekt finden, und noch einen. Oft kannst Du so schon innerhalb von 15 oder 20 Minuten, die Du Dich auf diese Weise mit einer Sache beschäftigst, Deine Schwingungen bezüglich dieser Sache beträchtlich verändern.

Die Methode ist einfach: Besorge Dir ein geeignetes Notizbuch und schreibe auf den Einband: MEIN BUCH DER POSITIVEN ASPEKTE. Schlage die erste Seite auf und schreibe: POSITIVE ASPEKTE ZU ... (und notiere dann den Gegenstand oder das Thema, bei dem Du Deine Schwingungsfrequenz verbessern möchtest). Erstelle nun eine Liste der positiven Aspekte dieses Gegenstandes.

Versuche nichts zu erzwingen, sondern lass die Ideen leicht und entspannt aufs Papier fließen. Schreibe so lange, wie die Gedanken fließen. Lies Dir dann das Geschriebene durch und freue Dich an Deinen Worten. Es kann hilfreich sein, sich auf die Situation zu konzentrieren und sich zu fragen: »Was gefällt mir daran? Welche Vorteile hat es?«

Diese Methode funktioniert am besten, wenn Du Dich auf der Emotionalen Feedback-Skala in folgendem Bereich befindest:

23. Freude/Wissen/Macht/Freiheit/Liebe/Wertschätzung
24. Leidenschaft
25. Begeisterung/Hingabe/Glücklichsein
26. Positive Erwartung/Glaube
27. Optimismus
28. Hoffnung
29. Zufriedenheit
30. Langeweile
31. Pessimismus
32. Frustration/Irritation/Ungeduld

Wenn Du Dich deutlich schlechter fühlst, solltest Du zunächst andere Methoden anwenden, um Deine Schwingungen zu verbessern. Aber nach unserer Erfahrung kann jeder Mensch seine Gefühle zu jedem Thema verbessern; und wenn ihm das gelingt, wird sich auch seine äußere Lebenserfahrung positiv verändern. Das ist die unvermeidliche Folge des *Gesetzes der Anziehung*!

Nun veranschaulichen wir anhand einiger Beispiele, wie die Methode des *Buches der positiven Aspekte* Dir helfen kann, Widerstand abzubauen und die Schwingungs-Beziehung zwischen dem, was momentan in Deinem Leben geschieht, und dem, was Du Dir für die Zukunft wünschst, zu verbessern:

Unzufriedenheit mit dem Haus: Wir wohnen jetzt schon sehr lange hier, und das Haus gefällt mir nicht mehr. Es erfüllt nicht mehr unsere Bedürfnisse, aber wir können uns nichts Anderes leisten. *Ich fühle mich frustriert. Ich fühle mich unzufrieden. Ich bin pessimistisch.*

Positive Aspekte unseres jetzigen Hauses:

- Meine Sachen haben hier schon so lange ihren festen Platz, dass ich immer alles auf Anhieb finde.

- Das Wohnen an einem vertrauten Ort gibt unserem Leben Stabilität.

- An diesem Haus sind alle wichtigen Arbeiten erledigt, sodass wir uns in der Freizeit anderen Dingen widmen können.

- Unsere Freunde und Geschäftspartner wissen, wo wir zu finden sind.

- Der Briefträger und andere örtliche Dienstleister kennen uns schon lange, und wir stehen mit ihnen auf gutem Fuß.

- Es ist schön, wie sich unser Garten im Lauf der Jahre entwickelt hat. Einige unserer Sträucher und Bäume sind inzwischen wie alte Freunde.

Probleme mit einer Kollegin: Ich muss mir das Büro mit einer Kollegin teilen, deren Gegenwart ich kaum ertragen kann. Sie ist total negativ eingestellt und redet ununterbrochen. Sie mag ihre Arbeit nicht und tut so, als wäre ich dumm, wenn ich versuche, meinen Job gut zu machen. Ich wünschte, dass sie gefeuert wird oder von sich aus kündigt. Das Leben ist zu kurz, um so viel Zeit mit einer so unangenehmen Person zu verbringen. *Ich fühle mich frustriert. Ich bin wütend.*

Positive Aspekte meiner Kollegin:

- Es ist gut, eine Arbeit zu haben.

- Ich bin froh, jeden Monat eine Gehaltszahlung zu bekommen.

- Ich mag die finanzielle Sicherheit, die mein Arbeitsplatz mir bietet.

- Ich mag viele meiner Kollegen.

- Mein Job erfordert Konzentration und Aufmerksamkeit, und ich liebe es, produktiv zu sein.

- Meine Kollegin hat einen sehr ordentlichen Schreibtisch.

- Sie ist immer sehr ordentlich gekleidet.

- Ich mag ihr Lachen.

- Beruflich ist sie durchaus kompetent.

- Sie lernt schnell.

Arbeit der Regierung: Ich finde es frustrierend, wie ineffizient die staatliche Bürokratie arbeitet! Ständig machen sie uns mit neuen komplizierten Vorschriften das Leben schwer. Gerade Geschäftsleute und kleine Unternehmer müssen sich durch einen Wust an Bürokratie kämpfen, der Zeit, Nerven und Geld verschlingt. Hier muss sich dringend etwas ändern. *Ich bin frustriert. Ich fühle mich überfordert. Ich bin wütend.*

Positive Aspekte der Regierung:

- Es ist gut, dass die Regierung sich um Dinge kümmert, mit denen ich mich nicht auseinandersetzen möchte.

- Die öffentlichen Verwaltungen sind Arbeitgeber für viele Menschen, was gut für die Volkswirtschaft ist.

- Unser Staat und seine Gesetze bieten uns einen stabilen gesellschaftlichen Rahmen.

- Es gibt in der Regierung einige talentierte, fortschrittlich denkende Menschen.

- Politiker haben immer nur Ämter auf Zeit. Wenn sie sich nicht bewähren, werden sie abgewählt.

Wenn Du Dir diese Beispiele durchliest, und noch mehr, wenn Du diese Methode in Deinem eigenen Leben anwendest, ist es leicht, nur die reinen Fakten zu sehen oder sich in einer ideologischen Debatte darüber zu verlieren, was richtig oder falsch ist. Aber es gibt viele Dinge, die wahr sind, Dinge, die jemand irgendwann erschaffen hat, die Du aber auf keinen Fall in Deinem Leben erschaffen möchtest; und es gibt Dinge aus Deiner eigenen Vergangenheit, die zwar wahr sind, von denen Du aber nicht willst, dass sie sich in Deiner Zukunft wiederholen.

Wenn Dir eine Sache so wichtig ist, dass Du ihr eine Seite in Deinem *Buch der positiven Aspekte* widmest, ist es viel leichter, die Beziehung zwischen der Schwingung Deines Wunsches und der Schwingung Deines jeweiligen Glaubenssatzes zu verbessern, als mit jemandem über das Für und Wider dieser Sache zu diskutieren. Die Arbeit mit dem *Buch der positiven Aspekte* bewirkt eine sofortige Verbesserung Deiner Schwingung. ... Genieße dieses angenehmere Gefühl; beglückwünsche Dich, dass es Dir gelungen ist, Deine Schwingungs-Beziehung zu verbessern; widme Dich dann wieder Deinem Alltag; die Früchte der erreichten Verbesserung werden sich schon bald zeigen.

34. KAPITEL

Die »Gestaltung von Zukunfts-Segmenten« anwenden

Die Gestaltung von Zukunfts-Segmenten ist eine Methode, um die Schwingungs-Charakteristik des Zeit-Segments zu definieren, in das Du Dich gerade hineinbewegst. Du kannst damit sozusagen Deinen schwingungsmäßigen Weg ebnen, damit die Reise leichter und schöner wird. Die Methode hilft Dir, Dich weniger darauf zu konzentrieren, wie die Dinge sich jetzt im Moment anfühlen, und mehr darauf, wie Du *möchtest*, dass sie sich anfühlen. So wird in wirkungsvoller Weise das Gewicht auf die *Emotionale Reise* gelegt, sodass Deine Aufmerksamkeit weniger auf die *Physische Reise* fixiert ist.

Diese Methode bewirkt, dass es Dir leichter fällt, Deine Gedanken bewusst zu fokussieren. Sie hilft Dir, Dein Denken bewusster zu beobachten und Deine Gedanken gezielter auszuwählen. Nach einiger Zeit wird es sich für Dich ganz natürlich anfühlen, einen Moment innezuhalten, ehe Du in ein neues Segment eintrittst, und Deine Absichten und Erwartungen bewusst zu steuern.

In ein neues Zeit-Segment trittst Du immer dann ein, wenn sich Deine Absichten verändern: Wenn Du Geschirr spülst und das Telefon klingelt ... trittst Du in ein neues Segment ein. Wenn Du in Dein Auto steigst ... trittst Du in ein neues Segment ein. Wenn eine andere Person ins Zimmer kommt ... trittst Du in ein neues Segment ein.

Wenn Du Dir die Zeit nimmst, eine klare, bewusste *Erwartung* für das neue Segment zu bilden, noch bevor

Du Dich in diesem Segment befindest, ermöglicht Dir das, die emotionale Färbung dieses Segments genauer festzulegen, als wenn Du einfach gedankenlos in das Segment hineinspazierst und es erst beobachtest, wenn es sich bereits manifestiert hast. Mit anderen Worten, die gezielte Gestaltung Deiner Zukunfts-Segmente bedeutet eine Konzentration auf die *Emotionale Reise*, statt auf die *Physische Reise*.

Es ist immer von großem Nutzen, wenn Du im Voraus klar definierst, wie Du Dich während eines Segments fühlen möchtest und wie es sich entfalten soll.

Diese Methode funktioniert am besten, wenn Du Dich in folgendem Bereich auf der Emotionalen Skala befindest:

4. Positive Erwartung/Glaube
5. Optimismus
6. Hoffnung
7. Zufriedenheit
8. Langeweile
9. Pessimismus
10. Frustration/Irritation/Ungeduld
11. »Kontra-Sein«

Erschöpfung: Ich habe keine Energie. Ich bin ständig müde. Ich schaffe es kaum durch den Tag. Ich bewältige meinen Alltag nur mit Mühe und habe gar keine Lebensfreude mehr, weil ich immer so erschöpft bin. *Ich fühle mich so überfordert.*

Neues Segment: Mein Arbeitstag ist zu Ende. Ich habe im Supermarkt eingekauft. Ich habe meinen Wagen vor dem Haus geparkt und den Motor ausgeschaltet. Aber ehe ich meine Einkäufe auslade, werde ich die *Zukunfts-Segment-Gestaltung* praktizieren:

Dieses neue Segment beinhaltet: Die Einkäufe vom Auto ins Haus tragen und sie einräumen.

Meine Absichten für dieses neue Segment: *Während dieses Segments möchte ich mich effizient und produktiv fühlen. Ich möchte das Gefühl haben, gut organisiert zu sein. Ich möchte mich in meinem Körper wohlfühlen. Ich möchte Wertschätzung für die gekauften Waren empfinden und für meine Küche.*

Berufliche Zufriedenheit: Ich werde ziemlich gut bezahlt, aber meine Arbeit macht mir nicht wirklich Freude. Ich mache diesen Job jetzt schon sehr lange und spüre dabei kaum noch Anregung und Herausforderung. Niemand nimmt von meiner Arbeit Notiz, außer wenn ich einen Fehler mache. Der Arbeitstag vergeht so langsam … und am nächsten Tag fängt die ganze langweilige Routine wieder von vorn an. *Ich langweile mich. Ich bin pessimistisch.*

Neues Segment: Ich habe geduscht, mich angezogen und gefrühstückt. Ich bin zur Arbeit gefahren und habe gerade meinen Wagen abgestellt. Jetzt habe ich beschlossen, ehe ich hineingehe, für zwei oder drei Minuten im Auto sitzen zu bleiben und die *Zukunfts-Segment-Gestaltung* zu praktizieren:

Dieses neue Segment beinhaltet: Eine einstündige Besprechung mit meiner Abteilungsleiterin und den Kollegen. Diese Besprechung findet an jedem Montagmorgen statt.

Meine Absichten für dieses neue Segment: *Ich möchte pünktlich kommen. Ich möchte, dass ich* *nach dem Wochenende gut erholt wirke. Ich möchte mich wach, konzentriert und glücklich fühlen. Ich möchte die Atmosphäre während der Besprechung als angenehm empfinden. Ich möchte, dass die anderen meine Anwesenheit als angenehm empfinden.*

Möglicherweise findest Du, dass diese Methode viel zu einfach ist, um von Wert zu sein. Aber wird sie bewusst angewendet, kann sie ein unkonzentriertes Leben voller unbefriedigender Erlebnisse in ein dynamisches, aufregendes Leben verwandeln

Diese Methode verbessert die Beziehung zwischen Deiner momentanen Glaubenssatz-Schwingung und der Schwingung Deines Wunsches, weil sie Dich veranlasst, Dich nicht immer nur auf den *Ist-Zustand* zu konzentrieren, sondern auf etwas, das erst noch geschehen und sich manifestieren wird. Mit etwas Übung kannst Du sehr geschickt darin werden, eine starke positive Erwartungshaltung aufzubauen. Wenn Deine negative Emotion sich in dem angegebenen Bereich auf der Skala bewegt, ist der erforderliche Schwingungs-Sprung nicht zu groß, um Deine unmittelbare zukünftige Erfahrung optimistischer sehen zu können. Fühlst Du dagegen momentan eine stärkere negative Emotion als Nummer elf auf der Skala, wird es Dir vermutlich schwerfallen, ein positiv verlaufendes Zukunfts-Segment zu planen. Damit würdest Du dann nur Dein momentanes negatives Gefühl in das nächste Segment weitertragen. In diesem Fall bringt die Methode keinen Nutzen, denn Du würdest Dich dann nur noch stärker auf das fokussieren, was Du *nicht* willst.

Wenn Du die Methode zum ersten Mal ausprobierst, nimm eine spielerische, optimistische Haltung ein. Nach einer Weile wirst Du eine große Kraft und innere Gewissheit verspüren, wenn Du das Universum und die beteiligten Faktoren anweist, sich genau so zu verhalten, wie es Deinen Absichten entspricht. Mit etwas Übung wird die *Zukunfts-Segment-Gestaltung* Dir das Gefühl geben, ein meisterlicher Künstler und Schöpfer zu sein, der alle Resultate selbst bestimmt und sein Leben gestaltet wie eine geniale Skulptur – und dieses Gefühl entspricht genau der Wahrheit, denn Du bist tatsächlich der Schöpfer oder die Schöpferin Deiner eigenen Lebenserfahrung.

35. KAPITEL

Die Methode »Wäre es nicht schön, wenn ...« anwenden

Die meisten Menschen wurden darauf trainiert, objektiv zu sein – was bedeutet, Plus und Minus, Für und Wider einer Sache zu sehen –, was aber leider bewirkt, dass sie, indem sie stets beide Seiten einer Medaille betrachten, auch die entsprechenden gegensätzlichen Schwingungen aktivieren. Dadurch wird energetischer Widerstand aufgebaut, der eine Manifestation ihrer Wünsche erschwert oder verhindert. Wenn Du sagst: »Ich möchte, dass diese Sache geschieht, *aber* sie ist noch nicht geschehen«, aktivierst Du nicht nur die Schwingung Deines Wunsches, sondern auch die Schwingung der *Abwesenheit* des Gewünschten – und darum wird sich für Dich nichts verändern. Und selbst wenn Du nur sagst »Ich möchte, dass dies geschieht« und den zweiten Teil des Satzes nicht laut aussprichst, schwingt doch sehr oft diese gegenteilige Schwingung unausgesprochen mit, sodass die Manifestation Deines Wunsches verhindert wird.

Wenn Du aber sagst: »Wäre es nicht schön, wenn dieser Wunsch in Erfüllung geht?«, gelangst Du zu einer anderen Art von Erwartungshaltung, die von Natur aus weniger Widerstand beinhaltet. So entsteht mehr Schwingungs-Harmonie zwischen Deinem Wunsch und Deinen Glaubenssätzen.

Diese Methode funktioniert am besten, wenn Du Dich in folgendem Bereich auf der Emotionalen Skala befindest:

4. Positive Erwartung/Glaube
5. Optimismus
6. Hoffnung
7. Zufriedenheit
8. Langeweile
9. Pessimismus
10. Frustration/Irritation/Ungeduld
11. »Kontra-Sein«
12. Enttäuschung
13. Zweifel
14. Sorge
15. Vorwürfe/Schuldzuweisungen gegen andere
16. Entmutigung

Häuslicher Platzmangel: Meine Wohnung ist viel zu klein, und ich weiß nicht mehr, wo ich meine Sachen verstauen soll. Wenn ich versuche, aufzuräumen und alles zu ordnen, ist das Chaos hinterher noch größer. *Ich fühle mich frustriert. Ich fühle mich überfordert.*

Wäre es nicht schön, wenn …

… ich eine gute Unterstellmöglichkeit für einen Teil unseres angesammelten Hausrates finde?

… wir uns von ein paar nicht mehr gebrauchten Dingen trennen, um mehr Platz zu gewinnen?

… wir ein Gartenhaus bauen, das uns zusätzlichen Stauraum bietet?

… mein Mann das alte abgemeldete Auto verkauft, sodass wir mehr Platz in der Garage bekommen?

... ich mir hin und wieder etwas Zeit nehme, um unser Haus ein wenig zu verschönern?

... ich mir ein paar Tipps von einer Freundin hole, die richtig gut darin ist, einen Haushalt in Ordnung zu halten?

Unzufriedenheit mit dem Haus: Wir wohnen jetzt schon sehr lange hier, und das Haus gefällt mir nicht mehr. Es erfüllt nicht mehr unsere Bedürfnisse, aber wir können uns nichts Anderes leisten. *Ich fühle mich frustriert. Ich fühle mich unzufrieden. Ich bin pessimistisch.*

Wäre es nicht schön, wenn ...

... wir endlich unsere Veranda renovieren?

... wir schönere Wohnzimmermöbel günstig erwerben – vielleicht Ausstellungsstücke oder ein anderes Sonderangebot?

... wir endlich den überflüssig gewordenen Kram hinauswerfen, der so viel Platz wegnimmt?

... wir ein schönes neues Zuhause finden, das für uns erschwinglich ist?

... wir einen schönen Wintergarten anbauen, durch den wir zusätzliche Wohnfläche gewinnen?

... wir unser Haus innen und außen neu streichen, mit frischen, lebendigen Farben?

Kontrast-Situation – Nachbarn: Früher habe ich mich hier in der Straße wohlgefühlt, aber jetzt haben wir ganz schreckliche neue Nachbarn bekommen. Ihr Hund verrichtet sein Geschäft auf unserem Rasen, und in ihrer Einfahrt parken ein paar alte, vergammelte Rostlauben. Es ist mir richtig peinlich, Besuch einzuladen. *Ich fühle mich frustriert. Ich bin verärgert. Ich fühle mich entmutigt.*

Wäre es nicht schön, wenn ...

... diese Nachbarn woanders hinziehen?

... ihr Hund eine andere Toilette findet?

... ihr Hund auf die Kraft meiner Gedanken reagieren würde?

... sie ihre alten Autos verkaufen, die ihre Einfahrt verschandeln?

... ich mich irre und sie eigentlich doch sehr nett sind?

... ich so mit meinem eigenen Garten beschäftigt bin, dass ich nicht mehr so sehr darauf achte, was nebenan geschieht?

Hausinstandhaltung: Die Instandhaltung unseres Hauses kostet uns ein Vermögen. Es ist leider nicht sehr solide gebaut, und jetzt, nach zehn Jahren, geht ständig etwas kaputt. *Ich fühle mich frustriert. Ich fühle mich überfordert. Ich bin enttäuscht. Ich fühle mich entmutigt.*

Wäre es nicht schön, wenn ...

... wir einen wirklich guten und preiswerten Handwerker finden?

… jetzt einmal für längere Zeit nichts mehr kaputtgeht?

… das, was wir anschaffen, länger hält und besser funktioniert?

… wir uns besser entspannen können und harmonisch mit dem Leben fließen?

… unser Einkommen immer größer und größer wird?

Eltern-Kind-Beziehung: Ich habe ständig Streit mit meiner erwachsenen Tochter. Ganz gleich, wie viel Zeit ich mit ihr verbringe, es ist nie genug. Ständig beschwert sie sich, dass ich sie vernachlässige. Es stimmt, dass ich nicht so viel Zeit habe, aber warum kann dann die Zeit, die wir füreinander haben, nicht schöner sein? *Ich habe Schuldgefühle. Ich bin wütend. Ich bin enttäuscht.*

Wäre es nicht schön, wenn …

… meine Tochter und ich mehr Zeit füreinander finden?

… wir täglich telefonieren und Neuigkeiten austauschen?

… ich sie öfter lächeln sehen kann?

… sie ein erfülltes, glückliches Leben hat?

… wir uns gut verstehen und es für uns beide schön ist, wenn wir uns sehen?

Kontrast-Situation – Eheprobleme: Ich liebe meine Frau immer noch, aber unsere Beziehung ist nicht mehr so, wie sie einmal war. Am Anfang unserer Ehe konnte ich es kaum erwarten, abends nach Hause zu kommen. Jetzt ertappe ich mich manchmal dabei, dass ich am liebsten auswärts übernachten würde. Sie gibt mir die Schuld an allem, was nicht so läuft, wie sie es gerne hätte, und ständig beklagt sie sich. Ich will sie nicht verlassen, aber Freude macht unsere Ehe mir nicht mehr. *Ich fühle mich frustriert. Ich habe Schuldgefühle. Ich bin wütend.*

Wäre es nicht schön, wenn ...

... wir uns wieder so fühlen wie damals, als wir uns kennen lernten?

... ich es kaum erwarten könnte, abends zu ihr nach Hause zu kommen?

... sie ein paar Aktivitäten findet, die ihr wirklich Freude machen?

... wir wieder mehr Spaß zusammen haben?

... sie sich Dinge, die sie ärgern, nicht mehr so zu Herzen nimmt?

... wir einander die besten Freunde sein können?

Einmischung der Mutter: Ich wohne jetzt schon seit zehn Jahren nicht mehr bei meinen Eltern, aber meine Mutter mischt sich immer noch in alles ein und meint, mir sagen zu müssen, was ich tun und lassen soll. Deswegen habe ich mich etwas zurückgezogen und besuche sie nicht mehr so oft, worüber sie sehr gekränkt und wütend ist. Aber wenn wir uns sehen, tut sie so, als wäre ich unfähig, ein selbständiges Leben zu führen. *Ich habe Schuldgefühle. Ich bin wütend auf meine Mutter.*

Wäre es nicht schön, wenn ...

... meine Mutter ein Hobby findet, für das sie sich richtig begeistert?

... eine ihrer Freundinnen sie inspiriert, eigene Träume zu verwirklichen und sich nicht mehr so auf mich zu fixieren?

... sie erkennt, dass ich sehr gut ohne ihre ungebetenen Ratschläge zurechtkomme?

... ich mich einfach nicht mehr so über meine Mutter aufrege?

... ich sie so lieben könnte, dass ich über ihre manchmal etwas nervige Art einfach hinwegsehe?

... wir uns nur sehen, wenn wir beide wirklich glücklich sind?

Schulden: Seit ich eine Kreditkarte besitze, neige ich dazu, mehr auszugeben, als ich mir leisten kann – mit der Karte ist es so einfach, und man verliert leicht die Übersicht über seine Finanzen. Jetzt ist mein Bankkonto total überzogen. *Ich mache mir Sorgen. Ich fühle mich entmutigt. Ich mache mir Vorwürfe. Ich fühle mich verunsichert. Ich habe Angst.*

Wäre es nicht schön, wenn ...

... ich schuldenfrei wäre?

... ich nur so viel über meine Kreditkarte kaufe, wie ich mir auch wirklich leisten kann?

… ich einen Weg finde, etwas Geld dazuzuverdienen?

… plötzlich eine unerwartete Lösung für mein Schulden-problem auftaucht?

Weltlage: Unsere Welt ist in einem wirklich schlimmen Zustand. Es gibt so viele Kriege, so viel Konflikt, so viel Leid. Ich verstehe nicht, warum immer noch so viele Menschen hungern, trotz allen Fortschritts. Wir müss-ten doch längst Lösungen für diese Probleme gefunden haben. *Ich fühle mich entmutigt. Ich fühle mich schul-dig. Ich bin wütend.*

Wäre es nicht schön, wenn …

… wir einander mehr helfen?

… die Menschen sich ihrer Macht, die eigene Realität zu erschaffen, stärker bewusst werden?

… unsere Steuergelder sinnvoller ausgegeben werden?

… alle Menschen genug zu essen haben?

… alle Menschen glücklich sind?

 … wir die Verschiedenheit der Menschen respektieren und wertschätzen?

Arbeit der Regierung: Ich finde es frustrierend, wie in-effizient die staatliche Bürokratie arbeitet! Ständig ma-chen sie uns mit neuen komplizierten Vorschriften das Leben schwer. Gerade Geschäftsleute und kleine Unter-nehmer müssen sich durch einen Wust an Bürokratie kämpfen, der Zeit, Nerven und Geld verschlingt. Hier muss sich dringend etwas ändern. *Ich bin frustriert. Ich fühle mich überfordert. Ich bin wütend.*

Wäre es nicht schön, wenn ...

... wir eine effizientere Bürokratie und Regierung bekommen?

... die richtigen Leute mit dem nötigen Sachverstand an die Schalthebel der Macht gelangen?

... neue Technologien die Arbeit der Verwaltung vereinfachen?

... gute, einfache Lösungen für unsere politischen Probleme schon bald gefunden werden?

Staatsverschuldung: Unser Staat arbeitet so ineffizient und ineffektiv! Wird mehr Geld gebraucht, erhöht man einfach die Steuern und greift den Bürgern in die Tasche. Einerseits verschwenden die Politiker das Geld, und andererseits klagen sie, dass für die wirklich wichtigen Dinge, die für *uns* wichtigen Dinge, nicht genug da ist. Wie soll jemals wieder Ordnung in die politischen Verhältnisse kommen? Niemand scheint ein Rezept zu kennen. *Ich bin enttäuscht. Ich bin wütend auf die Politiker.*

Wäre es nicht schön, wenn ...

... Finanzfachleute mit Durchblick und Weitblick die entsprechenden politischen Ämter besetzen?

... das Pendel von größtmöglicher Ineffizienz zu größtmöglicher Effizienz umschwingt?

… ich so viel Geld besitze, dass es für mich überhaupt keine Rolle mehr spielt, wie viel Steuern ich zahlen muss oder wie effizient der Stadt sein Geld ausgibt?

… es uns allen finanziell hervorragend geht?

… die Experten eine neue Steuerpolitik entwickeln, mit der die gegenwärtigen Probleme beseitigt werden?

Im Laufe des Tages durchlebst Du viele Situationen, die eine Vielzahl von Schwingungen in Dir aktivieren. Manche Dinge fühlen sich gut an, andere weniger gut, und manche ausgesprochen unangenehm. Die Methode hilft Dir sehr zuverlässig – vorausgesetzt, Du bist bereit, Deine Aufmerksamkeit in eine Richtung zu lenken, die sich besser anfühlt.

Wenn du sagst *Wäre es nicht schön, wenn …?*, verbessert das Deine Schwingungen und inspiriert Dich, Deine Aufmerksamkeit gezielt zu fokussieren. Dieser Einleitungssatz sorgt schon für eine positive Aktivierung, noch bevor Du Deine eigentliche Aussage hinten anhängst.

Wenn Du dieses Spiel immer wieder spielst, wenn Deine Aufmerksamkeit nicht durch andere Dinge beansprucht wird, also zum Beispiel während Du Auto fährst oder an der Kasse in der Schlange stehst, wird sich die Schwingungs-Beziehung zwischen einer großen Zahl Deiner Wünsche und den jeweiligen Glaubenssätzen spürbar verbessern – und Wünsche, die in Deinem Schwingungs-Guthaben warten, werden sich schon bald in Deinem Leben manifestieren. Diese Methode ist einfach und spielerisch, und doch zugleich extrem wirkungsvoll.

36. Kapitel

Anwendung der Methode »Welcher Gedanke fühlt sich besser an?«

Diese Methode funktioniert am besten, wenn Du Zeit hast, Dich ein paar Minuten ruhig hinzusetzen und Deine Gedanken auf ein Blatt Papier zu schreiben. Nach einiger Zeit, wenn Du dieses Spiel oft genug gespielt hast, wird es genügen, wenn Du die Gedanken einfach in deinem Geist hin und her bewegst. Sie aufzuschreiben erzeugt aber einen viel kräftigeren Fokus, was es Dir erleichtert, die Richtung Deines jeweils ausgewählten Gedankens wirklich zu *fühlen*.

Beginne damit, dass Du einige kurze Aussagen notierst, wie Du bezüglich der betreffenden Angelegenheit jetzt im Moment empfindest. Du könntest aufschreiben, was vorgefallen ist, aber wichtiger ist, dass Du aufschreibst, wie Du Dich dabei *fühlst*. (Dann wirst Du viel leichter die Verbesserungen erkennen, die sich beim Anwenden dieser Methode einstellen.)

Nachdem Du einige Aussagen über Deine momentane emotionale Verfassung zu Papier gebracht hast, sage Dir Folgendes: *Ich werde jetzt einige Gedanken zu diesem Thema finden, die bewirken, dass ich mich etwas besser fühle.* Schreibe dann die sich etwas besser anfühlenden Gedanken auf, die Dir in den Sinn kommen. (Überprüfe nach jeder Aussage, ob Du Dich besser, unverändert oder schlechter fühlst.)

Indem Du Dich darauf konzentrierst, deine Gefühle bezüglich des jeweiligen Themas zu verbessern, erzeugst Du mehr Schwingungs-Harmonie zwischen Deinen Wünschen und Deinen Glaubenssätzen. Nach und nach wird die Situation sich dann zwangsläufig verbessern. *Die Manifestationen richten sich immer nach Deinen Schwingungen: Wenn Du dich besser fühlst, verbessern sich auch Deine Lebensumstände. Immer.*

Diese Methode funktioniert am besten, wenn Du Dich in folgendem Bereich auf der Emotionalen Skala befindest:

4. Positive Erwartung/Glaube
5. Optimismus
6. Hoffnung
7. Zufriedenheit
8. Langeweile
9. Pessimismus
10. Frustration/Irritation/Ungeduld
11. »Kontra-Sein«
12. Enttäuschung
13. Zweifel
14. Sorge
15. Vorwürfe/Schuldzuweisungen gegen andere
16. Entmutigung
17. Ärger

Nachlassende Kräfte: Ich bin besorgt wegen meiner körperlichen Verfassung. Ich habe nicht mehr so viel Energie wie früher. Dinge, die mir früher viel Freude machten, strengen mich jetzt an. Ich habe allerlei schmerzhafte Beschwerden. Meine Knie schmerzen beim Gehen, und zu joggen wage ich gar nicht mehr. Ich habe Angst, dass mein Zustand sich immer mehr verschlechtert. *Ich mache mir Sorgen.*

Ich werde jetzt einige Gedanken zu diesem Thema finden, die bewirken, dass ich mich etwas besser fühle:

- Ich sollte öfter spazieren gehen, kann mich aber nicht dazu durchringen. (unverändert)

- Ich könnte einen kurzen Spaziergang machen und jederzeit umkehren, wenn mir danach ist. (besser)

- Ich habe nicht genug Energie für einen Spaziergang. (schlechter)

- Wenn ich jeden Tag etwas spazieren gehe, werde ich kräftiger. (besser)

- Nach einiger Zeit wird mir das Spazierengehen dann wieder richtig Spaß machen. (besser)

- Ich muss ja schließlich keinen Marathonlauf machen. (besser)

- Ich kann selbst entscheiden, wie schnell und wie weit ich gehe. (besser)

- Aber beim Gehen schmerzen meine Knie. (schlechter)

- Wenn ich es langsam angehen lasse, wird es schon klappen. (besser)

- Mein Körper hat auch früher schon sehr positiv auf sanftes Training angesprochen. (besser)

- Ich habe schon sehr lange keinerlei Sport getrieben. (schlechter)

- Wenn ich jeden Tag ein kleines Stück spaziere, schaffe ich es. (besser)

- Ich glaube, ich versuche es einfach mal. (besser)

- Ich hoffe, mich schon bald besser zu fühlen. (besser)

- Es wird schön sein, sich wieder stark und vital zu fühlen. (besser)

Karriere: Schon als Kind wollte ich gerne Schauspielerin werden. Ich habe Schauspielunterricht genommen und festgestellt, dass ich wirklich Talent habe. Ab und zu werde ich für kleinere Rollen engagiert, aber es ist nichts Aufregendes dabei, keine wirkliche Herausforderung. Es gibt so viele arbeitslose Schauspieler. Meine Lage scheint wirklich hoffnungslos. Vielleicht sollte ich meine Träume begraben und mir einen normalen Job suchen. *Ich bin enttäuscht. Ich fühle mich entmutigt.*

Ich werde jetzt einige Gedanken zu diesem Thema finden, die bewirken, dass ich mich etwas besser fühle:

- Ich bin es leid, immer wieder vorzusprechen, ohne je engagiert zu werden. (schlechter)

- Ich weiß nicht, was ich stattdessen machen soll. (schlechter)

- Ich verstehe nicht, warum ausgerechnet *sie* die Rolle bekommen hat. (schlechter)

- Immerhin *werde* ich für kleine Rollen engagiert und kann dadurch Erfahrungen sammeln. (besser)

- Ich habe jetzt schon ziemlich viele Erfahrungen mit Castings. (besser)

- Ich bin jetzt gar nicht mehr so ängstlich, wenn ich für eine Rolle vorspreche. (besser)

- Sogar sehr berühmte Schauspielerinnen haben das durchmachen müssen. (besser)

- Wenn sie es überstanden haben, schaffe ich es auch. (besser)

- Es wird ein herrliches Gefühl sein, endlich für eine große Rolle engagiert zu werden. (besser)

- Ich weiß, ich bin allen schauspielerischen Herausforderungen gewachsen. (besser)

- Ich habe schon sehr viel gelernt. (besser)

- Ich werde mich einfach entspannen und mir mehr Freude im Leben gönnen. (besser)

Auto-Ärger: Seit meinem Schulabschluss habe ich auf ein eigenes Auto gespart und konnte nun eine gute Anzahlung auf einen Gebrauchtwagen leisten. Ich habe den Wagen zur Hälfte bezahlt, sodass die Kreditraten niedrig sind. Er machte einen wirklich guten Eindruck. Doch jetzt, nach zwei Monaten, war eine teure Reparatur fällig. Ich musste zusätzliches Geld leihen, um die Reparatur bezahlen zu können. Wenn ich zusammenzähle, was mich die Autofinanzierung und die Reparatur kosten, hätte ich mir auch einen Neuwagen leisten können. *Ich bin wütend. Ich fühle mich entmutigt.*

Ich werde jetzt einige Gedanken zu diesem Thema finden, die bewirken, dass ich mich etwas besser fühle:

- Es ist so unfair! (schlechter)

- Sie wussten, dass mit dem Wagen etwas nicht stimmt, als sie ihn mir verkauft haben. (schlechter)

- Dieser Autohändler ist ein Betrüger. (schlechter)

- Wenigstens läuft der Wagen jetzt nach der Reparatur prima. (besser)

- Das hat mich wirklich eine Menge Nerven gekostet. (schlechter)

- Trotzdem mag ich dieses Auto. (besser)

- Ich werde es schaffen, die Raten zu bezahlen. (besser)

- Jedenfalls habe ich dazugelernt. (besser)

- Ich will mich jetzt nicht mehr darüber ärgern. Das Auto fährt ja wieder und es gibt Wichtigeres im Leben. (besser)

Finanzielle Sicherheit: Mein Mann und ich sind unser ganzes Leben berufstätig. Wir hatten vorgesorgt und eine hübsche Summe für den Lebensabend zurückgelegt. Unser Sohn, ein Börsenmakler, schlug vor, dieses Geld für uns zu investieren, um so die Summe, die wir später zur Verfügung haben würden, zu vervielfachen. Also vertrauten wir ihm die Verwaltung unseres Vermögens an, und jetzt ist alles weg – alles, wofür wir unser ganzes Leben gearbeitet haben. Was wird nun aus uns, wenn wir nicht mehr arbeiten können? *Ich mache mir Sorgen. Ich fühle mich entmutigt. Ich mache mir Vorwürfe. Ich bin wütend auf unseren Sohn. Ich fühle mich verunsichert. Ich habe Angst.*

*Ich werde jetzt einige Gedanken zu diesem Thema fin-
den, die bewirken, dass ich mich etwas besser fühle:*

- Wie konnten wir so dumm sein? (schlechter)

- Unser Sohn hätte nicht so leichtsinnig mit unserem
  Geld umgehen dürfen. (schlechter)

- Sein Chef hätte darauf achten müssen, dass er das
  Risiko der Geldanlagen besser streut. (schlechter)

- Wir werden das schon überstehen. (besser)

- Wir wollen uns ja sowieso noch nicht zur Ruhe setzen. (besser)

- Noch erzielen wie beide mit unserer Berufstätigkeit
  ein gutes Einkommen. (besser)

- Bisher sind wir noch immer mit allen Schwierigkeiten fertiggeworden. (besser)

Sorge um den Planeten: Unser Planet erscheint mir instabil. Es gibt so viele Erdbeben, Lawinen, Flutwellen und
Hurrikane, die große Zerstörungen anrichten. Manchmal möchte ich gar nicht, dass meine Familie das Haus
verlässt, aus Angst, es könnte ihnen etwas Schreckliches
zustoßen. *Ich mache mir Sorgen. Ich fühle mich nicht sicher. Ich habe Angst.*

*Ich werde jetzt einige Gedanken zu diesem Thema fin-
den, die bewirken, dass ich mich etwas besser fühle:*

- Es wäre entsetzlich, wenn meine Familie und ich
  Opfer einer solchen Tragödie würden. (schlechter)

- Es ist so furchtbar, sich auszumalen, welche Konsequenzen das hätte. (schlechter)

- In all den Jahren habe ich nie eine Naturkatastrophe erlebt. (besser)

- Die Frühwarnsysteme werden technisch immer zuverlässiger. (besser)

- Meine Kinder sind sehr umsichtig und gehen keine unnötigen Risiken ein. (besser)

- Sich Sorgen zu machen ist sehr unproduktiv und reine Zeitverschwendung. (besser)

Umweltprobleme: Ich habe Angst, dass wir dabei sind, unseren Planeten zu zerstören. Die Luft wird immer stärker verschmutzt. Das Wasser ist vergiftet. Immer mehr Tierarten sterben aus. Die Polkappen drohen abzuschmelzen. *Ich fühle mich schuldig. Ich bin wütend. Ich bin verunsichert. Ich habe Angst.*

Ich werde jetzt einige Gedanken zu diesem Thema finden, die bewirken, dass ich mich etwas besser fühle:

- Wir müssen uns besser um unseren Planeten kümmern. (schlechter)

- Die Leute sind so egoistisch und tun nichts gegen die Umweltzerstörung. (schlechter)

- In der Stadt, in der ich aufgewachsen bin, hat sich nur wenig verändert. (besser)

- Es gibt stark verschmutzte Gebiete, aber an vielen Orten ist die Natur in gutem Zustand. (besser)

- Insgesamt ist das Problembewusstsein gewachsen, und es gibt heute viel strengere Umweltstandards. (besser)

- Die Lage ändert sich allmählich zum Besseren. (besser)

- Es gibt zu jeder Zeit sehr viel Wohl-Sein auf der Welt. (besser)

Staatsverschuldung: Unser Staat arbeitet so ineffizient und ineffektiv! Wird mehr Geld gebraucht, erhöht man einfach die Steuern und greift den Bürgern in die Tasche. Einerseits verschwenden die Politiker das Geld, und andererseits klagen sie, dass für die wirklich wichtigen Dinge, die für *uns* wichtigen Dinge, nicht genug da ist. Wie soll jemals wieder Ordnung in die politischen Verhältnisse kommen? Niemand scheint ein Rezept zu kennen. *Ich bin enttäuscht. Ich bin wütend auf die Politiker.*

Ich werde jetzt einige Gedanken zu diesem Thema finden, die bewirken, dass ich mich etwas besser fühle:

- Ein Privatunternehmen, das so wirtschaftet, wäre längst bankrott. (schlechter)

- Es ist offensichtlich, dass sie nicht wissen, was sie tun. (schlechter)

- Es geht mir finanziell heute besser als vor zehn Jahren. (besser)

- Eigentlich hat die Finanzpolitik ziemlich wenige Auswirkungen auf mein Leben. (besser)

- Würde ich persönlich bei der Lösung der Probleme mitarbeiten, wäre ich vermutlich toleranter. (schlechter)

- Es ist nicht mein Job, mich um die Staatsfinanzen zu kümmern. (besser)

- Ich konzentriere mich lieber auf die Dinge, auf die ich wirklich Einfluss habe. (besser)

Die Methode *Welcher Gedanke fühlt sich besser an?* dringt genau zum Kern der Schwingungs-Relationen vor. Wenn Du dieses Spiel spielst, setzt Du Dein *Emotionales Feedback-System* auf die bewussteste Weise ein. Du machst gezielt eine Aussage, beobachtest, wie sie sich anfühlt, und wählst dann die nächste Aussage mit der Absicht, ein besseres Gefühl zu erzeugen. Das ist es, worum es bei der *Bewussten Schöpfung* eigentlich geht!

Es erfordert keine Anstrengung, einfach nur das, was sich bereits in Deinem Erfahrungsbereich manifestiert hat, und die Gedanken, die Dir dabei in den Sinn kommen, zu beobachten. Aber es erfordert Anstrengung, den Gegenstand Deines Denkens *bewusst* zu wählen. Und wenn Du diese Entscheidungen triffst und Dich dabei davon leiten lässt, wie sich der jeweilige Gedanke im Vergleich zum vorherigen Gedanken anfühlt, kannst Du den Schwingungs-Unterschied zwischen Deinem Ist-Zustand und dem erwünschten Zustand aufheben – und die Manifestation wird dann nicht lange auf sich warten lassen. Das ist *Bewusste Schöpfung* auf höchstem Niveau.

37. KAPITEL

Anwendung der
»Brieftaschen-Methode«

Denke immer daran, dass es nicht so sehr darauf ankommt, *was* Du momentan erlebst, sondern wie Du
Dich dabei *fühlst*. Dein äußeres Erleben verändert sich
ständig. Manche Leute werden nun einwenden, dass
sich die Dinge nicht ändern – jedenfalls nicht für sie.

Wenn Du das Gefühl hast, dass sich die Dinge nicht
ändern oder sich nur sehr langsam verändern, hat das
folgenden Grund: Deine Aufmerksamkeit ist in erster Linie auf den *Ist-Zustand* gerichtet und nicht darauf, *wie*
Du gerne leben möchtest.

Weil Geld in Deinem Alltag eine große Rolle spielt,
kann eine leichte Veränderung Deiner Schwingungen,
die Du normalerweise bei diesem Thema aktivierst, in
Deinem Leben eine Menge bewirken. Wenn Du gerne
mehr Geld hättest, Dich aber jedes Mal, wenn Du an
Geld denkst, frustriert und sorgenvoll fühlst, zeigt Dir
Dein *Emotionales Feedback-System* damit an, dass Du
Dich in die falsche Richtung bewegst. Du musst erst die
Schwingungs-Beziehung zwischen Deinem Wunsch und
den Gedanken verbessern, die Du bei diesem Thema
überwiegend denkst, ehe die Dinge sich zum Besseren
verändern können. Denn stets gilt: Wenn Du dich besser
fühlst, zeigt Dir das an, dass Du Dich auf die Verwirklichung Deines Wunsches zubewegst.

Es ist eigentlich ganz natürlich, dass der Wohlstand
frei und leicht in Dein Leben strömt. Die *Brieftaschen-*
Methode hilft Dir, eine Schwingung auszustrahlen, mit

der Du das Geld zu Dir ziehst, statt es von Dir wegzusto-
ßen.

Diese Methode funktioniert am besten, wenn Du Dich in
folgendem Bereich auf der Emotionalen Skala befindest:

6. Hoffnung
7. Zufriedenheit
8. Langeweile
9. Pessimismus
10. Frustration/Irritation/Ungeduld
11. »Kontra-Sein«
12. Enttäuschung
13. Zweifel
14. Sorge
15. Vorwürfe/Schuldzuweisungen gegen andere
16. Entmutigung

Hier ist die Methode: Nimm einen 50-Euro-Schein und
lege ihn in Deine Brieftasche oder Geldbörse. Trage ihn
immer bei Dir, und jedes Mal wenn Du die Brieftasche
oder Geldbörse in die Hand nimmst, erinnere Dich daran,
dass dieser Geldschein sich darin befindet. Fühle, wie angenehm es ist, dass Du ihn bei Dir trägst, und freue Dich
an dem Gefühl der Sicherheit, das er Dir gibt.

Achte nun während des Tages darauf, was Du Dir für
die fünfzig Euro alles kaufen kannst. Weil Du den Geldschein bei Dir trägst, ohne ihn sofort auszugeben, stellt
sich der Schwingungs-Vorteil, sich in positiver Weise mit
Geld zu beschäftigen, jedes Mal ein, wenn Du nur über
das Geld *nachdenkst*. Mit anderen Worten, wenn Du Deine
fünfzig Euro sofort für die erste beste Sache ausgibst, die
Deine Aufmerksamkeit erregt, kannst Du das angenehme
Gefühl finanziellen Wohlergehens nur *einmal* genießen.
Wenn Du dagegen Deine fünfzig Euro an jenem Tag *men-*

tal zwanzig- oder dreißigmal ausgibst, aktivierst Du diese positive Schwingung in Dir viel öfter, so als hättest Du tausend oder tausendfünfhundert Euro ausgegeben.

Jedes Mal wenn Du anerkennst, dass der Geldschein in Deiner Brieftasche Dir die Macht gibt, dieses oder jenes zu kaufen, steigerst Du damit Dein Gefühl finanziellen Wohlbefindens, und dadurch verändern sich Dein Aufmerksamkeits-Fokus und Deine Schwingungsfrequenz: *Ich könnte mir das hier kaufen. Das da kann ich mir leisten. …*

Und weil Du Dir mit Deinen fünfzig Euro diese Dinge tatsächlich kaufen kannst und nicht nur etwas vorgibst, was nicht wirklich vorhanden ist, werden keine Zweifel und negativen Gedanken das Wasser Deines finanziellen Stroms verunreinigen und aufstauen.

Lies Dir das folgende Beispiel durch und versuche, die negativen, Widerstand erzeugenden Schwingungen zu identifizieren, die einer Besserung der beschriebenen Situation im Weg stehen. Versuche dann, nachzuempfinden, wie sich durch die von uns vorgeschlagenen Beispielsätze für die *Brieftaschen-Methode* die Schwingungen positiv verändern.

Kontrast-Situation – Wohlstand: Mein Mann und ich waren beide viele Jahre berufstätig und haben etwas Geld gespart – keine Riesensumme, aber genug, um ungefähr ein Jahr lang davon leben zu können. Wir hatten eine wirklich gute Geschäftsidee, und ein Freund lieh uns Geld als Startkapital, aber jetzt, nach zwei Jahren, müssen wir immer noch auf unser Erspartes zurückgreifen, und dieses Geld geht jetzt rapide zur Neige. *Ich mache mir Sorgen. Ich fühle mich entmutigt.*

Brieftaschen-Methode: Wir steigen ins Auto. Jeder von uns hat einen 50-Euro-Schein dabei. Wir fahren zu einem großen Einkaufszentrum, gehen dort mindestens eine Stunde lang bummeln und geben diese völlig realen Euros dort *mental* immer wieder aus. Immer wenn wir etwas sehen, das mein Mann oder ich gerne besitzen würden, genießen wir die Freude, es *mental* zu kaufen. Schließlich ist das Geld dafür ja vorhanden. Wir tragen es bei uns. Wir *könnten* also diese fünfzig Euro tatsächlich ausgeben.

- Lass uns heute Abend in dieses Restaurant da drüben gehen. Das Essen dort ist wirklich gut.

- Da vorne an dem Blumenstand kaufe ich Dir einen riesigen Rosenstrauß.

- Der Grill dort ist genau richtig für unsere Terrasse.

- Lass uns diese Schaukel für unsere Enkelkinder kaufen.

- Komm, wir gönnen uns einen Verwöhn-Tag im Thermalbad!

- Ich leiste mir eine tolle neue Frisur.

- Ich kaufe mir schöne neue Schuhe.

- Ich auch.

- Wunderbar, dieser Teppich dort! Und wirklich günstig.

- Ich möchte für unseren Garten zwei dieser Blumenkübel.

- Komm, wir kaufen uns endlich einen neuen Briefkasten.

- Und Mulch für unsere Blumenbeete.

- Ich spendiere dem Auto eine Rundum-Reinigung.

- Ein toller Schaukelstuhl! Genau richtig für die Veranda.

- Wie wäre es mit einem neuen Gartenschlauch?

Wenn Du dieses Spiel zum ersten Mal spielst, kann es sein, dass Du, wenn Du Dinge entdeckst, die Du kaufen möchtest, das Gefühl aktivierst, nicht genug Geld zu besitzen. Daher ist es möglich, dass Du in den ersten Minuten des Spiels eher Unbehagen verspürst als Erleichterung. Aber wenn Du bei jedem Gegenstand, den Du auswählst, bekräftigst: *Ja, wenn ich es wirklich will, habe ich hier und jetzt das Geld, um diesen Gegenstand zu kaufen*, wird Dein Unbehagen allmählich verschwinden. Und wenn das Unbehagen verschwindet, gibt es auch keinen inneren Widerstand mehr. Und wenn Dein innerer Widerstand verschwunden ist … wird sich Deine finanzielle Lage ganz zwangsläufig verbessern.

38. Kapitel

Die Methode »Das Rad der Aufmerksamkeit« anwenden

Das *Rad der Aufmerksamkeit* ist vermutlich die wirkungsvollste Methode, die wir Dir anbieten können, um möglichst rasch die Schwingungen Deiner momentanen *Glaubenssätze* mit denen Deiner momentanen *Wünsche* zu harmonisieren. Während dieser Übung wirst Du deutlich spüren, wie die Schwingungs-Harmonie in Deinem Inneren zunimmt.

Stell Dir vor, Du stehst auf einem Spielplatz vor einem Kinderkarussell und möchtest aufspringen. Aber das Karussell dreht sich so schnell, dass Dir das unmöglich ist. Der Geschwindigkeitsunterschied zwischen dem Karussell und Dir ist so groß, dass Du abprallst und unsanft im Gebüsch landest. Würde die Drehzahl des Karussells sich aber genügend verlangsamen, könntest Du aufspringen und dann, wenn es wieder Fahrt aufnimmt, problemlos auf ihm sitzen bleiben.

Ähnlich verhält es sich, wenn die Schwingungsfrequenz Deines Wunsches sich zu sehr von der Frequenz Deines Glaubenssatzes unterscheidet. Entweder muss die Frequenz des Wunsches abgesenkt werden, oder die Frequenz des Glaubenssatzes muss ansteigen, damit die beiden in Harmonie kommen.

Mit Hilfe des *Rades der Aufmerksamkeit* kannst Du die Schwingung Deines Wunsches so weit absenken, dass Du auf den Zug aufspringen kannst. Und dann, wenn Du an Bord bist, hebst Du die Frequenz wieder an.

Diese Methode funktioniert am besten, wenn Du Dich in folgendem Bereich auf der Emotionalen Skala befindest:

8. Langeweile
9. Pessimismus
10. Frustration/Irritation/Ungeduld
11. »Kontra-Sein«
12. Enttäuschung
13. Zweifel
14. Sorge
15. Vorwürfe/Schuldzuweisungen gegen andere
16. Entmutigung
17. Ärger

Das **Rad der Aufmerksamkeit** funktioniert so:
Zeichne einen großen Kreis auf ein Blatt Papier. Zeichne dann einen kleineren Kreis von etwa 5 Zentimetern Durchmesser in die Mitte des großen Kreises. Setze Dich entspannt hin, betrachte den kleinen Kreis und fühle, wie Deine Augen sich auf ihn fokussieren.

Schließe nun für einen Moment die Augen und wende Deine Aufmerksamkeit der Angelegenheit zu, die in Dir negative Gefühle geweckt hat. Identifiziere klar und eindeutig das, was Du *nicht* willst.

Sage Dir: *Nun, ich weiß genau, was ich »nicht« will. Was aber »will« ich?*

Es ist dabei hilfreich, wenn Du das, was Du *nicht* willst, und das, was Du *willst*, anhand der dabei jeweils auftretenden Gefühle identifizierst. Definiere nun in Form einer kurzen Aussage, die Du in den kleinen Kreis in der Mitte schreibst, was Du Dir wünschst.

Als Nächstes schreibst Du um den Außenrand Deines großen Kreises Sätze, die zu dem passen, was Du Dir wünschst. Du wirst *spüren*, ob ein Satz dazu passt oder nicht. Diese Methode ist so wirkungsvoll, weil Du die Aussagen, die Du aufschreibst, bewusst auswählst. Es handelt sich um allgemeine Aussagen, von deren Richtigkeit Du bereits überzeugt bist und die zu Deinem Wunsch passen. Die Sache funktioniert, weil das *Gesetz der Anziehung* so machtvoll ist, dass eine Aufmerksamkeitsspanne von lediglich 17 Sekunden genügt, damit ein weiterer zum ersten passender Gedanke angezogen wird und eine Gedankenkette sich zu formen beginnt. Dadurch wird die Wirkung der positiven Aussagen weiter verstärkt.

Fahre damit fort, weitere sich gut anfühlende Gedanken an den Außenrand des großen Kreises zu schreiben. Stell Dir vor, Dein Kreis wäre eine Uhr, und beginne in der 12-Uhr-Position. Fahre dann fort mit der 1-Uhr-Position, der 2-Uhr-Position und so weiter, bis Du rings um den Kreis zwölf Gedanken aufgeschrieben hast, die sich gut anfühlen.

(Ziehe, wenn Du die 11-Uhr-Position gefüllt hast, mit kräftigem Strich noch einen Kreis um die Aussage im Zentrum Deines *Rades*. Du wirst bemerken, dass Du Dich nun in viel größerer Schwingungs-Harmonie zu dieser Aussage befindest, während Du zu Beginn der Übung weit davon entfernt warst.)

Erschöpfung: Ich habe keine Energie. Ich bin ständig müde. Ich schaffe es kaum durch den Tag. Ich bewältige meinen Alltag nur mit Mühe und habe gar keine Lebensfreude mehr, weil ich immer so erschöpft bin. *Ich fühle mich so überfordert.*

Was ich *nicht* will: *Ich will mich nicht erschöpft fühlen.*

Was ich *will*: *Ich will mich stark, vital und energiegeladen fühlen.*

Mein erster Versuch, auf das Rad (das »Karussell«) aufzuspringen (Du wirst spüren, ob Du abprallst oder ob Dein Gedanke schwingungsmäßig so gut mit Deinem Wunsch harmoniert, dass Du auf das Rad aufspringen kannst): *Ich muss mich zusammenreißen.* (nein)

So kann es nicht *weitergehen.* (nein)

Ich weiß, dass ich mich schon besser gefühlt habe als im Moment. (ja – Du kannst aufspringen!)

(Diese Aussage hat schwingungsmäßig genügend mit Deinem Wunsch harmoniert. Notiere Sie an der 12-Uhr-Position Deines Kreises. Finde nun weitere passende Gedanken und notiere sie an der 1-Uhr-Position, der 2-Uhr-Position und so weiter.)

Normalerweise bin ich stark und gesund. (1 Uhr)

Ich mag es, mich wohl in meiner Haut zu fühlen. (2 Uhr)

(Dein veränderter Fokus hat jetzt schon so viel Schwingungs-Harmonie zu Deinem Wunsch erzeugt, dass es Dir immer leichter fällt, auf dem Rad zu bleiben. Also weiter, mit viel Schwung! Je mehr schwingungsmäßig zu Deinem Wunsch passende Aussagen Du machst, desto mehr stabilisierst und festigst Du diese neue Schwingungsfrequenz.)

Mein Körper gehorcht mir immer sehr gut. (3 Uhr)

Ich fühle mich schon besser. (4 Uhr)

Von Tag zu Tag fühle ich mich kräftiger. (5 Uhr)

Ich freue mich darauf, bald wieder lange Spaziergänge zu machen. (6 Uhr)

Es ist erfrischend, täglich hinaus in die Natur zu gehen. (7 Uhr)

Heute ist ein schöner Tag. (8 Uhr)

Ich habe einen großartigen Körper. (9 Uhr)

Ich liebe es, mich gut zu fühlen. (10 Uhr)

Es gibt so viele Aktivitäten, die mir Freude machen. (11 Uhr)

Dieses Spiel hat Dich dazu angeregt, bewusst zu *erfühlen*, welcher Schwingungs-Unterschied zwischen Deinem Ist-Zustand und Deinem Wunschziel besteht. Und schon in dieser kurzen Zeit hat sich Deine Schwingungs-Harmonie enorm erhöht – so sehr, dass Du jetzt eine Aussage ins Zentrum *Deines Rades der Aufmerksamkeit* schreiben kannst, die tatsächlich Deinem momentanen Schwingungszustand entspricht: *Ich fühle mich stark, vital und energiegeladen!*

Einsamkeit: Ich habe nur wenige Freunde. Eigentlich habe ich überhaupt keine wirklich nahen Freunde. Es macht wenig Spaß, so allein durchs Leben zu gehen. Ich hatte früher Freundschaften, aber keine war wirklich von Dauer. Es scheint, dass die Leute von mir nehmen, was sie bekommen können, aber sie geben mir nichts zurück. *Ich fühle mich entmutigt. Ich fühle mich einsam.*

Was ich *nicht* will: *Ich will nicht allein sein.*

Was ich *will*: *Ich will einen wirklich guten Freund finden.*

Mein erster Versuch, auf das Rad (das »Karussell«) aufzuspringen (Du wirst spüren, ob Du abprallst oder ob Dein Gedanke schwingungsmäßig so gut mit Deinem Wunsch harmoniert, dass Du auf das Rad aufspringen kannst): *Gute Freunde sind schwer zu finden.* (nein)

Ich hatte noch nie einen wirklich guten Freund. (nein)

Ich sehe, dass andere Menschen gute Freundschaften haben. (ja – Du kannst aufspringen!)

(Diese Aussage hat schwingungsmäßig genügend mit Deinem Wunsch harmoniert. Notiere Sie an der 12-Uhr-Position Deines Kreises.)

Ich kenne einige Leute, deren Gesellschaft ich als angenehm empfinde. (1 Uhr)

Ich sollte mich entspannen, nichts zu erzwingen versuchen. (2 Uhr)

Ich werde es spüren, wenn mir jemand begegnet, den ich gern näher kennen lernen möchtet. (3 Uhr)

Wenn ich einen Menschen mag, dann mag er mich meistens auch. (4 Uhr)

(Dein Widerstand ist nun schon deutlich reduziert. Weiter so! Die Schwingungs-Harmonie hat sich stark verbessert.)

Ich habe bisher wenig unternommen, um Leute zu treffen. (5 Uhr)

Es gibt überall nette Menschen. (6 Uhr)

Auch andere Menschen wünschen sich gute Freunde. (7 Uhr)

Wenn ich mich besser fühle, werden mir Menschen begegnen, die sich auch gut fühlen. (8 Uhr)

Es gibt viele Möglichkeiten, neue Bekanntschaften zu knüpfen. (9 Uhr)

Ich bin gerne mit anderen Menschen zusammen. (10 Uhr)

Ich glaube, das ist ein wirklicher Neuanfang. (11 Uhr)

Du befindest Dich nun in Schwingungs-Harmonie. Schreibe also den folgenden Satz in den kleinen Kreis: *Ich freue mich auf die neuen Freunde, die jetzt in mein Leben treten.*

Probleme mit einer Kollegin: Ich muss mir das Büro mit einer Kollegin teilen, deren Gegenwart ich kaum ertragen kann. Sie ist total negativ eingestellt und redet ununterbrochen. Sie mag ihre Arbeit nicht und tut so, als wäre ich dumm, wenn ich versuche, meinen Job gut zu machen. Ich wünschte, dass sie gefeuert wird oder von sich aus kündigt. Das Leben ist zu kurz, um so viel Zeit mit einer so unangenehmen Person zu verbringen. *Ich fühle mich frustriert. Ich bin wütend.*

Was ich *nicht* will: *Ich will nicht mit einer so unangenehmen Person das Büro teilen.*

Was ich *will: Ich will meine Zeit mit Menschen verbringen, deren Gesellschaft angenehm ist.*

Mein erster Versuch, auf das Rad (das »Karussell«) aufzuspringen (Du wirst spüren, ob Du abprallst oder ob Dein Gedanke schwingungsmäßig so gut mit Deinem Wunsch harmoniert, dass Du auf das Rad aufspringen kannst): *Ich wünschte, sie würde gefeuert.* (nein)

Ich wünschte, einer von uns beiden würde in eine andere Abteilung versetzt. (nein)

Ich mag es, mich bei der Arbeit gut zu fühlen. (ja)

(Diese Aussage hat schwingungsmäßig genügend mit Deinem Wunsch harmoniert. Notiere Sie an der 12-Uhr-Position Deines Kreises.)

Meine Arbeit macht mir größtenteils viel Freude. (1 Uhr)

Ich bin in meinem Job ziemlich gut. (2 Uhr)

(Deine Schwingung ist jetzt schon viel besser. Mache auf diesem Weg weiter, bis die bessere Schwingung und die guten Gefühle wirklich vorherrschen.)

Ich beweise mir gerne, wie gut ich mich konzentrieren kann. (3 Uhr)

Wenn ich präsent und konzentriert bin, hören andere gerne auf meinen Rat. (4 Uhr)

Es macht mir Freude, Vorbild für andere zu sein. (5 Uhr)

Meine Kollegin weiß, glaube ich, sehr gut, was sie will. (6 Uhr)

Im Grunde weiß ich nur sehr wenig über sie und ihre Probleme. (7 Uhr)

Dass es mir so gut geht, ist doch ein Grund zur Freude. (8 Uhr)

Ich habe viele wirklich liebe Freunde. (9 Uhr)

Wenn ich mir etwas Mühe gebe, komme ich mit den meisten Menschen gut aus. (10 Uhr)

Ich bin bereit, mich etwas mehr um Harmonie im Büro zu bemühen. (11 Uhr)

Schreibe nun in den kleinen Kreis im Zentrum des Rades: *Ich freue mich darauf, ab jetzt mit meiner Kollegin besser auszukommen.*

Karriere: Schon als Kind wollte ich gerne Schauspielerin werden. Ich habe Schauspielunterricht genommen und festgestellt, dass ich wirklich Talent habe. Ab und zu werde ich für kleinere Rollen engagiert, aber es ist nichts Aufregendes dabei, keine wirkliche Herausforderung. Es gibt so viele arbeitslose Schauspieler. Meine Lage scheint wirklich hoffnungslos. Vielleicht sollte ich meine Träume begraben und mir einen normalen Job suchen. *Ich bin enttäuscht. Ich fühle mich entmutigt.*

Was ich *nicht* will: *Ich will nicht so hart arbeiten müssen, ohne beruflich weiterzukommen.*

Was ich *will*: *Ich will endlich für eine große Rolle besetzt werden.*

Mein erster Versuch, auf das Rad (das »Karussell«) aufzuspringen (Du wirst spüren, ob Du abprallst oder ob Dein Gedanke schwingungsmäßig so gut mit Deinem Wunsch harmoniert, dass Du auf das Rad aufspringen kannst): *Ich gehe fast täglich zum Vorsprechen.* (nein)

Irgendwann »muss« mich doch mal jemand engagieren. (nein)

Dieses Vorsprechen vorige Woche war wirklich interessant. (ja)

(Diese Aussage harmoniert genügend mit Deinem Wunsch. Notiere Sie an der 12-Uhr-Position Deines Kreises.)

Ich mag es, interessante Leute zu treffen. (1 Uhr)

Ich war sehr entspannt und habe meine Sache gut gemacht. (2 Uhr)

Es ist in Ordnung, wenn eine andere Schauspielerin sich besser für eine bestimmte Rolle eignet. (3 Uhr)

Ich möchte für die richtigen Rollen ausgewählt werden. (4 Uhr)

Vielen bekannten Schauspielerinnen erging es anfangs wie mir. (5 Uhr)

Mit jedem Vorsprechen wächst meine Erfahrung. (6 Uhr)

Ich habe beim Vorsprechen überhaupt keine Angst mehr. (7 Uhr)

Ich fühle, dass meine erste große Rolle immer näher rückt. (8 Uhr)

Ich trete beim Vorsprechen immer selbstsicherer auf. (9 Uhr)

Ich glaube, ich werde allmählich wirklich gut. (10 Uhr)

Ich liebe meinen Beruf. (11 Uhr)

Die Schwingungen Deines Wunsches und Deines momentanen Glaubenssatzes stimmen nun überein. Schreibe also in die Mitte des Rades: *Ich freue mich auf die schönen Rollen, für die ich jetzt engagiert werde.*

Wenn Du Dich längere Zeit auf etwas konzentriert hast, das Du eigentlich gar nicht willst, wird es zunehmend schwerer, Deine Aufmerksamkeit dem zuzuwenden, was Du willst. Um etwas Neues erschaffen zu können, musst Du daher unbedingt einen Weg finden, Deine Aufmerksamkeit neu zu fokussieren. Das *Rad der Aufmerksamkeit* dient genau diesem Zweck. Es ermöglicht Dir, von dort aus, wo Du Dich gerade befindest, auf das Rad zu springen und Dich dann auf immer höhere Schwingungs-Frequenzen zu beschleunigen. So gelangst Du schneller als auf jede andere Weise aus einem Zustand hohen Widerstandes in einen widerstandsfreien Zustand.

Der Schlüssel zur enormen Wirkung dieser Methode steckt schon in ihrem Namen: *Aufmerksamkeit*. Jedes Mal wenn Du Dir die Zeit nimmst, dich einem Gedanken zuzuwenden und ihn aufzuschreiben, wächst Deine diesbezügliche Aufmerksamkeit und damit auch Deine schöpferische Kraft. Wenn Du Deine Ausgangssituation benennst, verstärkt das zunächst die vorhandene Disharmonie. Um dann auf das Rad aufzuspringen, brauchst Du viel konzentrierte Aufmerksamkeit. Im Moment des Aufspringens findet die stärkste Schwingungsveränderung statt. Hast Du aber einmal Deinen ersten Gedanken auf die 12-Uhr-Position geschrieben, fällt es Dir schon spürbar leichter, diesen Fokus aufrechtzuerhalten; und je mehr Sätze Du dem Kreis hinzufügst, desto mehr stabilisiert sich Deine neue Schwingung, und die Harmonie zwischen Deinem Wunsch und Deinem Glaubenssatz wächst.

Wir empfehlen Dir, diese Methode bei jedem Thema anzuwenden, das wichtig für Dich ist. Sie lässt sich einsetzen, um Probleme zu überwinden, zwischenmenschliche Beziehungen zu verbessern, zu mehr Geld zu gelangen und gesünder zu werden. … Sie kann Dein Leben verwandeln.

39. Kapitel

Anwendung der Methode
»Gute Gefühle« finden

Mit Hilfe dieser Methode kannst Du sicherstellen, dass Du eine Schwingung ausstrahlst, die Dir wirklich von Nutzen ist. Du erkennst, was Du gegenwärtig wirklich in Dein Leben ziehst. Bei der Methode *Gute Gefühle finden* setzt Du Deine Imagination ein und tust so, als sei Dein Wunsch bereits verwirklicht und in allen Einzelheiten Bestandteil Deiner Erfahrung.

Wenn Du Dich darauf konzentrierst, wie es sich anfühlt, Deinen Wunsch voll verwirklicht zu erleben, kannst Du nicht gleichzeitig das Mangel-Gefühl des noch nicht erfüllten Wunsches empfinden. Mit etwas Übung kannst Du so das Gleichgewicht zugunsten der Erfüllung Deines Wunsches verändern, weil Du bereits jetzt die gleiche Schwingung ausstrahlst, als sei er bereits erfüllt – und dann *muss* er sich tatsächlich erfüllen.

Dein Ziel soll nun darin bestehen, innere Bilder zu erzeugen, die Dich veranlassen, eine Schwingung auszustrahlen, die es *ermöglicht*, dass Geld in Dein Leben fließen kann. Setze Dir zum Ziel, innere Bilder zu erzeugen, die sich angenehm anfühlen. Finde heraus, wie Du Dich fühlen würdest, wenn Dein Wunsch erfüllt wäre, statt im Gefühl des Mangels, der Unerfülltheit zu verharren.

Du kannst Dir zum Beispiel eine Zeit ins Gedächtnis rufen, in der Du Dich ähnlich gefühlt hast, wie Du Dich nun fühlen würdest, wenn Dein Wunsch in Erfüllung geht; Du kannst Deine Vorstellungskraft einsetzen oder so tun, als würde das Gewünschte hier und jetzt geschehen; oder Du kannst Dich auf jemanden konzentrieren, der das, was Du Dir wünschst, bereits verwirklicht hat – und während Du Dich auf die Details Deines Wunsches konzentrierst, wird die entsprechende Schwingungsessenz in Dir aktiviert. Du kannst durchaus die Schwingung von etwas ausstrahlen, das noch nicht Teil Deines Lebens ist, und wenn Du das tust, *wird* es schon bald für Dich Wirklichkeit werden.

Je öfter Du dieses Spiel *Gute Gefühle finden* spielst, desto besser wirst Du darin und desto mehr Spaß wird es Dir machen. Wenn Du imaginierst oder Dich gezielt an frühere angenehme Gefühlszustände erinnerst, aktivierst Du neue Schwingungen – und Dein Aufmerksamkeits-Fokus verlagert sich. Und wenn sich Dein Aufmerksamkeits-Fokus verlagert, wird Dein Leben glücklicher, und zwar in allen Bereichen, in denen Du neue, positivere Gefühle gefunden hast.

Diese Methode funktioniert am besten, wenn Du Dich in folgendem Bereich auf der Emotionalen Skala befindest:

10. Frustration / Irritation / Ungeduld
11. »Kontra-Sein«
12. Enttäuschung
13. Zweifel
14. Sorge
15. Vorwürfe / Schuldzuweisungen gegen andere
16. Entmutigung
17. Ärger

Eheprobleme: Ich liebe meine Frau immer noch, aber unsere Beziehung ist nicht mehr so, wie sie einmal war. Am Anfang unserer Ehe konnte ich es kaum erwarten, abends nach Hause zu kommen. Jetzt ertappe ich mich manchmal dabei, dass ich am liebsten auswärts übernachten würde. Sie gibt mir die Schuld an allem, was nicht so läuft, wie sie es gerne hätte, und ständig beklagt sie sich. Ich will sie nicht verlassen, aber Freude macht unsere Ehe mir nicht mehr. *Ich fühle mich frustriert. Ich habe Schuldgefühle. Ich bin wütend.*

Die Erinnerungs-Technik: *Ich erinnere mich an den Tag, als wir uns zum ersten Mal begegneten. Sie fiel mir sofort auf. Ich mochte ihr Aussehen und ihren Humor. Und ich mochte es, wie aufmerksam sie mir zuhörte. Es gab mir ein gutes Gefühl, dass sie sich ehrlich für das interessierte, was ich zu sagen hatte. Ich wusste sofort, dass ich mehr Zeit mit ihr verbringen wollte. ...*

(Sich an etwas Vergangenes zu erinnern, das sich gut anfühlte, ist eine sehr wirkungsvolle Methode, Deine Schwingung anzuheben. Wenn Du Dich an diese Zeiten erinnerst, als Du Dich gut fühltest, aktivierst Du erneut jene Schwingung, die auch damals aktiv war. Zudem ist es Dir nicht möglich, Dich gleichzeitig auf das zu konzentrieren, was in der Gegenwart geschieht, und auf das, was früher geschah.)

Die Imaginations-Technik: *Ich stelle mir vor, wie ich aus dem Büro komme und mich freue, dass mein Tagewerk beendet ist. Ich visualisiere, wie ich ins Auto steige. Ich bin stolz auf diesen Wagen. Er ist wirklich schön. Ich schalte den CD-Player ein, und die Lieblings-CD meiner Frau wird abgespielt. Ich lächle, denn ich weiß, dass sie gestern mit dem Wagen gefahren ist und diese CD eingelegt hat. Wir spielen immer dieses lustige Spiel, dass sie Musik für mich im Player lässt. Jetzt kann ich es kaum erwarten, nach Hause zu kommen und den Abend mit ihr zu verbringen. Es ist so schön mit ihr. Sie ist eine tolle Frau. Ich bin wirklich ein Glückspilz. ...*

(Beachte, dass in dieser Visualisierung nichts Ernstes oder Schwerwiegendes geschieht. Du versuchst nicht, irgendetwas zu erzwingen. Du versuchst nicht, Deine Frau zu verändern. Du erfindest eine kleine Geschichte, die ausschließlich einem einzigen Zweck dient: *Dich gut zu fühlen, während Du Dich auf etwas konzentrierst, das Dir wichtig ist.* Auch wenn diese Visualisierung eine reine Erfindung ist, verändert sie doch das Verhältnis zwischen der Schwingung, die Du in letzter Zeit bezüglich Deiner Frau ausgestrahlt hast, und der Schwingung dessen, was Du Dir für Dich und Deine Frau wünschst. Das wird zwangsläufig eine Veränderung bewirken, und immerhin fühlst Du Dich jetzt schon einmal besser als zuvor.)

Wohlstand: Mein Mann und ich waren beide viele Jahre berufstätig und haben etwas Geld gespart – keine Riesensumme, aber genug, um ungefähr ein Jahr lang davon leben zu können. Wir hatten eine wirklich gute Geschäftsidee, und ein Freund lieh uns Geld als Startkapital, aber jetzt, nach zwei Jahren, müssen wir immer noch auf unser Erspartes zurückgreifen, und dieses Geld geht jetzt rapide zur Neige. *Ich mache mir Sorgen. Ich fühle mich entmutigt.*

Die Erinnerungs-Technik: *Ich weiß noch, wie gut ich mich gefühlt habe, als ich mein allererstes Monatsgehalt bekam. Ich hatte damals noch keine hohen Lebenshaltungskosten und fühlte mich wirklich reich. Es war ein tolles Gefühl, von da an Monat für Monat einen festen Geldbetrag überwiesen zu bekommen. ...*
(Eine sich gut anfühlende Erinnerung zu reaktivieren ist eine äußerst hilfreiche Methode, denn es handelt sich dabei um etwas, was Du tatsächlich erlebt hast, sodass keine starken gegensätzlichen Schwingungen damit ver-

bunden sind. Mit anderen Worten, Du glaubst daran. Wenn Du einen Glaubenssatz aus der Vergangenheit aktivierst, der zu Deinem momentanen Wunsch passt, gelangst Du in Schwingungs-Harmonie – was die Manifestation dieses Wunsches erheblich erleichtert.)

Die Imaginations-Technik: *Ich schreibe jetzt den Scheck, mit dem ich unserem Freund das letzte Geld zurückzahle, das wir ihm noch schulden. Er ist angenehm überrascht und freut sich, dass wir unsere Schulden so schnell begleichen können. Ich visualisiere lebhaft, wie glücklich mein Mann ist, wenn er unserem Freund den Scheck überreicht. Es ist ein gutes Gefühl, dass unser Freund solches Vertrauen in uns und unsere Geschäftsidee hatte und dass unser Geschäft jetzt so wunderbar floriert. Und das, obwohl wir doch gerade erst am Anfang stehen. Es gibt noch so viel zu entdecken, auszuprobieren und dazuzulernen. …*

(Du kannst Dich nicht gleichzeitig auf das konzentrieren, was Du willst, und auf das, was Du nicht willst. Indem Du Deine Imagination benutzt, um Dir bewusst ein sich gut anfühlendes Szenario zu vergegenwärtigen, lenkst Du Dich damit augenblicklich von der unerwünschten Realität ab. Deine Schwingung verändert sich, sodass Du in Harmonie mit Deinen Wünschen gelangst.)

Würdest Du die Macht Deiner Schwingungen wirklich begreifen, würdest Du dich nie wieder auf eine unerwünschte Realität konzentrieren, denn Deine Realität ist von extrem flüchtiger Natur; und sie lässt sich leicht umformen, sodass Du Dir Situationen, Erlebnisse und Zustände erschaffen kannst, die angenehm sind und Freude machen.

Sorge um den Planeten: Unser Planet erscheint mir instabil. Es gibt so viele Erdbeben, Lawinen, Flutwellen und

Hurrikane, die große Zerstörungen anrichten. Manchmal möchte ich gar nicht, dass meine Familie das Haus verlässt, aus Angst, es könnte ihnen etwas Schreckliches zustoßen. *Ich mache mir Sorgen. Ich fühle mich nicht sicher. Ich habe Angst.*

Die Erinnerungs-Technik: *Ich erinnere mich noch gut an meine Kindheit. In unserem Garten standen zwei große Fliedersträucher. Oft baute ich mir aus alten Decken, die ich mit Wäscheklammern an den Zweigen befestigte, unter diesen Sträuchern ein Zelt. Dort habe ich viele Stunden verbracht, gespielt und mich sehr geborgen und behütet gefühlt. ...*

(Damit Du Dich besser fühlen kannst, musst Du nicht erst die Probleme der ganzen Welt lösen – oder noch nicht einmal Deine eigenen. Es genügt, dass Du Dir eine angenehme Erinnerung aus früheren Zeiten ins Gedächtnis rufst. Damit reaktivierst Du Dein Gefühl des Wohl-Seins, und wenn Du Dich dauerhaft wohlfühlst, kann auch nichts Anderes als Wohl-Sein in Deinen Erfahrungsbereich gelangen.)

Die Imaginations-Technik: *Ich sehe, wie meine Frau, meine Kinder und ich vor diesem wunderschönen Hotel in den Bergen aus dem Auto steigen. Es ist ein etwas abgelegener, ruhiger Ort, wo wir jedes Jahr Urlaub machen. Die Kinder freuen sich lange vorher darauf, weil sie sich hier draußen in der Natur so richtig austoben können. Sie spielen mit den Kindern der anderen Urlaubsgäste, und wir alle erholen uns in dieser herrlichen Umgebung wunderbar. Wir machen keine großen Pläne, sondern genießen einfach, was der Tag bringt. ...*

(Übe Dich darin, *durch die bewusste Wahl Deiner Gedanken gezielt bestimmte Gefühle zu erzeugen.* Das ist viel besser, als einfach irgendwelche Gedanken zu denken und dann zu schauen, welche Gefühle sich einstellen. Wenn Du bewusst steuerst, wie Du Dich fühlst, und dementsprechend Deine Gedanken auswählst, erlangst Du die Kontrolle über Deine Schwingungen und die Beziehung zwischen Deinen Wünschen und Glaubenssätzen.)

Viele Leute glauben, Phantasien und Tagträumereien seien eine frivole Zeitverschwendung. Wir sagen dagegen, dass sie eine effektive Möglichkeit darstellen, Dein »Emotionales Feedback-System« zur Aktivierung positiver Schwingungen einzusetzen. Das ist eine sehr wirkungsvolle Form der Bewussten Schöpfung.

Zwischen Erinnerung und Imagination besteht kein großer Unterschied, denn in beiden Fällen lenkst Du Deine Aufmerksamkeit auf etwas, das außerhalb Deiner momentanen Realität liegt. Wenn Du Dich auf Positives konzentrierst, kannst Du, losgelöst von dem, was gerade in Deinem Leben geschieht, eine Schwingung aktivieren, die etwas Anderes in Deinen Erfahrungsbereich zieht. Beharrst Du dagegen darauf, Deine Aufmerksamkeit ausschließlich der existierenden Realität zu widmen, ist keine Veränderung möglich.

40. Kapitel

Anwendung der Methode
»Schuldenfrei werden«

Diese Methode funktioniert am besten, wenn Du Dich in folgendem Bereich auf der Emotionalen Skala befindest:

10. Frustration / Irritation/Ungeduld
11. »Kontra-Sein«
12. Enttäuschung
13. Zweifel
14. Sorge
15. Vorwürfe / Schuldzuweisungen gegen andere
16. Entmutigung
17. Ärger
18. Rachlust
19. Hass / rasender Zorn
20. Neid / Eifersucht
21. Unsicherheit / Schuldgefühle / Minderwertigkeitsgefühle
22. Furcht / Trauer / Depression / Verzweiflung / Ohnmacht

Diese Methode funktioniert wie folgt: Besorge Dir ein Kassenbuch mit so vielen Spalten wie Du monatliche Ausgabenposten hast. Beginne mit der Spalte ganz links. Gib der Spalte eine Überschrift, die Deinen größten Ausgabenposten benennt. Wenn zum Beispiel die Ratenzahlung für Dein Haus der größte Posten ist, schreibst Du: Haus-Hypothek. In die erste Zeile unter der Überschrift notierst Du den genauen Ratenbetrag. Ziehe nun einen

Kreis um den Betrag und notiere in die dritte Zeile die gesamte Restschuld, mit der Dein Haus belastet ist.

Notiere dann in der zweiten Spalte Deinen zweitgrößten monatlichen Ausgabenposten, den drittgrößten in der dritten Spalte, und so weiter. Und über Deine Ausgabenspalten schreibst Du die folgende Affirmation: *Es ist mein Wunsch, alle meine finanziellen Verpflichtungen vollständig zu erfüllen, und in einigen Fällen werde ich sogar das Doppelte des erforderliche Betrages aufbringen.*

Jedes Mal, wenn Du eine Rechnung erhältst, nimmst Du Dein Kassenbuch und passt, falls nötig, den in diesem Ausgabenfeld angesetzten Monatsbetrag an.

Wenn Du das erste Mal eine Rechnung erhältst oder wenn die Überweisung des Betrages in der Spalte im äußersten rechten Rand (also Deines niedrigsten monatlichen Ausgabenpostens) ansteht, stelle einen Scheck über eine doppelt so hohe Summe aus, als in der Rechnung oder in Deinem Kassenbuch angegeben ist, und schreibe diesen höheren Betrag darunter.

Das mag Dir etwas seltsam vorkommen, wenn Du das Spiel zum ersten Mal spielst, aber selbst wenn Du momentan nicht über genug Geld verfügst, um alle Deine monatlichen Ausgaben aufbringen zu können, verdopple dennoch die Zahlung in der Spalte ganz rechts. Und freue Dich darüber, dass Du Dein neues, Dir selbst gegebenes Versprechen eingehalten hast, Dich nach Kräften zu bemühen, alle Deine Schulden zu begleichen, und in manchen Fällen sogar den doppelten Betrag aufzubringen.

Da Du bei diesem Spiel Deine Finanzen in einem neuen Licht betrachtest, wird Deine Schwingung sich rasch zu verändern beginnen. Wenn Du wenigstens ein klein wenig Stolz empfindest, weil Du Dein Wort gehalten hast, wird sich Deine Schwingung verändern. Wenn Du Dein Versprechen einhältst, Deine Zahlung zu verdoppeln, wird sich Deine Schwingung verändern. Und durch diese

Veränderung, auch wenn sie nur leicht ist, wird auch Deine finanzielle Lage sich verändern.

Wenn Du Dir wirklich die Zeit nimmst, alle Deine Schulden in dieses Kassenbuch zu schreiben, wird Deine dadurch neu fokussierte Aufmerksamkeit neue, positivere finanzielle Situationen und Umstände für Dich aktivieren. Statt Dich entmutigt zu fühlen, wenn Du wieder eine neue Rechnung im Briefkasten vorfindest, wirst Du es kaum erwarten können, den Betrag in Dein Kassenbuch zu schreiben. Und durch diese Verlagerung Deiner Aufmerksamkeit und Schwingung wird sich Deine finanzielle Gesamtsituation zu wandeln beginnen.

Du wirst unerwartete Geldzahlungen erhalten. Und Du wirst mit Deinem Geld länger auskommen, weil man Dir allerlei Rabatte und Vergünstigungen gewährt. Rechne mit überraschenden »Finanzspritzen« aller Art, und wenn sie eintreffen, sei Dir bewusst, dass dies auf Deinen veränderten Aufmerksamkeits-Fokus und die daraus resultierende veränderte Schwingung zurückzuführen ist.

Wenn nun zusätzliches Geld eintrifft, wirst Du gerne bereit sein, die in Deinem Kassenbuch ganz rechts stehende Schuld endgültig zu begleichen, sodass Du diese Spalte durchstreichen kannst. Spalte für Spalte werden Deine Schulden verschwinden, während Deine Einnahmen immer stärker Deine Ausgaben übersteigen. Schon vom ersten Tag, an dem Du dieses Spiel spielst, wird Dein Gefühl finanziellen Wohl-Seins ständig zunehmen. Und wenn Du das Spiel ernst nimmst, wird Deine das Geld betreffende Schwingung sich so stark verändern, dass Du in kurzer Zeit schuldenfrei werden kannst, wenn das Dein Wunsch ist.

Schulden sind an sich nichts Schlimmes, aber wenn Du sie als schwere Last empfindest, dann strahlst Du beim Thema Geld eine negative, Widerstand erzeugende

Schwingung aus. Wenn Dir diese Last von den Schultern genommen wird und Du Dich leichter und freier fühlst, verschwindet der Widerstand. Dann kann das finanzielle Wohl-Sein üppig in Dein Leben strömen.

Jede Methode, die Dir hilft, Dich besser zu fühlen, wird auch eine veränderte Schwingung beim Thema Geld bewirken. Die Methode *Schuldenfrei werden* ist aber besonders wirkungsvoll, wenn Du Dir Sorgen wegen Deiner Finanzen machst, weil sie Dich anregt, Deine finanzielle Situation aus einem anderen Blickwinkel zu sehen.

Solange Du mit Deinen Gefühlen lediglich auf eine bestehende äußere Situation reagierst, bleibst Du in Deinem bisherigen Schwingungsmuster gefangen. Die Methode *Schuldenfrei werden* veranlasst Dich zu dem gleichen verantwortungsvollen Umgang mit dem Thema Geld, an den Du gewöhnt bist, da Du dazu angehalten wirst, Buch über Deine Ausgaben und Schulden zu führen. Aber gleichzeitig bewirkt sie, dass Deine Perspektive sich wandelt. Denn nun beschäftigst Du Dich mit dem, was Du tun *kannst*, statt mit dem, was Du *nicht* tun kannst. Es handelt sich um einen spielerischen, andererseits aber auch sehr pragmatischen Ansatz, der bewirkt, dass Deine Energie viel stärker als zuvor in Richtung Deiner Wünsche fließt.

Wenn Du diese Methode über mehrere Wochen praktizierst, werden in dieser kurzen Zeit die Ängste, die Du zum Thema Geld vielleicht entwickelt hast, neuer Hoffnung, Freude und Zuversicht weichen. Dieses Spiel wird Dich aus den Schulden hinausführen, wenn Du das wünschst; es wird Dir helfen, ein für alle Mal Deine Energie im finanziellen Bereich zu harmonisieren. Und nur wenn sich die Energie harmonisiert, kann sich Deine finanzielle Situation dauerhaft bessern.

41. KAPITEL

Anwendung der Methode
»Dinge dem Universalen
Manager übergeben«

Stelle Dir vor, Du wärest Eigentümer eines sehr großen Unternehmens mit Tausenden von Mitarbeitern. Es gibt Leute, die in der Produktion und im Marketing für Dich tätig sind, es gibt Buchhalter und Berater. Es gibt Designer, Werbefachleute – und alle diese vielen Menschen wirken daran mit, Deiner Firma zum Erfolg zu verhelfen.

Stelle Dir nun vor, dass Du mit keinem dieser Menschen persönlich zusammenarbeitest. Stattdessen beschäftigst Du einen Manager, der das für Dich übernimmt. Dein Manager kennt sie, berät sie und erteilt ihnen Anweisungen. Wenn Du also eine neue Idee hast, erläuterst Du sie Deinem Manager, und der sagt: »Ich kümmere mich sofort darum.« Das tut er dann. Effizient und effektiv. Präzise setzt er Deine Vorstellungen in die Tat um, ganz so, wie Du es Dir wünschst.

Vielleicht sagst Du Dir nun: »So einen Manager hätte ich gerne – jemanden, dem ich hundertprozentig vertrauen kann und der ganz in meinem Sinne arbeitet.«

Darauf antworten wir: *Du hast tatsächlich einen solchen Manager. Du hast einen Manager, der rund um die Uhr um Dein Wohl bemüht ist. Er nennt sich das »Gesetz der Anziehung«. Du musst nur einen Wunsch äußern, dann wird dieser Universelle Manager sofort in Deinem Sinne aktiv, immer bestrebt, jeden Deiner Wünsche zu erfüllen.*

Bei dieser Methode liegt der Schlüssel zum Erfolg darin, dem Manager Aufträge mit der *festen Erwartung* zu erteilen, dass sie auf jeden Fall erfüllt werden. Du überträgst jemandem, von dem Du weißt, dass Du Dich absolut auf ihn verlassen kannst, eine Aufgabe, bei der Du Dir sicher bist, dass er sie zu Deiner Zufriedenheit ausführen wird. Das ist die Einstellung, mit der Du Deine Bitten an das Universum richten solltest. Äußere Deine Wünsche mit der festen Erwartung, Resultate zu erhalten.

Diese Methode funktioniert am besten, wenn Du Dich in folgendem Bereich auf der Emotionalen Skala befindest:

10. Frustration / Irritation/Ungeduld
11. »Kontra-Sein«
12. Enttäuschung
13. Zweifel
14. Sorge
15. Vorwürfe / Schuldzuweisungen gegen andere
16. Entmutigung
17. Ärger

Nachbarn: Früher habe ich mich hier in der Straße wohlgefühlt, aber jetzt haben wir ganz schreckliche neue Nachbarn bekommen. Ihr Hund verrichtet sein Geschäft auf unserem Rasen, und in ihrer Einfahrt parken ein paar alte, vergammelte Rostlauben. Es ist mir richtig peinlich, Besuch einzuladen. *Ich fühle mich frustriert. Ich bin verärgert. Ich fühle mich entmutigt.*

Aber jetzt erinnere ich mich, dass ich diesen genialen, effektiven, stets einsatzbereiten Universalen Manager habe, der nur für mich arbeitet. Daher gebe ich ihm die folgenden Aufträge und sage mir dabei, dass dieser Manager wirklich gut ist und alle Aufträge zu meiner vollsten Zufriedenheit erledigt:

Ich möchte, dass der Hund woanders sein Geschäft erledigt.
Ich möchte, dass die Rostlauben verschwinden.
Ich möchte gut mit meinen Nachbarn auskommen.
Ich möchte gerne hier in dieser Straße wohnen.
Ich danke dir, dass du dich für mich um diese Dinge kümmerst.

Hausinstandhaltung: Die Instandhaltung unseres Hauses kostet uns ein Vermögen. Es ist leider nicht sehr solide gebaut, und jetzt, nach zehn Jahren, geht ständig etwas kaputt. *Ich fühle mich frustriert. Ich fühle mich überfordert. Ich bin enttäuscht. Ich fühle mich entmutigt.*

Aber jetzt erinnere ich mich, dass ich diesen genialen, effektiven, stets einsatzbereiten Universalen Manager habe, der nur für mich arbeitet. Daher gebe ich ihm die folgenden Aufträge und sage mir dabei, dass dieser Manager wirklich gut ist und alle Aufträge zu meiner vollsten Zufriedenheit erledigt:

Bitte finde für uns einen guten, bezahlbaren Handwerker. Er soll sich anschauen, welche Reparaturen notwendig sind.
Bitte beschaffe uns die nötigen Teile und Materialien zu sehr günstigen Preisen.
Ich möchte erkennen, welche Vorzüge dieses Haus hat.
Ich möchte, dass seine Nachteile beseitigt werden.
Das ist im Moment alles. Danke, dass du diese Dinge für mich erledigst.

Eltern-Kind-Beziehung: Ich habe ständig Streit mit meiner erwachsenen Tochter. Ganz gleich, wie viel Zeit ich mit ihr verbringe, es ist nie genug. Ständig beschwert sie sich, dass ich sie vernachlässige. Es stimmt, dass ich nicht so viel Zeit habe, aber warum kann dann die Zeit, die wir füreinander haben, nicht schöner sein? *Ich habe Schuldgefühle. Ich bin wütend. Ich bin enttäuscht.*

Aber jetzt erinnere ich mich, dass ich diesen genialen, effektiven, stets einsatzbereiten Universalen Manager habe, der nur für mich arbeitet. Daher gebe ich ihm die folgenden Aufträge und sage mir dabei, dass dieser Manager wirklich gut ist und alle Aufträge zu meiner vollsten Zufriedenheit erledigt:

Verstärke für mich die besten Eigenschaften meiner Tochter.
Verstärke für meine Tochter meine besten Eigenschaften.
Erinnere uns beide während des Tages immer wieder daran, wie reich und gesegnet unser Leben ist.
Verhelfe uns zu wirklich schönen gemeinsamen Stunden.
Nimm mir etwas von dem organisatorischen Kleinkram ab, mit dem ich viel zu viel Zeit verbringe.
Das ist im Moment alles. Danke, dass du diese Dinge für mich erledigst.

Wohlstand: Mein Mann und ich waren beide viele Jahre berufstätig und haben etwas Geld gespart – keine Riesensumme, aber genug, um ungefähr ein Jahr lang davon leben zu können. Wir hatten eine wirklich gute Geschäftsidee, und ein Freund lieh uns Geld als Startkapital, aber jetzt, nach zwei Jahren, müssen wir immer noch auf unser Erspartes zurückgreifen, und dieses Geld geht jetzt rapide zur Neige. *Ich mache mir Sorgen. Ich fühle mich entmutigt.*

Aber jetzt erinnere ich mich, dass ich diesen genialen, effektiven, stets einsatzbereiten Universalen Manager habe, der nur für mich arbeitet. Daher gebe ich ihm die folgenden Aufträge und sage mir dabei, dass dieser Manager wirklich gut ist und alle Aufträge zu meiner vollsten Zufriedenheit erledigt:

Bitte führe viele, viele Kunden zu uns.
Sorge dafür, dass unser guter Service allgemein bekannt wird.
Inspiriere uns, alles Nötige für unseren Erfolg zu tun.
Bewirke, dass unser Freund spürt, wie dankbar wir ihm für seine finanzielle Hilfe sind.
Finde für uns die am besten geeigneten Mitarbeiter.
Das ist im Moment alles. Danke, dass du diese Dinge für mich erledigst.

Einsamkeit: Ich habe nur wenige Freunde. Eigentlich habe ich überhaupt keine wirklich nahen Freunde. Es macht wenig Spaß, so allein durchs Leben zu gehen. Ich hatte früher Freundschaften, aber keine war wirklich von Dauer. Es scheint, dass die Leute von mir nehmen, was sie bekommen können, aber sie geben mir nichts zurück. *Ich fühle mich entmutigt. Ich fühle mich einsam.*

Aber jetzt erinnere ich mich, dass ich diesen genialen, effektiven, stets einsatzbereiten Universalen Manager habe, der nur für mich arbeitet. Daher gebe ich ihm die folgenden Aufträge und sage mir dabei, dass dieser Manager wirklich gut ist und alle Aufträge zu meiner vollsten Zufriedenheit erledigt:

Bitte verschaffe mir Gelegenheiten, nette Menschen kennen zu lernen.
Arrangiere es für mich, dass ich Leute treffe, die gut zu mir passen.
Diese Menschen sollen interessant, fröhlich und selbständig sein.
Ich wünsche mir Begegnungen, die ganz natürlich und ungezwungen ablaufen.
Diese Begegnungen sollen jetzt möglichst bald stattfinden.

Das ist im Moment alles. Danke, dass du diese Dinge für mich erledigst.

Einmischung der Mutter: Ich wohne jetzt schon seit zehn Jahren nicht mehr bei meinen Eltern, aber meine Mutter mischt sich immer noch in alles ein und meint, mir sagen zu müssen, was ich tun und lassen soll. Deswegen habe ich mich etwas zurückgezogen und besuche sie nicht mehr so oft, worüber sie sehr gekränkt und wütend ist. Aber wenn wir uns sehen, tut sie so, als wäre ich unfähig, ein selbständiges Leben zu führen. *Ich habe Schuldgefühle. Ich bin wütend auf meine Mutter.*

Aber jetzt erinnere ich mich, dass ich diesen genialen, effektiven, stets einsatzbereiten Universalen Manager habe, der nur für mich arbeitet. Daher gebe ich ihm die folgenden Aufträge und sage mir dabei, dass dieser Manager wirklich gut ist und alle Aufträge zu meiner vollsten Zufriedenheit erledigt:

Bitte erinnere meine Mutter daran, dass ich erwachsen bin.
Bitte mache ihr klar, wie gut ich für mich selbst sorgen kann.
Lindere bitte die Sorgen, die sich meine Mutter macht.
Führe meine Mutter zu anderen sinnvollen Aufgaben hin, denen sie sich widmen kann.
Lasse meine Mutter wissen, wie sehr ich sie liebe.
Sorge dafür, dass es für sie und mich schön ist, wenn wir uns sehen.
Das ist im Moment alles. Danke, dass du diese Dinge für mich erledigst.

Karriere: Schon als Kind wollte ich gerne Schauspielerin werden. Ich habe Schauspielunterricht genommen und festgestellt, dass ich wirklich Talent habe. Ab und zu werde ich für kleinere Rollen engagiert, aber es ist nichts

Aufregendes dabei, keine wirkliche Herausforderung. Es gibt so viele arbeitslose Schauspieler. Meine Lage scheint wirklich hoffnungslos. Vielleicht sollte ich meine Träume begraben und mir einen normalen Job suchen. *Ich bin enttäuscht. Ich fühle mich entmutigt.*

Aber jetzt erinnere ich mich, dass ich diesen genialen, effektiven, stets einsatzbereiten Universalen Manager habe, der nur für mich arbeitet. Daher gebe ich ihm die folgenden Aufträge und sage mir dabei, dass dieser Manager wirklich gut ist und alle Aufträge zu meiner vollsten Zufriedenheit erledigt:

Verhelfe mir zu ein paar wirklich guten Vorsprech-Terminen.

Mache, dass sich meine schauspielerischen Qualitäten herumsprechen.

Sorge dafür, dass ich bei Besetzungsentscheidungen ganz oben auf der Liste stehe.

Bringe mich in Kontakt mit guten Lehrern, bei denen ich meine Fähigkeiten weiter verbessern kann.

Das ist im Moment alles. Danke, dass du diese Dinge für mich erledigst.

Schulden: Ich schaffe es einfach nicht, finanziell auf einen grünen Zweig zu kommen. Ständig kommen unvorhergesehene Ausgaben auf mich zu, und meine Schulden wachsen mir allmählich über den Kopf. Ich gebe einfach mehr aus, als ich verdiene. Ich versuche zu sparen, aber obwohl meine Frau mitarbeitet, sind die Lebenshaltungskosten für uns und die Kinder einfach zu hoch. *Ich mache mir Sorgen. Ich fühle mich entmutigt.*

Aber jetzt erinnere ich mich, dass ich diesen genialen, effektiven, stets einsatzbereiten Universalen Manager habe, der nur für mich arbeitet. Daher gebe ich ihm die folgenden Aufträge und sage mir dabei, dass dieser Manager wirklich gut ist und alle Aufträge zu meiner vollsten Zufriedenheit erledigt:

Sorge bei mir für eine Lohnerhöhung.
Sorge bei meiner Frau für eine Lohnerhöhung.
Erinnere mich oft daran, wie gut es uns eigentlich geht.
Weise meiner Frau und mir einen guten Weg in eine finanziell gesicherte, glückliche Zukunft.
Das ist im Moment alles. Danke, dass du diese Dinge für mich erledigst.

Finanzielle Sicherheit: Mein Mann und ich sind unser ganzes Leben berufstätig. Wir hatten vorgesorgt und eine hübsche Summe für den Lebensabend zurückgelegt. Unser Sohn, ein Börsenmakler, schlug vor, dieses Geld für uns zu investieren, um so die Summe, die wir später zur Verfügung haben würden, zu vervielfachen. Also vertrauten wir ihm die Verwaltung unseres Vermögens an, und jetzt ist alles weg – alles, wofür wir unser ganzes Leben gearbeitet haben. Was wird nun aus uns, wenn wir nicht mehr arbeiten können? *Ich mache mir Sorgen. Ich fühle mich entmutigt. Ich mache mir Vorwürfe. Ich bin wütend auf unseren Sohn. Ich fühle mich verunsichert. Ich habe Angst.*

Aber jetzt erinnere ich mich, dass ich diesen genialen, effektiven, stets einsatzbereiten Universalen Manager habe, der nur für mich arbeitet. Daher gebe ich ihm die folgenden Aufträge und sage mir dabei, dass dieser Manager wirklich gut ist und alle Aufträge zu meiner vollsten Zufriedenheit erledigt:

Hilf uns dabei, zu neuem finanziellen Wohlstand zu gelangen.
Zeige uns, wie wir aus unseren bestehenden Ressourcen mehr machen können.

Zeige uns Vorteile unserer augenblicklichen Situation, die
wir vielleicht bislang übersehen haben.
Lass unseren Sohn wissen, dass wir ihn lieben und keinen
Groll gegen ihn empfinden.
Inspiriere uns dazu, einen Neuanfang zu wagen.
Das ist im Moment alles. Danke, dass du diese Dinge für
mich erledigst.

Reisewünsche: Ich fühle mich so eingeengt. Ich kenne so
wenig von der Welt. Ich würde gerne auf Reisen gehen,
aber ich bekomme viel zu wenig Urlaub, um mich länger an anderen Orten aufhalten zu können, und außerdem verdiene ich nicht genug. Ich habe das Gefühl, dass
mir sehr viel entgeht. *Ich langweile mich. Ich bin enttäuscht.*

Aber jetzt erinnere ich mich, dass ich diesen genialen,
effektiven, stets einsatzbereiten Universalen Manager
habe, der nur für mich arbeitet. Daher gebe ich ihm die
folgenden Aufträge und sage mir dabei, dass dieser Manager wirklich gut ist und alle Aufträge zu meiner vollsten Zufriedenheit erledigt:

Sorge dafür, dass ich über genug Zeit und Geld für eine
schöne Entdeckungsreise verfüge.
Zeige mir eine Route für diese erste Reise, bei der meine
Interessen wunderbar befriedigt werden.
Bewirke, dass ich ein besonders günstiges Reisenangebot
entdecke.
Verschaffe mir schon einmal alle nötigen Informationen,
auch wenn es noch ein wenig dauert, bis ich die Reise
antreten kann.
Arrangiere die Finanzierung dieser und jeder künftigen
Reise.
Das ist im Moment alles. Danke, dass du diese Dinge für
mich erledigst.

Umweltprobleme: Ich habe Angst, dass wir dabei sind, unseren Planeten zu zerstören. Die Luft wird immer stärker verschmutzt. Das Wasser ist vergiftet. Immer mehr Tierarten sterben aus. Die Polkappen drohen abzuschmelzen. *Ich fühle mich schuldig. Ich bin wütend. Ich bin verunsichert. Ich habe Angst.*

Aber jetzt erinnere ich mich, dass ich diesen genialen, effektiven, stets einsatzbereiten Universalen Manager habe, der nur für mich arbeitet. Daher gebe ich ihm die folgenden Aufträge und sage mir dabei, dass dieser Manager wirklich gut ist und alle Aufträge zu meiner vollsten Zufriedenheit erledigt:

Kümmere dich darum, dass die »Infrastruktur« des Planeten reibungslos funktioniert (d. h.: dass die Erde schön stabil im Orbit kreist und in Sachen Wetter, Schwerkraft etc. alles so ist, wie es sein soll. …)
Sorge dafür, dass unser Wasser wieder seine ursprüngliche Reinheit hat.
Sorge dafür, dass wir für unser Wohl-Sein förderliche Wetterverhältnisse haben.
Zeige mir möglichst oft Beweise für das Wohl-Sein der Erde.
Das ist im Moment alles. Danke, dass du diese Dinge für mich erledigst.

Arbeit der Regierung: Ich finde es frustrierend, wie ineffizient die staatliche Bürokratie arbeitet! Ständig machen sie uns mit neuen komplizierten Vorschriften das Leben schwer. Gerade Geschäftsleute und kleine Unternehmer müssen sich durch einen Wust an Bürokratie kämpfen, der Zeit, Nerven und Geld verschlingt. Hier muss sich dringend etwas ändern. *Ich bin frustriert. Ich fühle mich überfordert. Ich bin wütend.*

Aber jetzt erinnere ich mich, dass ich diesen genialen,

effektiven, stets einsatzbereiten Universalen Manager habe, der nur für mich arbeitet. Daher gebe ich ihm die folgenden Aufträge und sage mir dabei, dass dieser Manager wirklich gut ist und alle Aufträge zu meiner vollsten Zufriedenheit erledigt:

Sorge dafür, dass in Regierung und Verwaltung viele fähige Leute arbeiten.

Hilf unserem Staatswesen, bürgerfreundlicher und unkomplizierter zu werden.

Hilf mir dabei, alle staatlichen Anforderungen in Sachen Steuern und Geschäftsführung mit Leichtigkeit zu erfüllen.

Hilf mir, die richtigen Prioritäten zu setzen, sodass ich meine Zeit und Energie nicht für Nebensächlichkeiten verschwende.

Das ist im Moment alles. Danke, dass du diese Dinge für mich erledigst.

Staatsverschuldung: Unser Staat arbeitet so ineffizient und ineffektiv! Wird mehr Geld gebraucht, erhöht man einfach die Steuern und greift den Bürgern in die Tasche. Einerseits verschwenden die Politiker das Geld, und andererseits klagen sie, dass für die wirklich wichtigen Dinge, die für *uns* wichtigen Dinge, nicht genug da ist. Wie soll jemals wieder Ordnung in die politischen Verhältnisse kommen? Niemand scheint ein Rezept zu kennen. *Ich bin enttäuscht. Ich bin wütend auf die Politiker.*

Aber jetzt erinnere ich mich, dass ich diesen genialen, effektiven, stets einsatzbereiten Universalen Manager habe, der nur für mich arbeitet. Daher gebe ich ihm die folgenden Aufträge und sage mir dabei, dass dieser Manager wirklich gut ist und alle Aufträge zu meiner vollsten Zufriedenheit erledigt:

Sorge für eine verantwortungsbewusste Steuerpolitik.

Sorge dafür, dass sämtliche Steuergelder sinnvoll und bürgerfreundlich ausgegeben werden.

Zeige mir, wie die Regierung in der Steuerpolitik Fortschritte macht.

Bringe Leute an die Regierung, die sich ernsthaft für bessere Verhältnisse engagieren.

Ich möchte weniger parteipolitisches Gerangel und mehr ernsthaftes Interesse an Problemlösungen.

Das ist im Moment alles. Danke, dass du diese Dinge für mich erledigst.

Wenn Du dieses Spiel zum ersten Mal spielst, wirst Du vielleicht die Aufträge, die Du Deinem Manager erteilst, in Frage stellen, weil Du daran zweifelst, dass er sie wirklich ausführt.

Und wenn Deine Zweifel stärker sind als Deine Wünsche, kann er die Aufträge tatsächlich nicht ausführen, was dann scheinbar beweist, dass Deine Zweifel berechtigt waren.

Fährst Du aber beharrlich damit fort, Deinem Universalen Manager Aufträge zu erteilen, wird dieses Spiel anfangen, Dir Spaß zu machen. Deine Zweifel werden nachlassen und Deine Erwartungen wachsen. Dann werden die Beweise für die Macht Deines eigenen Geistes nicht mehr lange auf sich warten lassen.» Und es wird der überaus aufregende Tag kommen, an dem Du bewusst erkennst, welche verblüffende Macht in Deinen Wünschen und Absichten liegt.«

Uns fehlen die Worte, um all die Ressourcen zu beschreiben, die für Dich buchstäblich in Griffweite liegen – das ganze Universum ist bereit, Dich bei der Erfüllung Deiner Wünsche zu unterstützen. Alles, was Du dafür tun musst, ist, den Zugang zu diesen Ressourcen zu finden. Dabei wird die Methode *Dinge dem Univer-*

salen Manager übergeben Dir unschätzbare Dienste leisten. Durch sie wirst Du Dein ganzes Leben in einem neuen Licht sehen – und wenn Du Dein Leben in einem neuen Licht siehst, wird es sich verändern.

42. KAPITEL

Anwendung der Methode »Natürliche Gesundheit beanspruchen«

Wenn Du diese Methode anwendest, solltest Du Dich bequem hinlegen – je bequemer, desto besser. Wähle eine Zeit, während der Du für ungefähr fünfzehn Minuten ungestört bist.

Diese Methode funktioniert am besten, wenn Du Dich in folgendem Bereich auf der Emotionalen Skala befindest:

10. Frustration / Irritation/Ungeduld
11. »Kontra-Sein«
12. Enttäuschung
13. Zweifel
14. Sorge
15. Vorwürfe / Schuldzuweisungen gegen andere
16. Entmutigung
17. Ärger
18. Rachlust
19. Hass / rasender Zorn
20. Neid / Eifersucht
21. Unsicherheit / Schuldgefühle / Minderwertigkeitsgefühle
22. Furcht / Trauer / Depression / Verzweiflung / Ohnmacht

Schreibe nun eine Liste mit den nachfolgenden Aussagen und lies sie Dir, nachdem Du Dich hingelegt hast, langsam und in Ruhe durch.

- *Gesundheit ist der natürliche Zustand meines Körpers.*

- *Auch wenn ich nicht weiß, was zu tun ist, um wieder gesund zu werden, weiß mein Körper es auf jeden Fall.*

- *In meinem Körper gibt es Milliarden Zellen, jede mit einem eigenen Bewusstsein ausgestattet, und sie wissen, wie sie ihr individuelles Gleichgewicht erlangen und aufrechterhalten können.*

- *Als diese Beschwerden begonnen haben, wusste ich noch nicht, was ich jetzt weiß.*

- *Hätte ich damals gewusst, was ich jetzt weiß, wäre es gar nicht zu den gesundheitlichen Beschwerden gekommen.*

- *Ich muss die Ursache dieser Erkrankung nicht verstehen.*

- *Ich muss niemandem erklären, warum ich diese Erkrankung erlebe.*

- *Ich muss mich lediglich sanft von der Erkrankung lösen und mich für Gesundheit öffnen.*

- *Es spielt keine Rolle, dass ich erkrankt bin, denn ab jetzt werde ich wieder gesund.*

- *Es ist ganz natürlich, dass mein Körper etwas Zeit benötigt, um sich auf meine neuen, positiven Wohlfühl-Gedanken einzustellen.*

- *Es besteht kein Grund zur Ungeduld, alles geschieht zur rechten Zeit.*

- *Mein Körper weiß, was zu tun ist.*

- *Wohl-Sein ist mein natürlicher Zustand.*

- *Mein Inneres Sein ist sich meines physischen Körpers voll und ganz bewusst.*

- *Meine Zellen bitten stets um das, was sie für ihr Gedeihen benötigen, und die Ur-Kraft antwortet auf diese Bitten.*

- *Ich bin in sehr guten Händen.*

- *Ich entspanne mich jetzt, um eine ungehinderte Kommunikation zwischen meinem Körper und der Ur-Kraft zu ermöglichen.*

- *Meine einzige Aufgabe besteht darin, mich zu entspannen und zu atmen.*

- *Ich kann es.*

- *Ich kann es leicht und mühelos.*

Liege nun einfach ruhig da und genieße den Komfort der Matratze unter Dir – und konzentriere Dich auf Deinen Atem – ein und aus, ein und aus. Atme so tief, wie es Dir angenehm ist. Versuche aber nicht, irgendetwas zu erzwingen. Es gibt nichts für Dich zu tun, außer Dich zu entspannen und zu atmen.

Sehr wahrscheinlich wirst Du sanfte, kleine Empfindungen in Deinem Körper verspüren. Lächle und mache

Dir klar, dass dies die Ur-Kraft ist, die gezielt auf die Wünsche Deiner Zellen reagiert. Du spürst jetzt den Heilungsprozess. Versuche nicht, aktiv mitzuhelfen oder die Sache irgendwie zu intensivieren. Entspanne Dich einfach und atme – und lass es geschehen.

Wenn Dir akute Schmerzen zu schaffen machen, führe die Methode dennoch in der gleichen Weise aus. Es ist dann aber hilfreich, wenn Du die folgenden Affirmationen zu Deiner Liste hinzufügst:

- *Dieses Schmerzgefühl zeigt mir, dass die Ur-Kraft auf den Wunsch meiner Zellen nach mehr Energie reagiert.*

- *Dieses Schmerzgefühl zeigt mir auf wunderbare Weise, dass Hilfe unterwegs ist.*

- *Ich entspanne mich jetzt in dieses Schmerzgefühl hinein, weil ich weiß, dass es eine Verbesserung meines Zustandes anzeigt.*

Wenn Du kannst, schlafe nun ein wenig. Lächle in dem sicheren Wissen, dass alles gut ist. Atme und entspanne Dich – und vertraue.

Nachlassende Kräfte: Ich bin besorgt wegen meiner körperlichen Verfassung. Ich habe nicht mehr so viel Energie wie früher. Dinge, die mir früher viel Freude machten, strengen mich jetzt an. Ich habe allerlei schmerzhafte Beschwerden. Meine Knie schmerzen beim Gehen, und zu joggen wage ich gar nicht mehr. Ich habe Angst, dass mein Zustand sich immer mehr verschlechtert. *Ich mache mir Sorgen.*

Mein Körper besteht aus Fleisch und Knochen, aber er ist auch Schwingung.

Wie mein Körper aussieht und sich anfühlt ist ein Resultat meiner Schwingung.

Mein Körper ist so, wie er im Moment ist, und das ist in Ordnung.

Mein Körper verändert sich unaufhörlich, und auch das ist in Ordnung.

Mein Körper wird durch die Schwingungen beeinflusst, die ich aussende.

Nachlassende Körperkräfte sind keine Folge des Alters, sondern negativer Schwingungen.

Es ist durchaus möglich, mit fortschreitendem Alter seine Schwingungen immer mehr zu verbessern und zu verfeinern.

Körperlicher Verfall ist weder natürlich noch notwendig.

Ich muss nicht erst darauf warten, dass andere diese Tatsache akzeptieren oder beweisen.

Ich kann jetzt gleich, oder wann immer ich will, damit beginnen, sie selbst zu beweisen.

Eine Veränderung meiner Schwingung bewirkt keine sofortige Veränderung meines körperlichen Zustandes.

Eine Veränderung meiner Schwingung bewirkt eine sofortige Veränderung meines emotionalen Zustandes.

Ist es mir gelungen, die positive Schwingungs-Veränderung dauerhaft zu stabilisieren, wird sich mein körperlicher Zustand dementsprechende verändern.

Ich bin bereit, meine Schwingung zu verändern und auf die Änderung meines körperlichen Zustandes zu warten.

Dass ich mich emotional besser fühle, genügt mir einstweilen als Beweis.

Es ist wunderbar, eine positive Erwartungshaltung aufzubauen.

Ich fühle, wie mein Körper von meinem verbesserten emotionalen Zustand profitiert.

Ich fühle die Stabilität meines physischen Körpers.

Ich fühle die Leben spendenden Qualitäten meiner neuen, harmonischen Schwingungs-Energie.

Ich fühle, wie ich energetisch in ein gesundes Gleichgewicht komme.

Ich fühle, wie gut dieser neue Zustand meinem Körper tut.

Alles ist gut in meinem Leben – und wird immer noch besser. …

Wenn Du Dir die Zeit nimmst, Deine Emotionen bezüglich Deines Körpers zu verbessern, wird sich auch Dein körperlicher Zustand verbessern. Strebe durch positivere Emotionen und positivere Erwartungen gezielt einen positiveren Zustand an und beobachte, was geschieht. Denke daran, dass die Manifestation immer auf die Schwingung folgt und dass 99,99 Prozent jeder Schöpfung bereits vollendet sind, ehe die physische Manifestation stattfindet.

Konzentriere Dich auf Deine Emotionale Reise und strebe danach, diese zu verbessern; dann werden die Verbesserungen im Bereich Deiner Physischen Reise zwangsläufig folgen. Das ist kosmisches Gesetz! Dieses Gesetz gilt immer und ohne Ausnahme!

43. Kapitel

Anwendung der Methode
»Sich auf der Emotions-Skala
aufwärtsbewegen«

Hier ist die »Bedienungsanleitung« für diese überaus
macht- und wirkungsvollen Methode:

Wenn Du bemerkst, dass Du eine ziemlich starke negative Emotion empfindest, versuche zu identifizieren, um
welche Emotion es sich handelt. Denke so lange bewusst
darüber nach, was Dir zu schaffen macht, bis es Dir gelingt, die wahrgenommene Emotion klar zu benennen.

Im Hinblick auf die beiden Enden dieser Skala der Emotionen kannst Du Dich zum Beispiel fragen: *Fühle ich
mich mächtig, oder fühle ich mich ohnmächtig?* Auch
wenn Du vielleicht nicht präzise eine dieser beiden Emotionen empfindest, wirst Du doch benennen können, in
welche Richtung Dein augenblicklicher emotionaler Zustand tendiert. Wenn in diesem Beispiel die Antwort *ohnmächtig* lautet, kannst Du den Bereich der emotionalen
Skala näher eingrenzen und Dich fragen: *Empfinde ich
Ohnmacht oder eher Frustration?* Wenn auch dabei die
Antwort lautet: *eher Ohnmacht*, dann kannst Du den Bereich auf der Skala noch enger eingrenzen. *Fühlt es sich
wie Ohnmacht an oder eher wie Sorge?* Wenn Du diese
Methode konsequent fortsetzt, wirst Du schließlich in der
Lage sein, Dein Gefühl bezüglich der Situation, mit der
Du Dich gerade beschäftigst, genau zu benennen.

Hast Du Deinen momentanen Standort auf der *Skala
der Emotionen* einmal gefunden, besteht Deine Aufgabe
darin, Gedanken zu finden, die Dir eine gewisse Erleichterung von der momentanen Emotion verschaffen. Wenn

Du die Gedanken laut aussprichst oder sie aufschreibst, wirst Du am besten feststellen können, ob sie eine emotionale Veränderung bewirken und welche. Wenn Du solche affirmativen Aussagen mit der festen Absicht machst, Dir etwas emotionale Erleichterung zu verschaffen, reduzierst Du damit Deinen inneren Widerstand. Dann kannst Du auf der Emotions-Skala zu einer Emotion gelangen, die sich viel besser anfühlt. Denke daran, dass ein angenehmeres Gefühl reduzierten Widerstand bedeutet, und weniger Widerstand bedeutet, dass Du Dich stärker öffnest und die Verwirklichung Deiner Herzenswünsche eher *zulässt*.

Setze also die *Emotions-Skala* ein, indem Du zunächst einschätzt, welche Emotion Du gegenwärtig empfindest. Versuche dann, einige Formulierungen zu finden, die Dich in einen etwas angenehmeren, widerstandsärmeren Gefühlszustand versetzen.

Die Skala Eurer Emotionen sieht ungefähr folgendermaßen aus:

1. Freude / Wissen / Macht / Freiheit / Liebe / Wertschätzung
2. Leidenschaft
3. Begeisterung / Hingabe / Glücklichsein
4. Positive Erwartung/Glaube
5. Optimismus
6. Hoffnung
7. Zufriedenheit
8. Langeweile
9. Pessimismus
10. Frustration / Irritation / Ungeduld
11. »Kontra-Sein«
12. Enttäuschung
13. Zweifel

14. Sorge
15. Vorwürfe/Schuldzuweisungen gegen andere
16. Entmutigung
17. Ärger
18. Rachlust
19. Hass / rasender Zorn
20. Neid / Eifersucht
21. Unsicherheit / Schuldgefühle / Minderwertigkeitsgefühle
22. Furcht / Trauer / Depression / Verzweiflung / Ohnmacht

Denke daran, dass Du keinen Zugang zu Emotionen hast, die auf der Skala weit von Deiner momentanen Schwingung entfernt liegen. Daher solltest Du, auch wenn Du einen ganzen Tag lang eine durch Deinen gegenwärtigen *Ist-Zustand* verursachte ziemlich unangenehme Emotion in die Welt hinausposaunt hast, am nächsten Tag auf jeden Fall versuchen, einen anderen Emotionalen Set-Point zu erreichen, selbst wenn es sich dabei nur um eine kleine Verbesserung handelt.

Wenn Du nur eine milde negative Emotion verspürst, wird es Dir leichtfallen, die Emotions-Skala emporzusteigen. Genauso ist es auch, wenn Du erst seit kurzer Zeit negative Emotionen fühlst. Macht Dir hingegen ein sehr ernstes Problem zu schaffen oder handelt es sich um negative Emotionen, mit denen Du Dich schon seit Jahren herumschlägst, kann es volle 22 Tage in Anspruch nehmen, auf der Skala emporzusteigen. Dabei solltest du an jedem Tag eine Emotion wählen, die sich etwas besser anfühlt als die vorherige. Aber 22 Tage von der *Ohnmacht* zur *Macht* sind kein langer Zeitraum, wenn Du bedenkst, dass Menschen oft viele Jahre lang in Zuständen der Ohnmacht, Trauer, Depression oder Unsicherheit verharren. Wenn Du begriffen hast, dass Dein Ziel einfach darin besteht, eine Emotion zu erreichen, die sich besser anfühlt, kann diese Methode Dich von quälenden negativen Emotionen befreien, die Dir seit Jahren zu schaffen machen. Und während Du sanft und schrittweise den Widerstand aufgibst, den Du unwissentlich aufgebaut hast, wirst Du erleben, wie sich Deine Lebenssituation allmählich immer mehr bessert … und zwar in allen Bereichen, die Dir bislang Probleme bereitet haben.

Einmischung der Mutter: Ich wohne jetzt schon seit zehn Jahren nicht mehr bei meinen Eltern, aber meine Mutter mischt sich immer noch in alles ein und meint, mir sagen zu müssen, was ich tun und lassen soll. Deswegen habe ich mich etwas zurückgezogen und besuche sie nicht mehr so oft, worüber sie sehr gekränkt und wütend ist. Aber wenn wir uns sehen, tut sie so, als wäre ich unfähig, ein selbständiges Leben zu führen. *Ich habe Schuldgefühle. Ich bin wütend auf meine Mutter.*

Was ich auch mache, meine Mutter ist nie damit zufrieden. (Ohnmacht)

Ich will sie nicht sehen, aber dann habe ich deswegen ein schlechtes Gewissen. (Schuldgefühle)

Meine Mutter war immer schon von mir enttäuscht. (Minderwertigkeitsgefühle)

Ich kann ihr nichts recht machen. An allem, was ich tue, hat sie etwas auszusetzen. (Minderwertigkeitsgefühle)

Ich hasse es, Zeit mit ihr zu verbringen. (Hass)

Wenn ich sie besucht habe, brauche ich hinterher Tage, um mich davon zu erholen! (Hass)

Am liebsten würde ich ganz weit weg ziehen, sodass wir uns gar nicht mehr sehen können. (Rachlust)

Was sie wohl denken würde, wenn ich mich einfach aus dem Staub machte? (Rachlust)

Dann würde sie mich bestimmt vermissen und sich daran erinnern, dass ich auch ein paar gute Seiten habe. (Rachlust)

Aber vermutlich ist sie froh, wenn ich endlich verschwinde. (Ärger)

Dann muss sie sich jemand anderen suchen, auf dem sie herumhacken kann. (Ärger)

Natürlich habe ich nicht wirklich vor wegzuziehen. Aber das wäre schon eine interessante Idee. (Entmutigung)

Ich wünschte, es gäbe einen Weg, aus ihrem Einflussbereich zu entkommen. (Entmutigung)

Ist es nicht eine Schande, wie meine Mutter mich so weit treibt, dass ich sie nie wiedersehen will? (Schuldzuweisungen)

Eine Mutter sollte ihre Kinder doch inspirieren und ermutigen, statt ihnen das Leben schwer zu machen. (Vorwürfe)

Ich wünschte, sie wäre anders zu mir gewesen. (Enttäuschung)

Die Mütter meiner Freundinnen sind ganz anders. (Enttäuschung)

Im Verhältnis zwischen meiner Mutter und mir läuft so Vieles völlig falsch. (Kontra-Sein)

Ich weiß gar nicht, wie wir jemals wieder zu einer harmonischen Beziehung finden sollen. (Kontra-Sein)

Schon seit zehn Jahren gehe ich zur Psychotherapie, und es hat überhaupt nichts geholfen. (Kontra-Sein)

Sie gibt sich aber auch überhaupt keine Mühe. (Frustration)

Sie glaubt, unsere Probleme seien ganz allein meine Schuld. (Frustration)

Sie meint, sie hätte immer Recht und ich Unrecht. (Frustration)

Sie ist eben, wie sie ist, und wird sich wohl niemals ändern. (Pessimismus)

Sie versteht mich einfach nicht. (Pessimismus)

Sie versucht gar nicht erst, sich einmal in meine Lage zu versetzen. (Pessimismus)

Ich sollte einfach akzeptieren, dass sie so ist. (Zufriedenheit)

Es ist nicht meine Aufgabe, sie zu ändern. (Zufriedenheit)

Die anderen finden sie auch schwierig. (Zufriedenheit)

Vielleicht werden wir besser miteinander auskommen, wenn wir beide älter sind. (Hoffnung)

Vielleicht kann ich meine Einstellung dahingehend ver-
ändern, dass es mir nicht mehr so wichtig ist, was sie
denkt. (Hoffnung)

Vielleicht wird sie mit der Zeit meinen Standpunkt bes-
ser verstehen. (Hoffnung)

Vielleicht werde ich mit der Zeit ihren Standpunkt bes-
ser verstehen. (Hoffnung)

Vielleicht werden wir mit der Zeit besser miteinander
auskommen. (Hoffnung)

Ich möchte meine Mutter wirklich lieben. (Hoffnung)

Ich möchte, dass meine Mutter mich liebt. (Hoffnung)

Ich weiß, dass sie mich auf ihre Weise wirklich liebt.
(Hoffnung)

Ich weiß, dass sie mir nur helfen möchte. (Hoffnung)

Sie meint es gut, auch wenn sie ganz schön anstrengend
sein kann. (Optimismus)

Ich sollte mich einfach nicht ständig damit beschäfti-
gen und mich wichtigeren Dingen zuwenden. (Optimismus)

Es würde sich großartig anfühlen, wenn ich die Sache
einfach auf sich beruhen ließe. (Hingabe)

Es wäre schön, wenn mir dieses Problem nicht mehr zu
schaffen machen würde. (Hingabe)

Mein Leben ist in fast allen Bereichen wirklich wunderbar. (Begeisterung)

In den meisten Lebensbereichen mache ich meine Sache wirklich gut. (Begeisterung)

Ich habe ein wirklich gutes Leben, ich muss mir nur öfter die Zeit nehmen, mir dessen bewusst zu werden. (Begeisterung)

Ich liebe es, mich gut zu fühlen. Das entspricht meinem wahren Sein. (Glücklichsein)

Ich weiß, es ist meine Bestimmung, mich gut zu fühlen. (Macht)

Ich will mich in allen Lebensbereichen gut fühlen. (Macht)

Ich verfüge über die Fähigkeit, mich gut zu fühlen, wie auch immer meine Physische Reise gerade aussieht. (Macht)

Es ist nicht Aufgabe meiner Mutter, dafür zu sorgen, dass ich mich gut fühle. (Macht)

Ich kann nicht die Ansichten meiner Mutter verändern. (Macht)

Ich »kann« meine eigenen Ansichten verändern, auch bezüglich meiner Mutter. (Macht)

Meine Mutter hat mich in diesen wundervollen Körper und diese Lebenserfahrung hineingeboren. (Wertschätzung)

Möge sie gesegnet sein. Sie hat sich so abgemüht, damit ich ein gutes Leben habe. (Liebe)

Ich liebe mein Leben. Ich bin so froh, hier zu sein. (Wertschätzung)

Ich weiß, dass ich ein guter Mensch bin. Ich weiß, dass ich wertvoll bin. (Wissen)

Alles ist gut in meinem Leben. (Wissen)

Ich fühle mich so gut! (Freude)

Es gibt so viel, was ich gerne tun möchte. (Freude, Leidenschaft, Hingabe)

Finanzielle Sicherheit: Mein Mann und ich sind unser ganzes Leben berufstätig. Wir hatten vorgesorgt und eine hübsche Summe für den Lebensabend zurückgelegt. Unser Sohn, ein Börsenmakler, schlug vor, dieses Geld für uns zu investieren, um so die Summe, die wir später zur Verfügung haben würden, zu vervielfachen. Also vertrauten wir ihm die Verwaltung unseres Vermögens an, und jetzt ist alles weg – alles, wofür wir unser ganzes Leben gearbeitet haben. Was wird nun aus uns, wenn wir nicht mehr arbeiten können? *Ich mache mir Sorgen. Ich fühle mich entmutigt. Ich mache mir Vorwürfe. Ich bin wütend auf unseren Sohn. Ich fühle mich verunsichert. Ich habe Angst.*

Unsere Ersparnisse sind verloren, und es gibt keine Möglichkeit, dieses Geld zurückzubekommen. (Furcht)

Fast unser ganzes Leben haben wir gespart und jetzt in wenigen Tagen alles verloren. (Trauer)

Uns bleibt jetzt nicht mehr genug Zeit, um unsere Alters-versorgung neu aufzubauen. (Unsicherheit)

Es ist ungerecht, dass manche Leute immer reicher wer-den, während andere wie wir alles verlieren. (Hass)

Ich hoffe, es gibt einen richtigen Börsencrash, dann ver-lieren die anderen auch ihr Vermögen. (Rachlust)

Es ist empörend, dass wir und so viele andere um ihr Geld gebracht wurden. (Ärger)

Es müsste einen gesetzlichen Schutz gegen solche Fehl-spekulationen geben. (Entmutigung)

Wir hätten diesen Leuten nicht trauen sollen, von denen unser Sohn beraten wurde. (Schuldzuweisungen gegen andere)

Das sind Leute, die ihr Handwerk verstehen müssten. Sie hätten nicht so unvorsichtig sein dürfen. (Schuldzu-weisungen)

Sie sind nur an ihren eigenen Profiten interessiert. (Schuld-zuweisungen)

Ihre Klienten sind ihnen doch im Grunde egal. (Schuld-zuweisungen)

Ich hoffe, unser Sohn erkennt, bevor es zu spät ist, mit wem er sich da eingelassen hat. (Sorge)

Gegen solche Dinge kann man sich nicht schützen. (Zweifel)

*Wir hatten uns so auf einen finanziell gut gesicherten Le-
bensabend gefreut.* (Enttäuschung)

*Jetzt ist unsere Lage viel zu schwierig, um allein damit
fertigzuwerden.* (Kontra-Sein)

*Niemand sollte in unserem Alter noch in solche finan-
ziellen Nöte geraten können.* (Ärger)

*Der Staat kümmert sich nicht ausreichend um dieses
Problem.* (Frustration)

*Wahrscheinlich geben die meisten Betroffenen einfach
auf und finden sich damit ab, im Alter arm zu sein.* (Pessimismus)

*Uns geht es dabei noch deutlich besser als vielen ande-
ren.* (Zufriedenheit)

*Unser Haus ist abbezahlt, und wir wohnen hier wirklich
schön.* (Zufriedenheit)

*Was hindert uns, hier so lange zu wohnen, wie wir
möchten?* (Zufriedenheit)

Wir führen beide gerne ein aktives Leben. (Zufriedenheit)

*Es gibt bestimmt Möglichkeiten, die wir noch gar nicht
in Erwägung gezogen haben.* (Hoffnung)

*Vor dem finanziellen Einbruch hatten wir hohe Gewinne
erzielt.* (Optimismus)

Vielleicht tun sich ja neue Möglichkeiten für uns auf.
(Optimismus)

Zwar sehe ich im Moment keinen Weg zu neuem Wohlstand, aber vielleicht ergibt sich eine unerwartete Chance. (Optimismus)

Wir haben schon öfter Rückschläge hinnehmen müssen, aber wenn wir uns dann nicht unterkriegen ließen, lachte uns schon bald wieder das Glück. (Positive Erwartung)

Wir sind noch lange nicht am Ende. (Positive Erwartung)

Wir haben zwar unsere Ersparnisse verloren, aber nicht unsere berufliche Erfahrung. (Glaube)

Dieses Erlebnis hat uns stärker und klüger gemacht. (Positive Erwartung)

Ich bin wirklich gespannt, was die Zukunft bringt. (Begeisterung)

Bestimmt werden wir alle, auch uns selbst, mit unserem Fleiß und unserer Kreativität in Erstaunen versetzen. (Hingabe)

Diese interessante Erfahrung hat bewirkt, dass wir uns entschlossener und lebendiger fühlen als zuvor. (Hingabe)

Ich spüre, dass ich geradezu vor neuer Entschlossenheit vibriere. (Macht)

Ich freue mich auf die Zukunft. (Leidenschaft)

Ich weiß, dass alles sich gut für uns entwickeln wird. (Wissen)

Die Dinge fügen sich so, wie es am besten ist. (Wissen)

Das Leben hat es immer gut mit uns gemeint. (Wertschätzung)

Weltlage: Unsere Welt ist in einem wirklich schlimmen Zustand. Es gibt so viele Kriege, so viel Konflikt, so viel Leid. Ich verstehe nicht, warum immer noch so viele Menschen hungern, trotz allen Fortschritts. Wir müssten doch längst Lösungen für diese Probleme gefunden haben. *Ich fühle mich entmutigt. Ich fühle mich schuldig. Ich bin wütend.*

Wir hätten die technischen Möglichkeiten, alle Menschen mit Nahrung zu versorgen. Warum tun wir es nicht? (Ärger)

Ich würde ja gerne etwas spenden, aber ich glaube nicht, dass dieses Geld wirklich bei den Bedürftigen ankommt. (Entmutigung)

Die politisch Verantwortlichen sollten sich endlich ernsthaft um diese Probleme kümmern. (Schuldzuweisungen)

Es gibt so viel Leid auf der Welt. (Sorge)

Die Problematik ist schon so lange bekannt, aber es hat sich kaum etwas geändert. (Zweifel)

Wir als Zivilisation sollten längst viel weiter sein. (Enttäuschung)

Es gibt so viele Bedürftige, aber die Hilfe ist schlecht organisiert. (Kontra-Sein)

Wir sollten endlich alle an einem Strang ziehen, um Hunger und Armut zu bekämpfen. (Frustration)

Ich glaube, den meisten von uns sind diese Probleme einfach gleichgültig. (Pessimismus)

Ich habe keine Lust mehr, darüber nachzudenken. (Langeweile)

Aber es gibt Leute mit wirklich guten Ideen. (Hoffnung)

Am Anfang jeder positiven Veränderung steht jemand mit einer guten Idee. (Optimismus)

Auch unser Land war einmal viel ärmer als heute. (Optimismus)

Ich möchte, dass alle Menschen auf der Welt glücklich sind. (Hingabe)

Ich möchte reisen und möglichst viel von dieser aufregenden Welt sehen. (Begeisterung)

Ich möchte mir selbst beweisen, dass auf diesem Planeten das Wohl-Sein vorherrscht. (Hingabe)

Ich möchte selbst Wohlstand und Glück erschaffen und damit Vorbild für andere werden. (Hingabe)

Ich liebe mein Land und mein Leben. (Wertschätzung)

Es ist wunderbar, dass ich mein Leben steuern kann, indem ich meine Gedanken bewusst wähle. (Freiheit / Macht / Freude)

Es ist wunderbar, dass wir alle in der Lage sind, unser Leben nach unseren Vorstellungen selbst zu erschaffen. (Wissen)

Umweltprobleme: Ich habe Angst, dass wir dabei sind, unseren Planeten zu zerstören. Die Luft wird immer stärker verschmutzt. Das Wasser ist vergiftet. Immer mehr Tierarten sterben aus. Die Polkappen drohen abzuschmelzen. *Ich fühle mich schuldig. Ich bin wütend. Ich bin verunsichert. Ich habe Angst.*

Ich will nicht zur Zerstörung des Planeten beitragen, aber ich bin nur ein einzelner Mensch und meine Handlungen haben so geringe Auswirkungen. (Ohnmacht)

Was, wenn wir in unserer Ignoranz und Gier einen Lebensstil entwickelt haben, der den Planeten zerstört? (Furcht)

Es ist längst wissenschaftlich erwiesen, dass unsere Emissionen wirklich schädlich sind. Wie können viele Politiker da immer noch tatenlos zusehen? (Zorn)

Die Politiker sollten für ihr verantwortungsloses Handeln zur Rechenschaft gezogen werden. (Rachlust)

Obwohl sie die Fakten kennen, setzen sie ihren alten Kurs fort. Wie können sie da nachts noch ruhig schlafen? (Ärger)

Die Politiker sind doch alle gleich. (Entmutigung)

Unsere Politiker sind korrupt und die Wähler gleichgültig. (Schuldzuweisungen)

Wir befinden uns auf einem sehr gefährlichen Kurs. (Sorge)

Ich sehe keine Anzeichen, dass die Lage sich bessert. (Zweifel)

Als ich jünger war, hielt ich die Politiker für sehr kluge Leute. (Enttäuschung)

So Vieles müsste sich ändern. (Kontra-Sein)

Alle wissen, dass sich etwas ändern muss, aber niemand tut etwas. (Frustration)

Solange es den Leuten gut geht, sind sie nicht bereit, ihren Lebensstil zu ändern. (Pessimismus)

Ich mag von diesen ganzen Umweltproblemen nichts mehr hören. (Langeweile)

Ich kann mich ebenso gut auf mein eigenes Leben konzentrieren, das im Großen und Ganzen doch recht gut läuft. (Zufriedenheit)

Wahrscheinlich werden die Dinge allmählich besser, oder sie sind größtenteils gar nicht so schlimm, wie es scheint. (Hoffnung)

Dies ist ein großer Planet, und er existiert schon sehr, sehr lange. Bestimmt ist unsere Umwelt erstaunlich stabil. (Optimismus)

Unser Verhalten wird ständig durch unsere Erfahrungen geformt. Das wird auch in Zukunft so sein. (Positive Erwartung)

Ich freue mich so darauf, zu reisen und die Schönheit dieses Planeten zu entdecken! (Hingabe)

Ich erstelle eine Liste aller faszinierenden Orte, die ich gerne besuchen möchte. (Hingabe)

Zu reisen und die Welt kennen zu lernen war noch nie so einfach wie heute! (Wertschätzung)

Wenn ich will, kann ich mir gleich heute ein Ticket kaufen und an jeden Ort fliegen, den ich gerne besuchen möchte. (Freiheit)

Wir leben in einer wunderbaren Zeit! (Freude/Wissen)

Bürgerrechte: Ich habe den Eindruck, dass unsere bürgerlichen Freiheiten immer mehr eingeschränkt werden. Der Staat sollte aufhören, sich in alles einzumischen und die Bürger durch immer neue Gesetze zu gängeln. Die bürgerlichen Rechte dürfen auf keinen Fall der absoluten Sicherheit und Kontrolle geopfert werden. *Ich bin enttäuscht. Ich bin wütend. Ich fühle mich ohnmächtig.*

Wie konnte es überhaupt dazu kommen, dass solche Politiker unser Land regieren? (Ohnmacht)

Ich verstehe nicht, welchen Sinn diese miserable Politik eigentlich haben soll. (Ohnmacht)

Ich begreife nicht, warum nicht längst ein öffentlicher Aufschrei durch das Land geht. (Verzweiflung)

Es ist beängstigend, dass derartig unfähige Leute an den Schalthebeln der Macht sitzen. (Unsicherheit)

Wie können sie eine solche Politik machen und morgens noch in den Spiegel schauen? (Zorn)

Das wird ein böses Erwachen für sie werden, wenn sie eines Tages erkennen müssen, welchen Schaden sie angerichtet haben. (Rachlust)

Ich wünschte, sie müssten am eigenen Leib erfahren, welches Leid sie verursachen. (Rachlust)

Politiker, die wirklich etwas zum Besseren verändern wollen, haben in dem System gar keine Chance. (Ärger)

Niemand ist bereit, die Dinge in die Hand zu nehmen und unsere Probleme wirklich anzugehen. (Entmutigung)

Unser gesamtes politisches System ist von Korruption durchzogen. (Schuldzuweisungen)

Wenn die Politiker ihr wahres Gesicht zeigen, ist es zu spät. (Sorge)

Sie halten nicht, was sie vor der Wahl versprochen haben. (Enttäuschung)

Der Karren ist hoffnungslos in den Dreck gefahren. Wer soll da einen Ausweg finden? (Kontra-Sein)

Warum lassen wir Bürger uns das eigentlich alles gefallen? (Frustration)

Die Leute sind schlecht informiert und viel zu träge. (Pessimismus)

Trotz der schlechten Politik geht es mir eigentlich ganz gut. (Zufriedenheit)

In der Geschichte hat sich oft gezeigt, dass es immer einen Silberstreifen am Horizont gibt, wenn die Lage hoffnungslos scheint. (Hoffnung)

Es gibt viele talentierte, kreative Menschen, die in der Lage sind, die Probleme unserer Welt zu lösen. (Optimismus)

Große politische Talente reifen gerade in schwierigen Zeiten heran. (Positive Erwartung)

Die Jugend der Welt ist voller Enthusiasmus und Engagement. (Positive Erwartung)

Künftige Generationen lernen aus den Fehlern ihrer Vorfahren, sodass der Geist der Menschheit immer reiner und klarer wird. (Positive Erwartung)

Insgesamt gesehen wird das Leben hier auf der Erde immer besser und besser. (Positive Erwartung)

Milliarden Menschen auf der Welt senden ihre persönlichen Wünsche und Vorlieben aus und tragen damit zum Fortschritt der Menschheit bei. (Hingabe)

Die Ur-Kraft reagiert auf unsere individuellen und kollektiven Wünsche, und dieser Prozess ist stärker als die Unzulänglichkeiten der Politik. (Macht)

Niemand als ich selbst bestimmt über meine persönlichen Erfahrungen. (Macht)

Jeder Mensch, also auch ich, erschafft sich seine Erfahrung selbst. (Macht)

Indem ich meine Aufmerksamkeit bewusst fokussiere, kann ich mich so gut oder so schlecht fühlen, wie ich selbst es will. (Macht)

Ich selbst wähle die Schwingungen, die ich ausstrahle und die dann meine zukünftigen Erfahrungen formen. (Macht)

Das gilt auch für alle anderen Menschen. (Macht)

44. KAPITEL

Der Wert dieser Methoden

Die wichtigste Erkenntnis, die wir Dir mit den hier präsentierten Methoden vermitteln möchten, ist ein klares Verständnis, worin Deine eigentliche Arbeit als Bewusste Schöpferin oder Bewusster Schöpfer besteht: die Energie *Deines* Seins in Harmonie zu bringen.

In jedem der hier dargestellten Beispiele und in den Beispielen aus Deinem eigenen Leben bedeuten negative Emotionen immer das Gleiche: In Dir vibriert ein Wunsch, dessen Verwirklichung Du aber dadurch behinderst oder blockierst, dass in Dir auch eine entgegengesetzte Schwingung aktiv ist. Die vorgestellten Methoden helfen Dir, diese widerstreitende Schwingung zu reduzieren.

Vermutlich hast Du beim Durchlesen der Methoden bei einigen Beispielen gedacht, dass die von uns vorgeschlagenen Gedankenketten das Problem nicht wirklich lösen. *Ich kann mir wirklich nicht vorstellen, wie diese Methode den Treibhauseffekt stoppen soll ... oder meinen Nachbarn veranlassen soll, die alten Autos vor dem Haus zu beseitigen. ...*

Aber verliere niemals aus dem Blickfeld, was wirklich Deine Aufgabe ist: das Harmonisieren der Energie Deiner am häufigsten aktiven Schwingungen (Glaubenssätze) und Deiner Wünsche (Absichten). Und dass Du diese Energie-Harmonie erreichst, hat absolut nichts damit zu tun, ob Dein Nachbar seine alten Autos wegschafft oder nicht. Dein Glück hängt nicht davon ab, was die Regierung tut oder was Deine Mutter tut oder ob die Polkappen abschmelzen. Du musst lediglich lernen, bewusst die Schwingungs-Beziehung zwischen Deinen Wünschen und Deinen Glaubenssätzen zu steuern. Damit wirst Du zum Bewussten Schöpfer und bist in der Lage, Deine Ziele und Wünsche zu verwirklichen und ein glückliches, erfülltes Leben zu führen.

Unterschätze niemals die Macht und Wirksamkeit der Energie-Harmonisierung. Die großen Meister Eurer Zivilisation, die schöpferischen Genies Eurer Vergangenheit und Gegenwart, haben diese Harmonie verwirklicht, was sie zu ihren erstaunlichen Leistungen befähigte. ... Es ist ein großer Unterschied, ob jemand sagt, dass er »an seine Träume glaubt«, oder ob er sich wirklich in Schwingungs-Harmonie mit seinen Träumen befindet. Nicht Eure Worte bewirken die Manifestationen – auf die Schwingungen kommt es an.

Wenn Du diese Methoden bewusst und gezielt anwendest, mit der Absicht, Deine Schwingungen zu harmonisieren, wirst Du schöpferische Macht erlangen – Du wirst zum Bewussten Schöpfer Deiner eigenen Erfahrungen.

45. KAPITEL

Jede Schöpfung ist bereits zu 99 Prozent vollendet, ehe man physische Beweise dafür sieht

Du weißt nun, dass Du selbst – und wir versichern Dir: wirklich nur Du allein – Schöpfer Deiner eigenen Erfahrungen bist beziehungsweise diese in Dein Leben ziehst. Wir glauben, dass Du jetzt klarer als je zuvor begreifst, auf welche Weise Du Deine Realität erschaffst, denn Du weißt nun, dass Du durch die von Dir ausgestrahlten Schwingungs-Signale alle Deine Erfahrungen in Dein Leben ziehst.

Auch solltest Du jetzt über Dein *Emotionales Feedback-System* Bescheid wissen, das Dir die Schwingungs-Beziehung zwischen den Gedanken, auf die Du Dich momentan konzentrierst, und der Schwingung Deines Wunsches anzeigt. Du kannst ganz buchstäblich fühlen, wann Du Dich auf etwas Gewünschtes zubewegst oder Dich davon entfernst, und ebenso, ob Du Dich auf etwas Unerwünschtes zubewegst oder Dich davon entfernst.

Es freut uns, dass Du nun verstehst oder wenigstens zu verstehen beginnst, auf welche Weise Du Deine Fortschritte auf jeder Reise, die Du unternehmen möchtest, klar und eindeutig messen kannst – vom Ist-Zustand bis zum Ziel. Deine Reise zum Erfolg, zur Verwirklichung eines jeden Wunsches, muss ab jetzt nie wieder verwirrend oder verwickelt sein, denn es gibt eindeutige emotionale Signale, die Dich in Richtung des Gewünschten leiten.

Jeder Deiner Tage ist angefüllt mit stimulierenden, interessanten, zum Nachdenken anregenden Augenblicken, die Dich veranlassen, ob Du Dir dessen bewusst bist oder nicht, Schwingungs-Signale auszusenden. Diese Signale werden in Deine Zukunft projiziert und sind für alles verantwortlich, was Dir geschieht.

Jeder Umstand, jedes Erlebnis und jede Interaktion mit einem anderen Menschen – Dein gesamtes Leben – beruhen auf dem, was Du gedacht, erinnert, beobachtet und imaginiert hast. … Du denkst, ganz buchstäblich, Dein Leben ins Dasein.

Wir freuen uns, dass Du Dir darüber im Klaren bist, wie wichtig es ist, Dir Deiner Emotionen bewusst zu werden. Sie zeigen Dir an, ob Du dabei bist, Dir eine angenehme, erfreuliche Zukunft zu erschaffen oder eine unangenehme. Und da jede Schöpfung bereits zu 99 Prozent vollendet ist, ehe man physische Beweise dafür sieht, ist es für Dich enorm wichtig zu verstehen, was Deine Emotionen Dir über die Richtung Deines momentanen Denkens verraten.

Mit Hilfe Deines *Emotionalen Feedback-Systems* kannst Du Deine Gedanken in erfreuliche Bahnen lenken, *bevor* das Gedachte sich manifestiert. Wartest Du hingegen ab, bis eine Manifestation schon Gestalt angenommen hat, ist es sehr viel schwieriger, Dein Denken umzulenken und auf Deine Wünsche zu fokussieren.

Wenn Du akzeptierst, dass Du, von Augenblick zu Augenblick, ständig damit beschäftigt bist, Manifestationen zu erschaffen, die sich in Deinem Leben verwirklichen werden, und wenn Du dann »bewusst« Dein Denken auf Dinge ausrichtest, die sich gut anfühlen – wird Deine Zukunft reich an erfreulichen Manifestationen sein.

Dieses Buch soll Dir helfen, Dir der noch unsichtbaren Dinge bewusst zu werden, die Du gegenwärtig zu erschaffen im Begriff bist. Wir glauben nicht, dass Du Dir bewusst unangenehme Phänomene wie Krebs, einen Autounfall, einen Geschäftskonkurs oder eine Scheidung erschaffen würdest. Aber weil Du so oft über solche Dinge nachdenkst, ohne Dir bewusst zu sein, was Du da eigentlich tust, bist Du überrascht, wenn etwas Unerwünschtes sich manifestiert. Manchmal kommt es Dir dann so vor, als träfe Dich dieses Missgeschick ganz unvermittelt, gleichsam aus heiterem Himmel. Aber es ist nicht aus dem Nichts gekommen und nicht unvermittelt, sondern folgerichtig, nachdem Du wieder und wieder die dazu passenden Gedanken ausgestrahlt hast.

Nach der Lektüre dieses Buches wirst Du nicht mehr überrascht sein, wenn sich in Deinem Leben Dinge, gute oder schlechte, manifestieren. Du kennst jetzt den Schwingungs-Zusammenhang zwischen Deinem *Jetzt* und Deinen *zukünftigen Schöpfungen*. Du wirst auf Deine Emotionen achten und deshalb wissen, ob Du Dich auf Deine Wünsche und Ziele zu oder von ihnen wegbewegst.

Jenes Ende der *Skala der Emotionen*, wo Du Leidenschaft, Freude, Wertschätzung und Liebe empfindest, fühlt sich so angenehm an, weil Du dort Deine persönliche Macht und Freiheit spürst. Das andere Ende der Skala, also Depression und Furcht, ist so unangenehm, weil Du Ohnmacht und Unfreiheit empfindest. Aber künftigst solltest Du nie wieder Ohnmacht empfinden, denn dazu weißt Du nun zu viel.

Du weißt nun, dass es nichts gibt, was Dich von der frohen Fülle aller guten Dinge, die Du Dir wünschst, abschneiden kann – es sei denn, Du strahlst entgegengesetzte Schwingungen aus, die das Gewünschte von Dir wegstoßen.

Du weißt nun, dass Deine Emotionen Dir helfen, Deinen Kurs zu bestimmen, und zwar in allen Lebensbereichen. Wenn Du einen Kurs steuerst, der immer angenehmere Emotionen in Dir weckt, gehst Du einer wundervollen Zukunft reich an bezaubernden Schöpfungen entgegen.

Wenn sich künftig bei Dir Frustration, Ungeduld oder Wut bemerkbar machen, kannst Du innehalten und Dich fragen: *Was projiziere ich hier gerade in mein zukünftiges Schwingungs-Guthaben? Soll ich es dulden, dass meine Gedanken mit mir durchgehen, so dass das Gesetz der Anziehung mir aufgrund dieses unkontrollierten, ungesteuerten Denkens unangenehme Erfahrungen bringt? Oder soll ich nicht lieber meine Gedanken gezielt in eine andere Richtung steuern, damit eine unerfreuliche Manifestation vermieden wird und sich stattdessen positive Dinge ereignen?*

Zwar kannst Du jederzeit das Steuer herumreißen, sogar noch nach einer Manifestation, aber wir empfehlen Dir dringend, dies bereits zu tun, wenn die Schwingung noch nicht physisch Gestalt angenommen hat – dann ist es viel einfacher. Noch wichtiger ist uns aber, Dir klarzumachen, dass es ganz einfach Millionen von real erfahrbaren Augenblicken in Deinem Leben gibt, während deren Du Dich gut fühlen kannst – und zwar *jetzt gleich*! *Hier und jetzt* warten die guten Gefühle auf Dich!

Die Manifestation wird kommen, kein Zweifel. Sie mag gut oder schlecht sein, erwünscht oder unerwünscht. Sie wird kommen, früher oder später. Aber Dein Leben findet *jetzt* statt, Deine Emotionen spürst Du *jetzt*. Wähle Gedanken, die bewirken, dass Du Dich *jetzt* besser fühlst – dann werden die Manifestationen sich dementsprechend entfalten, ohne dass Du Dich um sie kümmern musst.

Es ist sehr schön, aus unserer Nicht-Physischen Perspektive zu beobachten, wie sich Eure Leben entfalten. … Könntest Du Deine Zukunft sehen, wie wir sie sehen, würdest Du erkennen, wie jetzt, in diesem Augenblick, gewünschte und unerwünschte Dinge sozusagen unmittelbar vor Deiner Haustür Gestalt annehmen. Und heute, morgen und übermorgen wirst Du neue Gedanken, neue zielgerichtete Schwingungen zu dem hinzufügen, was bereits da ist. Und das wird dann die Grundlage Deiner künftigen Manifestationen sein. Benutze also immer wieder Dein *Emotionales Feedback-System*, um Dir bewusst zu werden, welche Manifestationen Du derzeit heranbildest.

Du bist in diese Raum-Zeit-Realität gekommen, an die Speerspitze der Evolution, weil Du es liebst, schöpferisch zu sein. Es gibt im ganzen Universum für Dich nichts Befriedigenderes, als Energie zu formen und mit der Macht Deines Geistes neue Welten zu erschaffen.

Du bist nicht hierher gekommen, um eine gefährdete Welt zu reparieren, denn Deine Welt ist niemals in Gefahr.

Du bist nicht hierher gekommen, um anderen Menschen ihre Irrtümer aufzuzeigen und ihnen einen besseren Weg zu weisen.

Du bist nicht hierher gekommen, um Dir Anerkennung und Wertschätzung zu verdienen.

Du bist in diese wunderbar kontrastreiche Welt gekommen, um das ungeheuer aufregende Gefühl zu genießen, immer neue persönliche Vorlieben zu entwickeln. Du wusstest, dass Du in der Lage sein würdest, die Schwingungs-Beziehung zwischen Deinem neuen Wunsch und Deiner momentanen Sichtweise zu erfühlen. Und Du freutest Dich darauf, die Energie dieser beiden Schwingungs-Frequenzen zu harmonisieren und ins Gleichgewicht zu bringen.

Du bist hierher gekommen, weil es Dir Freude macht, immer neue Wünsche hervorzubringen, und Du es aufregend findest, Energien auszubalancieren und zu harmonisieren.

Und, ja, Du hast Dich auch auf die Manifestation Deiner Schöpfungen gefreut, aber Dein Hauptinteresse gilt seit jeher jenen 99 Prozent der Schöpfung, die stattfinden, *bevor* die eigentliche Manifestation erfolgt. *Die Freude der Manifestation, ganz gleich, was Du gerade erschaffen hast, währt nur kurz und wird dann zur Platt-form, von wo aus Du Deine nächste Wunschrakete zün-dest und Deine nächste Schöpfung in Angriff nimmst. Aber in Deinem Leben, ob Du es nun aus der physischen oder aus der Nicht-Physischen Perspektive betrachtest, geht es in erster Linie um die 99 Prozent der Schöpfung, die vor der eigentlichen Manifestation stattfinden.*

Heute, ganz egal, was ich tue, wo ich es tue und mit wem ... ist nichts wichtiger, als dass ich mich gut fühle.

Heute werde ich Ausschau nach dem halten, was ich gerne sehen möchte.

Ich erschaffe meine eigene Realität.

Hier und jetzt wähle ich bewusst den sich am besten an-fühlenden Gedanken, der für mich erreichbar ist.

Gedanke für Gedanke, Gefühl für Gefühl werde ich die Schwingungen meines Geistes immer besser in Harmo-nie bringen.

Ich werde dem wahren Schwingungskern meines Seins nachspüren, und ich werde mit jedem Gedanken nach Harmonie streben, denn so bringe ich alle Energien mei-nes Lebens in Einklang.

46. KAPITEL

Bewusste Schöpfung – Absicht und Erfolg

Wir haben dieses Buch als Antwort auf Deine Fragen geschrieben.

Du möchtet gerne verstehen, wer Du wirklich bist und wie Du in das größere Bild hineinpasst. Du möchtest wissen, welchen Sinn Dein Leben hat, warum Du Dich in diesem Körper und in dieser Zeit befindest und wie Du Erfüllung finden kannst.

Wir möchten Dich daran erinnern, dass Du ein Ewiger Schöpfer bist, der in diese Raum-Zeit-Realität an die vorderste Front der Evolution gekommen ist, um die freudige Expansion Deines Universums zu erfahren. Wir möchten, dass Du Dich selbst wertschätzt und Dein Leben liebst.

Wir spüren die erstaunliche Kraft, die hinter Deinem Wunsch steht, die *Bewusste Schöpfung* Deiner Realität zu erlernen. Tatsächlich hast Du selbst uns herbeigerufen, damit wir Dich daran erinnern, wer Du bist und was Du in Wahrheit alles weißt.

Es gibt für Dich nichts Wichtigeres oder Befriedigenderes, als bewusst nach Harmonie mit Deiner Ur-Kraft zu streben. Die Energie der Ur-Kraft nicht nur zu erkennen, sondern sich bewusst auf sie einzustimmen, ist die gesegnetste, schönste Erfahrung, die Du machen kannst. Das ist die wahre Bedeutung der *Energie-Harmonisierung* und die wichtigste Erfahrung in Deinem Leben.

Wenn Du Dich in Schwingungs-Harmonie mit Deiner Ur-Kraft befindest, empfängt alles, worauf Du Deine

Aufmerksamkeit fokussierst, jenen Energiestrom, der Welten erschafft. Die Macht dieser energetischen Harmonisierung lässt sich mit Worten nicht angemessen beschreiben, aber Du kannst sie spüren. Du spürst sie in Form von Freude, Liebe, Fülle und Leidenschaft.

Wenn Du schon längere Zeit unsere Schriften studierst, aber auch schon, wenn Du nur dieses eine kleine Buch liest, weißt Du, dass wir Euch viele Spiele, Methoden und Techniken vorstellen. Es ist nicht nötig, dass Du sie alle ausprobierst, denn alle dienen dem gleichen Zweck und jede von ihnen ist wirkungsvoll. *Jede Methode, die Du anwendest, wird Deine Schwingung anheben und Dich in größeren Einklang mit Deinem wahren Sein bringen. Jede Methode wird Dir Erleichterung verschaffen, und das zeigt Dir an, wie sich Dein innerer Widerstand immer mehr reduziert. Jede Methode wird Dir helfen, den Weg von Deinem momentanen Zustand zu Deinen Wunschzielen zu verkürzen.*

Wenn Du die Methoden anwendest, sollte das auf keinen Fall in harte Arbeit ausarten. Wähle eine Methode aus, die Dir gerade besonders interessant erscheint, und verwende sie so lange, wie es sich gut anfühlt. Dann nimm einer andere, und wieder eine andere. ... Eines solltest Du Dir immer wieder ins Gedächtnis rufen: Je besser Du Dich fühlst, desto besser bist Du in Harmonie mit Deiner Ur-Kraft und mit Deinen Wünschen. Und dass Du Dich gut fühlst ist das Wichtigste überhaupt!

Es ist unser Wunsch, dass dieses Buch Dich von der einzigen Sache befreit, die Dich binden oder Dir das Gefühl geben könnte, unfrei zu sein: von Deinem *Glauben* an Deine eigene Machtlosigkeit. Du bist nur machtlos, wenn Du nicht in Harmonie mit Deiner Macht bist, und nur Du selbst besitzt den Schlüssel zu dieser Harmonie. Niemand kann ihn Dir nehmen. Er gehört Dir ganz allein.

Also besteht Deine Arbeit, Deine einzige Arbeit (aber es ist eine unaufhörliche Arbeit, denn sie wird niemals enden), darin, ständig auf die Schwingungs-Beziehung zwischen Deinem momentanen Fokus und dem momentanen Fokus Deines Inneren Seins zu achten.

Dein Inneres Sein ist sich Deiner Hoffnungen und Träume stets bewusst und auf sie fokussiert. Wenn *Du* diesen Fokus verlierst, spürst Du inneren Widerstand. Dein Inneres Sein ist sich Deines Wertes bewusst; wenn *Du* einen anderen Fokus wählst, spürst Du inneren Widerstand. Dein Inneres Sein erwartet Deinen Erfolg; wenn *Du* nicht erwartest, erfolgreich zu sein, spürst Du inneren Widerstand. Dein Inneres Sein freut sich am ständigen Fortschreiten von Evolution und Expansion; wenn *Du* ungeduldig bist, spürst Du inneren Widerstand. Dein Inneres Sein weiß, dass Du unsterblich bist; wenn *Du* das Gefühl hast, über nicht genug Zeit zu verfügen, spürst Du inneren Widerstand. Dein Inneres Sein weiß, dass Deine schöpferischen Fähigkeiten grenzenlos sind; wenn *Du* an Deiner Gabe der Bewussten Schöpfung zweifelst, spürst Du inneren Widerstand. Dein Inneres Sein schätzt und achtet die anderen Menschen auf dem Planeten; wenn *Du* Deine Mitmenschen in einem schlechten Licht siehst und ihnen ihre Fehler vorhältst, spürst Du inneren Widerstand. Dein Inneres Sein weiß, dass jeder Mensch freien Zugang zu dieser schöpferischen Macht hat – wenn *Du* glaubst, Verantwortung dafür übernehmen zu müssen, wie andere Menschen ihr Leben gestalten, spürst Du inneren Widerstand.

Wähle also aus den Techniken, die wir Dir vorgestellt haben, jene aus, die Dir am besten gefallen, und denke daran, dass es nicht nur einen einzigen richtigen Weg gibt, diese innere Harmonie zu erlangen. Sei spielerisch, experimentiere so viel wie möglich und urteile nicht über Deine Resultate. Treffe lediglich eine bewusste Entscheidung, dass Du Dich jeder Angelegenheit, was immer es sein mag, auf eine Weise nähern wirst, die sich für Dich gut anfühlt. Wenn Du diese Entscheidung triffst, wird Dein Leben sich sofort zum Besseren wenden, in Richtung auf mehr Gedeihen und Erfüllung.

In Reaktion auf die vielen Fragen unserer physischen Freunde haben wir dieses Buch geschrieben, um die folgenden, überaus wichtigen Tatsachen zu verdeutlichen:

- Zuerst und vor allem: Du bist ein Schwingungs-Wesen in einem Schwingungs-Universum.

- Die Schwingungen dieses Universums werden durch das *Gesetz der Anziehung* perfekt gesteuert.

- Du sendest unaufhörlich Schwingungen aus, ob Du willst oder nicht.

- Durch das *Gesetz der Anziehung* neigst Du dazu, Gewohnheiten zu bilden und ständig bestimmte Schwingungsmuster auszustrahlen.

- Das von Dir beobachtete Verhalten anderer Menschen hat Einfluss auf Deine Schwingungen.

- Deine eigenen Lebenserfahrungen haben Einfluss auf Deine Schwingungen.

- Die meisten Menschen strahlen Schwingungen in erster Linie als Reaktion auf das aus, was sie beobachten.

- Deine Schwingungen bestimmen darüber, was Du in Dein Leben ziehst.

- Was Du denkst, die Schwingungen, die Du ausstrahlst, und Deine Lebenserfahrungen passen stets zueinander.

- Egal, welche Worte Du benutzt – »Ich konzentriere mich; ich denke; ich erinnere mich; ich überlege; ich beobachte; ich stelle mir vor; ich träume« – stets sendest Du Schwingungen aus, auf die das *Gesetz der Anziehung* reagiert.

- Je mehr Aufmerksamkeit Du einem Gedanken widmest, desto dominanter wird er in Deinem Schwingungsmuster.

- Welche Erfahrungen Du im Leben machst, hängt ausschließlich von Deinen Gedanken ab.

- Du bist die Schöpferin oder der Schöpfer Deiner Realität.

- Wenn Du einer Sache Aufmerksamkeit widmest, aktivierst Du in Dir die entsprechende Schwingung.

- Je mehr Aufmerksamkeit Du einem Gedanken widmest, desto aktiver schwingt er in Dir, bis er mit der Zeit zu einer dominanten Schwingung wird, die einen starken Einfluss darauf hat, was Du in Dein Leben ziehst.

- Diese dominanten Schwingungen bilden die Basis Deiner Lebenserfahrungen und Deiner Glaubensüberzeugungen.

- Eine Überzeugung, ein Glaubenssatz, ist lediglich ein Gedanke, den Du immer wieder denkst.

- Durch viele Erfahrungen, viel Beobachtung und viel konzentriertes Denken ziehst Du die physische Manifestation Deiner dominanten Schwingungen in Dein Leben.

- Jede Schöpfung ist bereits zu 99 Prozent vollendet, bevor die physische Manifestation erfolgt.

- In jedem Augenblick besteht Deine Zukunft aus den potenziellen Manifestationen Deines bisherigen Denkens.

- Einige dieser Manifestationen werden angenehmer Natur sein, andere unangenehm.

- Es ist viel leichter, eine Schwingung positiv zu verändern, *bevor* sie sich manifestiert hat.

- Du hast viele Wünsche in unterschiedlichen Stadien der Entfaltung, und Dein *Emotionales Feedback-System* hilft Dir, Dich kontinuierlich in Richtung Deiner Wünsche zu bewegen.

- Du musst einen Weg finden, jene Schwingungen zu deaktivieren, die andernfalls bewirken würden, dass sich unerwünschte Dinge in Deinem Leben manifestieren.

- Unerwünschte Schwingungen deaktivierst Du, indem Du erwünschte Schwingungen aktivierst.

- Du kannst nicht gleichzeitig etwas Erwünschtes und etwas Unerwünschtes aktivieren. Hier gibt es nur ein Entweder-Oder – und Deine Emotionen verraten Dir unmissverständlich, was Du gerade aktiviert hast.

- Du musst Dir Deiner Emotionen bewusst werden; nur dann kannst Du einen Weg einschlagen, der ausschließlich zu positiven Resultaten führt.

- Du bist Reine, Positive Ursprungsenergie, fokussiert in einem physischen Körper und mit der Absicht, von den Gegensätzen und Kontrasten dieser Welt zu profitieren, weil sie Dir helfen, Deine Vorlieben und Wünsche zu definieren.

- Wenn Du stets nach dem sich am besten anfühlenden Gedanken suchst, der Dir momentan zugänglich ist, sorgst Du für eine immer bessere Harmonie zwischen Deinen gegenwärtigen Gedanken und den Gedanken Deiner Ur-Kraft.

- Sei Dir also heute während des Tages bewusst, dass Du Deine Realität selbst erschaffst. Fühle die Emotionen, die in Dein Bewusstsein aufsteigen und erkenne, wie wertvoll sie für Dich sind.

- Ganz gleich, ob eine Emotion angenehm oder unangenehm, schwach oder stark ist, begrüße jede von ihnen mit einem Lächeln und sei stolz, dass Du die Emotion und den Wert, den sie für Dich hat, bewusst erkannt hast. Mache Dir immer wieder bewusst, dass Deine Emotionen Dir anzeigen, wie es um Deine Harmonie mit Deiner Ur-Kraft und Deinen Wünschen bestellt ist.

- Zu jeder Zeit und unter allen Umständen bist Du in der Lage, Gedanken zu wählen, die Deine Emotionen verbessern, wodurch sich dann auch die Schwingungs-Beziehung zwischen Dir und Deinem Inneren Sein verbessert.

- Sieh Dich selbst als Energie.

- Sieh Deine Ur-Kraft als Energie.

- Sei Dir stets der Schwingungs-Beziehung zwischen diesen Energien bewusst.

- Das Harmonisieren der Energien Deines Seins ist nicht etwas, das Du erwirbst wie einen Schulabschluss, der auf ewig Dein ist, wenn Du ihn einmal erlangt hast. Diese Harmonie existiert immer nur von einem Augenblick zum nächsten. Den Grad Deiner Harmonie oder Disharmonie, Deines Gleichgewichts oder Ungleichgewichts, Deiner Verbundenheit oder Getrenntheit, Deines Offen-Seins oder Deines Widerstandes kannst Du jederzeit deutlich fühlen.

- Du bist Ursprungsenergie, hier in diesem physischen Körper, und es ist für Dich vorgesehen, dass Du ein gutes Lebens haben sollst.

- Du bist wertvoll. Du bist gesegnet. Du bist Schöpferin oder Schöpfer. Und Du befindest Dich hier an vorderster Front des evolutionären Denkens, um die Freude zu erfahren, die Dein Ritt auf der Welle der Expansion mit sich bringt, jener Expansion, welche die Verheißung dieses ewigen Lebens ist.

- Es gibt nichts zu beenden oder zu vollenden. Niemals!

- Und weil es nichts zu beenden oder zu vollenden gibt, kannst Du auch nichts falsch machen.

Wir möchten Dir sagen, wie hoch wir den Wert Deines Lebens einschätzen. Es ist unser Wunsch, dass Du Frieden mit Dir selbst schließt, wie auch immer Deine momentane Lebenssituation aussehen mag. Von dort, wo Du derzeit stehst, kannst Du jeden Weg einschlagen, den Du Dir wünschst. Wenn Du Deine derzeitige Situation verdammst, Dich deswegen mit Selbstvorwürfen und Schuldgefühlen quälst, wird Deine Zukunft sich nicht sehr von Deiner Gegenwart unterscheiden. Wenn Du aber Dein Unbehagen reduzierst und Deine Gefühle wenigstens ein klein wenig verbesserst, wird Deine Schwingung sich zu verändern beginnen. Das *Gesetz der Anziehung* wird dieser neuen Richtung Schub und Schwung verleihen, sodass Du in sehr kurzer Zeit Deinem Leben eine neue, positive Richtung geben und Dir Deine Wünsche erfüllen kannst.

Versuche aber nicht, etwas zu erzwingen, und sei nicht zu streng mit Dir. Geh die Dinge spielerisch an. Sage Dir jeden Tag: *Nichts ist wichtiger als dass ich mich gut fühle. Je besser ich mich fühle, desto mehr lasse ich es zu, dass alle guten Dinge des Lebens zu mir kommen können.*

Wir lieben Dich sehr.

Und damit ist dieses Buch beendet.

ABRAHAM LIVE

Fragen und Antworten

Tonbandprotokoll des
Art of Allowing-Workshops in Tampa, Florida,
am Samstag, dem 8. Januar 2005.

(Zur besseren Verständlichkeit leicht bearbeitet.)

Abraham: Guten Morgen. Wir freuen uns außerordentlich, dass ihr hier seid. Es ist eine gute Sache, sich zu treffen, um sich gemeinsam als Mitschöpfer zu betätigen, nicht wahr? Wisst ihr genau, was ihr euch zur Zeit wünscht? Oder genießt ihr die ständige Evolution eurer Wünsche und Absichten? Bestimmt vibriert ihr regelrecht vor lauter unerfüllten Wünschen! »Oh, ja, ganz besonders wünsche ich mir das, und das, und das ...«

Wir freuen uns so, mit euch gemeinsam zu erschaffen ... wir fühlen die Schwingungen eurer Wünsche. Wir können sehen, wie sie sich im Äther eurer zukünftigen Erfahrungen entfalten. Wir können euch fast sagen hören: *Ich bin ein ewiges Wesen*, was bedeutet: *Ich werde niemals fertig sein, niemals vollendet*, was bedeutet: *Die Kontraste des Lebens werden immer neue Vorlieben in mir erzeugen*, was bedeutet: *Die Ursprungsenergie wird ohne Ende die Wünsche erfüllen, die in mir geboren werden*, was bedeutet: *Es wird immer etwas geben, das ich als Wunsch definiert habe und das noch nicht manifestiert ist – und so muss es sein. Wenn ich ein ewiges Wesen bin – und das bin ich* (sagt ihr, oder wir sagen es euch), *dann müssen immer wieder neue, noch nicht erfüllte Wünsche in mir entstehen.*

Und wir möchten, dass ihr euch mit dieser Idee anfreundet. Wenn ihr die Idee akzeptiert, dass ihr immer Wünsche haben werdet, von denen ihr noch nicht wisst, *wie* sie sich verwirklichen werden, *wann* und *wo*, und *wer* euch dabei helfen wird – wenn ihr Gefallen an dieser nie endenden, sich immer weiter entfaltenden Lebenserfahrung findet, dann werdet ihr so leben, wie ihr es einst beabsichtigt habt, als ihr hierher kamt: sich fröhlich ausdehnend und entfaltend, niemals fertig oder vollendet.

Manchmal sprecht ihr von *Vollkommenheit*, und das klingt dann (oder eure Schwingung, wenn ihr dies sagt, fühlt sich für uns so an), als wären eines Tages alle Wünsche auf eurer Liste erfüllt und abgehakt, und von da an wäre euer Leben *perfekt*. »Wenn erst einmal alles so ist, wie ich es gerne haben möchte, wird mein Leben *perfekt* sein.« Und darauf sagen wir: Dann wäret ihr tot. Und damit meinen wir nicht den Tod, wie ihr ihn versteht. Wir meinen, dass ihr dann am Ende wäret, das genaue Gegenteil des Ewigen Wesens, das ihr in Wahrheit seid.

Begreift, dass ihr Ewig seid und dass ihr entspannt durchatmen könnt, weil es einfach so sein muss, dass immer wieder neue Wünsche in euch entstehen, ausgelöst durch eure Erfahrungen. Dann könnt ihr diesen Umstand genießen und euch daran erfreuen, dass es kein Ende gibt und dass euer Dasein sich immer weiter entfaltet. Wenn ihr eine solche Haltung einnehmt, könnt ihr ganz entspannt und freudig vorne auf der Welle der Evolution mitreiten.

Wenn wir von der Harmonisierung eurer Energien sprechen, davon, dass ihr in Einklang mit euch selbst kommen sollt, wenn wir davon sprechen, dass ihr in Schwingungs-Harmonie mit eurem wahren Sein kommen sollt, wenn wir davon sprechen, dass eure Wünsche und eure Glaubenssätze zueinander passen müssen – dann reden wir eigentlich davon, dass ihr eure Emotionen benutzen sollt, um eure Schwingungen harmonisch abzustimmen. Und wenn ihr das tut, sind eure Energiebahnen weit geöffnet.

Wenn eure Energiebahnen (also eure Kanäle für die Ur-Kraft) weit geöffnet sind, *werdet ihr gedeihen*. Dann ist euer Bewusstsein wach und klar, ihr steht sicher auf beiden Beinen, fühlt euch gut und macht nur wunderbare Erfahrungen. Ihr seid dann das Wesen, das ihr wart, *bevor* ihr in diesen Körper kamt, nur seid ihr noch viel mehr als dieses Wesen, denn jetzt seid ihr das Wesen, das in diesen Körper *gekommen ist*. Jetzt tummelt ihr euch an der Vorderfront der Evolution, bestens auf die Ursprungsenergie eingestimmt, aus der ihr kommt und die nun gemeinsam mit euch expandiert. (Ist das nicht toll?)

Wir möchten euch helfen zu erkennen – genauer und früher –, wann ihr euch in Schwingungs-Harmonie zu euren Wünschen befindet. Wir werden euch zeigen, wie ihr mit wenig Anstrengung (viel weniger als ihr aufwenden müsst, um den Umgang mit einem Computerprogramm zu lernen) ein Bewusstsein für eure momentane Schwingung entwickeln könnt. Was ihr dann damit anfangt, ist ganz allein eure Sache.

Diese *Kunst der Wunscherfüllung* nennen wir auch die *Kunst des Sich-Öffnens*. Wir lieben diese Worte! Darum geht es in diesem Workshop – sich öffnen für die Verbundenheit mit der Ur-Kraft. Es geht nicht um die Kunst, alle Arten von grässlichen Dingen zu ertragen und zu tolerieren. Es geht um: *die Kunst, Harmonie zu finden und somit in Freude zu leben, ganz gleich, was um mich herum geschieht. Das heißt: Schwingungs-Harmonie mit meinem eigenen Sein zu erreichen, indem ich nach positiven Aspekten und nach Schönem, das ich wertschätzen kann, Ausschau halte, und mich ganz einfach gut zu fühlen. Auf diese Weise komme ich in eine dauerhafte Harmonie mit dem, was ich wirklich bin.* Und obwohl weiterhin Kontraste Teil meiner Lebenserfahrung bleiben werden und ich vielleicht sogar weiterhin Probleme (also eigentlich: Wünsche) in meine Zukunft projiziere, weiß ich dann, dass die Lösung für jedes neue Problem niemals lange auf sich warten lassen wird.

Dabei, eure Probleme oder Fragen in eure Zukunft zu projizieren, könnt ihr ein solches Geschick entwickeln, dass die Antworten unmittelbar auf dem Fuß folgen oder sich sogar gleichzeitig mit dem Problem manifestieren und euch das Problem gar nicht zu Bewusstsein kommt. Das ist Schöpfung in ihrer besten Form, wo der Kontrast die neue, bessere Erfahrung hervorbringt und diese Erfahrung sich so schnell manifestiert, dass ihr gar nicht dazu kommt, sie zu vermissen und euch schlecht zu fühlen.

Ihr lebt dann mit Fragen, und sobald ihr eine Frage identifiziert, oder eine Erfahrung, die ihr gerne machen möchtet – sind die Umstände und Ereignisse bereits so arrangiert, dass die Antwort oder die Wunscherfüllung unmittelbar nach eurer Frage oder Bitte eintrifft, oder sogar im selben Moment.

Das ist eine ewige Kunst. Ihr werdet damit niemals fertig werden oder zu einem endgültigen Ziel gelangen. Aus lauter Freude daran werdet ihr ein Leben nach dem anderen leben, nicht weil es bestimmte Stufen oder Leitern gibt, die ihr erklimmen müsst, nicht weil Prüfungen zu bestehen sind, nicht weil es eine Hierarchie gibt, in der ihr aufsteigen wollt, und auch nicht weil ihr eine bestimmte Stufe der Vollkommenheit anstrebt, um dann nie mehr zurückzukehren. Ihr seid Schöpfer, die es lieben, zu erschaffen! Und wir sind hier, um euch zu versichern, dass es nirgendwo und zu keiner Zeit einen Ort gab oder gibt, der wunderbarer wäre als diese Raum-Zeit-Realität, in der ihr fokussiert seid. Die Kontraste sind so deutlich. Die Vielfalt ist so erstaunlich. Eure Möglichkeiten, euch zu fokussieren, waren nie besser. Und wenn ihr euch jetzt erinnert, wer ihr seid, und zu eurer Harmonie zurückfindet, könnt ihr die Freuden des

Lebens, das ihr euch erschafft, in jeder Hinsicht auskosten und genießen!

Sehr gerne sprechen wir mit euch über alles, was wichtig für euch ist. Da gibt es keine Tabus. Dabei werdet ihr sehen, wie wunderbar sich alles entfaltet, da die Frage, die als Basis für eure eigene Frage dient, dieser ganz natürlich vorausgegangen sein wird. Alles, was ihr wissen möchtet, ist uns bekannt. Aber keine Angst: Wir werden euch nichts offenbaren, von dem ihr nicht wünscht, dass es offenbart wird. Wir respektieren eure Privatsphäre.

Es ist wichtig, dass ihr die Einzelheiten eurer Erlebnisse bis zu einem gewissen Grad beschreibt, damit die anderen Workshop-Teilnehmer einen Eindruck von eurer momentanen Schwingung und der Schwingung eurer Wünsche erhalten. Aber wir werden darauf achten, dass wir uns nicht zu sehr in den Details verlieren. Denn unser Wunsch ist es, euch bei der Harmonisierung und Ausbalancierung eurer Energien zu helfen, und zwar im Hinblick auf alle Themen, die euch wichtig sind. Wir möchten, dass ihr eure Schwingungen in Einklang mit euren Wünschen und Absichten bringt. Wir möchten, dass ihr erkennt, wie durch jede Erfahrung, die ihr bisher im Leben gemacht habt – die guten und jene, die ihr »nicht so gut« findet –, Wünsche in eure Zukunft ausgesandt wurden, die dort als Guthaben für euch bereitliegen.

Sie warten dort – *ganz allein für euch.* Niemand kann sie euch wegnehmen. Und wenn ihr euch in Schwingungs-Harmonie zu den Wünschen bringt, die ihr (oft in vielen kleinen Einzelaspekten) dem Universum mitgeteilt habt, hat das Universum schon längst alle diese vielen Einzelaspekte eurer diversen Wünsche zu einer perfekten Entfaltung arrangiert. *In eurer Zukunft warten Dinge auf euch, von denen ihr euch noch gar keine Vorstellung macht, weil das Universum sie für euch als eine geniale Kombination aller Wünsche erschafft, die ihr bereits losgeschickt habt.*

Jemand hat einmal gesagt, und das ist wirklich ein wunderbarer Satz: »Gib acht, was du dir wünschst, es könnte in Erfüllung gehen.« Und wir sagen: *Das, womit du dich gedanklich häufig beschäftigst, bestimmt darüber, welche Schwingungen du ausstrahlst. Es kommt nur darauf an, in dir Schwingungs-Harmonie herzustellen.*

Gut. Es gibt ein paar Dinge, über die ihr mit uns sprechen wollt? Ja? Ein paar Dinge.

Ein Geistlicher entdeckt in Abrahams Lehren die Botschaft Jesu

Gast: Ich möchte euch, Jerry und Esther, für alles danken, was ihr leistet, denn es ist beeindruckendes Material, vor allem eure beiden neuen Bücher (*Wünschen und bekommen* und *Wunscherfüllung*). Ich bin Geistlicher [in einer örtlichen Kirchengemeinde], und wir verwenden eure Texte schon seit einiger Zeit. Ich habe eine Frage, was den *Glauben* und die *Glaubenssätze* betrifft. Ich habe bei euch gelesen und kann das aus meiner eigenen Erfahrung bestätigen, dass Glaubenssätze nichts Anderes sind als verfestigte alte Gedanken, die du immer wieder denkst, bis sie ganz automatisch in dir ablaufen.

Abraham: Gedanken, die du immer wieder denkst. Ein Gedanke, den du so oft aktiviert hast, dass er zu einem dominanten aktiven Gedanken geworden ist. Ja.

Gast: Auch scheint es mir, dass man diese Glaubenssätze nicht verändern kann. Man kann nur einen neuen Glaubenssatz erschaffen und den alten dadurch ablösen. Mit anderen Worten, wenn ich es beispielsweise bislang gewohnt war, häufig mit Wut zu reagieren, und nun anfange, mit Freude zu reagieren, kann es immer noch geschehen, dass ich in das alte Muster zurückfalle, denn die alte Wut ist immer noch da. Ab und zu ertappe ich mich bei einem Rückfall in den alten Glaubenssatz und muss dann ganz bewusst wieder zu dem neuen zurückkehren.

Abraham: Also, das funktioniert so: Jeder Gedanke, den du jemals gedacht hast, existiert noch immer. Aber nicht jeder dieser Gedanken ist gegenwärtig in dir aktiviert. Es ist, als wärest du von Sendern umgeben, die Signale aller Art ausstrahlen. Radio-Signale, Fernseh-Signale, Handy-Signale, alle Arten von Signalen strahlen hier durch diesen Seminarraum. Aber du weißt nicht notwendigerweise, dass diese Signale vorhanden sind, solange du kein Empfangsgerät einschaltest, das eines dieser Signale auffängt. Deine eigene Schwingungsfrequenz aktiviert den Empfänger, wodurch du dann mit dem Signal in Berührung kommst, das du aktiviert hast.

Du hast etwas sehr Gutes gesagt, das wir noch etwas näher ausführen wollen. Du sagtest, man könne einen Gedanken oder Glaubenssatz nicht verändern, sondern sich nur einen anderen suchen. Das ist zutreffend. Wir möchten noch hinzufügen, dass das *Gesetz der Anziehung* es dir erleichtert, einen Gedanken, den du ziemlich regelmäßig aktivierst, zur festen Gewohnheit werden zu lassen. Wenn du aber klug genug bist, zu erkennen, dass dieser Gedanke sich nicht besonders gut anfühlt, solltest du stattdessen einen Gedanken wählen, der sich *ein bisschen besser* anfühlt. Wählst du einen Gedanken, der sich *sehr viel besser* anfühlt, wird das *Gesetz der Anziehung* dir nicht helfen, diesen zu finden, weil die Signalfrequenzen zu weit auseinander liegen. Wenn du aber bewusst einen Gedanken aktivierst, der sich ein bisschen besser anfühlt, wird der neu aktivierte Gedanke zu deinem Schwingungs-Set-Point oder Glaubenssatz. Dadurch wird der bisherige, etwas negativere Gedanke geschwächt. Nach einiger Zeit wirst du ihn dann vermutlich gar nicht mehr aktivieren. Indem du also immer Gedanken wählst, die sich ein bisschen besser anfühlen, deaktivierst du sozusagen die anderen, unerwünschten Gedanken.

Um Missverständnissen vorzubeugen: Natürlich kann man Gedanken nicht wirklich deaktivieren, wie du ja sehr richtig bemerkt hast. Du kannst einen Gedanken nicht deaktivieren, sondern nur einen anderen Gedanken aktivieren. Und je öfter du diesen anderen Gedanken aktivierst, desto leichter werden er und andere, ihm verwandte Gedanken für dich zugänglich.

Nehmen wir also an, du hast an dieser neuen Denkgewohnheit gearbeitet. Du fühlst dich insgesamt besser und besser. Dann geschieht plötzlich etwas, was schon lange nicht mehr geschehen ist. Vielleicht siehst du etwas im Fernsehen, wodurch sich dein Fokus verändert und du einen Gedanken aktivierst, den du schon lange nicht mehr aktiviert hattest. Dann solltest du nicht in Panik geraten. Mache dir einfach klar, dass etwas geschehen ist, wodurch ein Gedanke aktiviert wurde. Wenn du dann einen Gedanken suchst, der sich etwas besser als dieser anfühlt, kannst du deine Schwingung schnell wieder anheben.

So baust du dir Brücken zu immer harmonischeren, angenehmeren Glaubenssätzen. Du findest einen Gedanken, der sich etwas besser anfühlt, findest einen Gedanken, der sich wiederum etwas besser anfühlt, und immer so weiter … Nehmen wir an, es gibt hundert Themen, die du oft aktivierst und die negative Gefühle in dir auslösen. Nun wählst du jedes Mal, wenn du dich mit einem dieser Themen beschäftigst, einen Gedanken, der sich etwas besser anfühlt. Schließlich hast du dann 50 Themen, die sich ziemlich gut anfühlen, und 50, die sich nicht so gut anfühlen. Geduldig fährst du damit fort, nach Gedanken Ausschau zu halten, die sich besser anfühlen. Dann sind es schnell nur noch 49, 48, 47 negative Themen. Und nach einiger Zeit hast du 90 Themen, bei denen du dich ziemlich gut fühlst, und nur noch ein paar Themen fühlen sich unangenehm an, vielleicht die Steuerpolitik, die Tatsache, dass die Regierung Kriege führt und Leute bombardiert, oder Tsunamis … große Dinge also, die mit deinem persönlichen Alltag wenig zu tun haben. Aber sie machen dir zu schaffen, wenn du dich gedanklich mit ihnen beschäftigst. Und nun triffst du nach und nach Entscheidungen, anders über diese Themen zu denken als bisher. Dann gelangst du, ehe du dich versiehst, plötzlich in Harmonie, denn du hast die *Emotionale Reise* gemacht, was einfach ist. Im Gegensatz dazu kann es in vielen Fällen schwierig oder gar unmöglich sein, bei der *Physischen Reise* Veränderungen herbeizuführen – etwa die Regierung zu einer Änderung ihrer Politik zu bewegen oder eine Tsunami zu stoppen.

Also fragst du: »Kann ich mir ein solches Wohlgefühl antrainieren, dass ich mich nie wieder schlecht fühlen werde, ganz egal, was geschieht?« Darauf sagen wir: Wen kümmert es? Du verfügst über die Fähigkeit, dich in *jeder* Situation gut zu fühlen. Mit anderen Worten, wenn du hundert Themen gedanklich gereinigt hast, gibt es vielleicht noch hundert weitere Themen, die weniger ernst sind und die du ebenfalls reinigen möchtest. Und danach gibt es noch einmal hundert Themen, die sogar noch weniger ernst sind, und die reinigst du auch. Dann befindest du dich auf deiner Emotions-Skala schon bei *Hoffnung* … und *Optimismus*. Und dann möchtest du es vielleicht schaffen, bei allen Lebensthemen *Wertschätzung*, *Freude* und *Ekstase* zu empfinden.

Diese Reise wird niemals enden. Du wirst niemals

einen Ort erreichen, wo du dich von den kontrastreichen Erfahrungen isolieren möchtest, die dich veranlassen, dein Bewusstsein zu fokussieren. Wonach du wirklich strebst (ah, und vielen Dank, dass du uns darauf gebracht hast, dies anzusprechen), ist schöpferische Kontrolle über deinen Bewusstseins-Fokus. Wir wollen, dass dein Wohl-Sein nicht davon abhängt, was die Regierung tut oder unterlässt. Wir wollen, dass du dich darauf trainierst, dich jederzeit gut zu fühlen, ganz egal, was auf der *Physischen Reise* gerade geschieht. Dein Wohl-Sein soll nicht davon abhängen, ob andere Leute nett zu dir sind und deine Gefühle nicht verletzen; wir wollen, dass deine Gefühle unverletzbar sind. *Wir wollen, dass du deine Gefühle jederzeit bewusst verändern kannst – einfach weil du es willst und dich dementsprechend fokussierst – und dass du dich deshalb nicht länger vor dem fürchten musst, was draußen in der Welt geschieht.*

Du fürchtest dich nicht vor dem Sterben; du liebst das Leben. Du machst dir keine Gedanken darüber, dass andere Leute Dinge tun, die dir missfallen. Du hast die schöpferische Kontrolle über deine Schwingungen und daher hast du auch die schöpferische Kontrolle über alles, was mit dir geschieht.

Gast: Es ist also einfach ein Prozess.

Abraham: Es ist ein nie endender, freudiger Prozess. Deswegen solltest du dich nicht mit Selbstvorwürfen quälen, wenn du dich in einer dieser unteren Schwingungen wie *Furcht*, *Ärger* oder *Zorn* befindest. Sage dir: »Ah, mein wunderbares *Feedback-System* zeigt mir an, dass ich gerade etwas von meinem alten Kram aktiviert habe. Und es spielt keine Rolle. Meine Mutter ist nicht schuld daran. Die Regierung ist nicht schuld daran. Es ist einfach ein Teil meines bisherigen Lebensprozesses. *Ent-*

scheidend ist: Mir gefällt nicht, wie ich mich jetzt gerade fühle. Also muss ich mich entweder neu orientieren oder mit der momentanen Situation Frieden schließen. Aber auf jeden Fall muss ich meine Emotionen verändern.« Und du verfügst über die schöpferische Macht, dieses zu tun.

Wenn du dir selbst beweist, dass du die Macht hast, deine Emotionen zu verändern, dann, und nur dann, bist du wirklich frei. Niemand sonst kann dir Freiheit schenken – Freiheit wurde dir von Anfang an mitgegeben. Anders ausgedrückt, Freiheit ist die Grundlage dieses Universums. Du bist so frei, dass du dich sogar für Unfreiheit entscheiden kannst. Du *bist* frei. Aber es gibt nur einen Weg, diese Freiheit zu erfahren: Du musst begreifen, dass du die Fähigkeit besitzt, dich jederzeit gut zu fühlen.

Und wenn du diesen Zustand erreicht hast, bei dem du völlig ohne Furcht bist, hast du deine Freiheit verwirklicht. Dann kannst du gehen, wohin du willst. Dann kannst du ein wunderbares Leben haben, ganz gleich, was geschieht. Ja.

Gast: Vielen Dank. Es gibt eine Gruppe von Gelehrten, die sich das »Jesus-Seminar« nennt. Sie haben aus den Quellentexten jene Worte herausgefiltert, von denen sie glauben, dass sie wirklich von Jesus selbst stammen. Dieser Text umfasst nur wenige Seiten. Als ich ihn gelesen habe, wurde mir klar, dass Jesus so ziemlich das Gleiche gesagt hat wie ihr, Abraham.

Abraham: Dieselbe Energie.

Gast: Absolut.

Abraham: Jerry hat einen Freund, der Spanisch spricht und nur sehr wenig Englisch versteht. Jerry wollte ihm mitteilen, wie gern er ihn hat und wie sehr er seine Freundschaft schätzt. Also schrieb Jerry ihm einen Brief auf Englisch und bat einen anderen Freund, der gut Spanisch spricht, diesen Brief für ihn zu übersetzen. Jerry gab den übersetzten Brief seinem Freund, der sich sehr darüber freute. Jerry trug eine Kopie der Übersetzung noch längere Zeit mit sich herum. Ein paar Wochen später traf er jemanden, der als Übersetzer für Englisch und Spanisch arbeitet. Von ihm ließ Jerry sich die Kopie der spanischen Übersetzung wieder ins Englische rückübersetzen. Als er die Übersetzung las, hatte sie kaum noch Ähnlichkeit mit seinem ursprünglichen Brief.

Jerry sagte: »Und hier handelt es sich nur um einen Brief, der von zwei Personen übersetzt wurde.« Kannst du dir das vorstellen? Die beiden Übersetzer haben jeweils in bester Absicht versucht, den Inhalt zutreffend wiederzugeben. Sie hatten keinerlei Motive, Dinge in ihrem Sinne zurechtzubiegen oder umzudeuten. Da verwundert es nicht, dass diese Gelehrten nur so wenige Textstellen finden konnten, die unverfälschte Worte Jesu zu sein scheinen. Die meisten Texte sind enorm verzerrt oder umgeschrieben worden, weil die unterschiedlichen Leute, die einst die Niederschriften oder Übersetzungen anfertigten, jeweils ihre eigenen Absichten verfolgten.

Und darum denken wir, dass ihr euch auch nicht ausschließlich auf Esthers Übersetzung unserer Botschaften verlassen solltet. Wir glauben, ihr solltet euch eure eigene Übersetzung beschaffen.

Eine Katzenliebhaberin hat Probleme mit toten Tieren im Kühlschrank

Gast: Hallo, Abraham. Danke, dass du solche Geduld mit uns hast.

Abraham: Wenn man weiß, das alles gut ist, fällt es leicht, geduldig zu sein.

Gast: Reisen die Seelen von Menschen und Tieren gemeinsam von Leben zu Leben?

Abraham: Ja.

Gast: Wie kann ich die Seelen im Nicht-Physischen Bereich kontaktieren, insbesondere meine Katzen?

Abraham: Du möchtest dich mit ihnen im Nicht-Physischen treffen? Du hast gesagt, »von Leben zu Leben«, womit du vermutlich physische Leben meinst. Möchtest du deine Katzen also im Nicht-Physischen treffen oder in einem zukünftigen physischen Leben?

Gast: Beides.

Abraham: Das Schöne daran ist, dass du es nicht aus deiner physischen Perspektive heraus orchestrieren musst. Und das ist gut so, denn das wäre ein ziemliches Unterfangen, das die meisten von euch für unmöglich halten. Nun, um ein Ziel zu erreichen, braucht es immer nur zwei Dinge: Du musst einen Wunsch ausstrahlen und dann die Erfüllung dieses Wunsches zulassen. Wenn ihr als Kinder in die physische Welt kommt, begegnet ihr oft vertrauten kleinen tierischen Spielgefährten aus anderen Leben. Erst als Erwachsene zweifelt ihr daran, dass so etwas möglich ist.

Hast du nicht auch schon Tiere gekannt, die dich an andere Tiere erinnert haben? Viele Menschen tun sich schwer damit, das zu akzeptieren, was wir dir jetzt sagen, dass nämlich manches Haustier, mit dem du dich nah und liebevoll verbunden fühlst, tatsächlich Teil desselben Energiestroms ist, aus dem auch du hervorgehst. Die Menschen hören das nicht gern, weil sie so gerne am obersten Ende der Nahrungskette oder des »karmischen Rades« stehen und diese Position nicht mit den Tieren teilen wollen. Mit anderen Worten: »Natürlich liebe ich meine Haustiere, aber ich möchte nicht auf dem gleichen Nicht-Physischen Schwingungs-Level stehen wie sie.«

Wir aber versichern euch: Energie ist Energie. Ihr seid mit anderen *Absichten* in diese physische Lebenserfahrung gekommen als eure Tiere, aber es handelt sich dennoch um denselben Nicht-Physischen Energiestrom. Und die Essenz des Tieres unterscheidet sich gar nicht so sehr von der Essenz des Menschen. Das alles ist Reine, Positive Energie.

Der einzige erwähnenswerte Unterschied zwischen Mensch und Tier besteht darin, dass die Tiere ausnahmslos besser auf die Ur-Kraft eingestimmt sind. Sie stehen in besserem Kontakt zu ihrem wahren Sein. Das liegt zum Teil daran, dass sie sich nicht hinter einer Sprache verstecken. Zum Teil liegt es auch daran, dass sie weniger lange leben und deshalb weniger Gelegenheit haben, Widerstand zu entwickeln. Mit anderen Worten, wenn ihr lest, dass Schmetterlinge oder Zugvögel riesige Entfernungen zurücklegen, und ihr euch fragt, wie sie sich dabei orientieren, antworten wir: Es ist ihre Größere Perspektive. Sie verfügen über eine Größere Perspektive.

Hast du jemals einen Vogelschwarm beobachtet und dich gefragt, warum sie nicht ständig in der Luft zusammenstoßen? Sie stimmen sich auf die Größere Perspektive ein, und so kennen sie die Position jedes anderen Vogels im Schwarm. Und jeder Vogel erfüllt seine Rolle, weil sie instinktiv (so kann man es nennen), intuitiv (so kann man es auch nennen), *schwingungsmäßig* wissen, wie sie harmonisch in den großen Zusammenhang hineinpassen. Und ihr seid dabei, das ebenfalls herauszufinden.

Kennst du nicht auch das Gefühl, beim Autofahren Teil des Verkehrsstroms zu sein, so dass du klar spürst, was als Nächstes geschehen wird, und schon vom Gas gehst, ehe die Bremslichter des Autos vor dir aufleuchten? Oder du wechselst den Fahrstreifen, noch ehe es dafür einen sichtbaren Grund gibt. … Dann machst du genau das, was auch die Tiere tun. Du handelst dann aus einer Größeren Perspektive.

Gast: Okay. Das führt mich zur nächsten Frage. Es fällt mir schwer, Familienmitglieder und Freunde zu tolerieren, die Tiere essen (weil ich weiß, welches Leid den Tieren dadurch zugefügt wird). Besonders schwer fällt es mir, mit jemandem unter einem Dach zu wohnen, der gerne tote Tiere im Kühlschrank aufbewahrt und sie brät und aufisst. Könnt ihr mir bei diesem Problem weiterhelfen?

Abraham: Nicht wirklich.

Gast: Es ist ein Problem, das mir wirklich sehr zu schaffen macht.

Abraham: Den Schmerz, den du deswegen empfindest, hast du selbst verursacht, weil du so viel Aufheben um diese Sache machst. Du schilderst das Problem in den düstersten Farben. Wir können dir dazu nur Folgendes sagen: Du kannst nicht beides zugleich haben. Du kannst nicht vehement gegen den Fleischverzehr eingestellt sein und gleichzeitig Tierleichen im Kühlschrank haben. Mit anderen Worten, eines von beiden wird weichen müssen

– und wir empfehlen dir, den Dingen ihren natürlichen Lauf zu lassen.

Mit anderen Worten, es wäre denkbar, dass ein Herrscher so mächtig wird und eine so große Bombe baut, dass er alle anderen Menschen davon überzeugen könnte, kein Fleisch mehr zu essen. Aber niemals könntest du die anderen Tiere davon überzeugen, keine Tiere mehr zu essen. Die Großen werden immer die Kleinen fressen. Mit anderen Worten, der große Fisch wird immer den kleinen Fisch essen. Wenn du diesen Rhythmus akzeptierst, wenn du verstehst, dass die Tiere dies wissen, wenn sie in dieses Leben kommen, wirst du nicht mehr so viel Aufheben darum machen.

Und die Tiere sind so hellsichtig und einsichtsvoll, dass sie nicht ständig wiederkommen würden, um dieses Spiel mit euch zu spielen, wenn sie das nicht wollten. Gehe dieses Thema also ruhig etwas lockerer an. Du musst selbst kein Fleisch essen – aber stemme dich nicht gegen etwas, das in eurer Kultur so verbreitet ist, dass du den ganzen Tag lang Abscheu empfinden müsstest, wenn du es so vehement ablehnst.

Ein Freund sprach unlängst davon, dass er keine Bomben auf andere Menschen abwerfen will. Und gestern sagte Esther zu Jerry, dass, wenn er sich noch einmal über einen Autoaufkleber ärgert, er künftig im Schlafzimmer des Wohnmobils reisen muss, mit heruntergelassenen Jalousien. Denn ständig sieht er Autoaufkleber, mit denen er nicht einverstanden ist, und dann regt er sich darüber auf. Und Esther möchte ihm Scheuklappen aufsetzen, damit er sich nicht aufregt.

Die Welt ist voller Leute, die andere Ansichten haben als du. Und du wirst irgendwann akzeptieren müssen, dass du nicht der einzige Mensch mit einer Meinung bist. Alle Leute haben Meinungen und kleben sich Aufkleber ans Auto, und alle leben und fühlen sich so, wie sie wollen.

Deine Aufgabe ist es, dich in dieser Welt gut zu fühlen; es ist nicht die Aufgabe der anderen Leute, sich Sticker aufs Auto zu kleben, die dir gefallen.

Wie man einen Partner beruhigen kann, der eine beängstigende ärztliche Diagnose erhalten hat

Gast: Was kann ich tun, um meinem Mann zu helfen? Ihm wurde gerade eine sehr ernste medizinische Diagnose mitgeteilt, und jetzt hat er große Angst.

Abraham: Nun, wie geht es *dir*? Hast du auch Angst?

Gast: Also, ich versuche, nicht daran zu denken, aber die Sache bereitet mir Magenschmerzen.

Abraham: Und *wenn* du darüber nachdenkst, hast du dann Angst?

Gast: Ja.

Abraham: Dann bist du nicht in einer guten Position, um ihm zu helfen, weil du genauso verängstigt bist wie er. Wenn ihr dann darüber redet, seid ihr beide in dieser Zone der Angst gefangen. Zuerst solltest du dich darin üben, Hoffnung zu empfinden, bist du dir sicher bist, dass du mehr Hoffnung verspürst als Angst. Dann kannst du eine große Hilfe für ihn sein.

Gast: Ich verstehe.

Abraham: Beschreibe uns, was dich ängstigt. Würdest du das so formulieren: »Mein Mann hat eine erschreckende Diagnose erhalten ...«

Gast: Ja.

Abraham: »... und ich habe Angst.« Könntest du nicht auch sagen: »Mein Mann hat eine erschreckende Diagnose erhalten, und ich habe diesbezüglich keine negativen Gefühle«? Glaubst du, dass es falsch wäre, dich angesichts von etwas gut zu fühlen, das allen anderen Leuten Angst macht? Das ist eine sehr wichtige Frage: Hast du das Recht, dich im Angesicht unerfreulicher äußerer Umstände gut zu fühlen? Nun, das ist der erste große Schritt. Und wenn du glaubst, dieses Recht zu haben, lautet die nächste Frage (ganz unabhängig von deinem Mann und seiner Diagnose): Möchtest du dich lieber gut oder schlecht fühlen?

Hältst du es für möglich, deine Aufmerksamkeit auf etwas zu richten, bei dem du dich bisher normalerweise schlecht fühltest, und dich stattdessen gut zu fühlen?«

Gast: Nein, das halte ich nicht für möglich.

Abraham: Nun, aber es *ist* möglich. Und genau darin liegt deine Aufgabe. Zwar könntest du das Thema wechseln und dich auf andere Dinge konzentrieren, bei denen du dich gut fühlst, aber das würde deine Gefühle gegenüber dieses Sache nicht verändern, die dich ängstigt. Deine Aufgabe lautet also: »Ich muss mich auf etwas fokussieren, das mir, jetzt im Moment, Angst macht, und muss mich zugleich dazu überreden, nicht mehr so viel Angst zu haben.« Das ist die Arbeit, die vor dir liegt. Das ist die *Emotionale Reise*. »Ich muss lernen, weniger Angst zu haben.«

Gast: Und wie gelingt mir das?

Abraham: Du musst es dir stark genug wünschen, damit du nicht aufgibst und es immer wieder versuchst. Versuchen wir es gleich hier. Du hast diese Angst also noch?«

Gast: Ja.

Abraham: Nun, dann wollen wir schauen, ob wir dich zu einem anderen Gefühl überreden können. Dass es dir gelungen ist, weißt du, wenn du Erleichterung verspürst.

Glaub uns, es wird dir gefallen, und es ist wirklich von großer Wichtigkeit: Deine Arbeit hier mit uns besteht darin, eine *Emotionale Reise* zu unternehmen, was bedeutet, dass deine Arbeit darin besteht, Deine Schwingung zu verändern, was bedeutet, dass deine Arbeit darin besteht, dich besser zu fühlen, was bedeutet, dass deine Arbeit darin besteht, Erleichterung zu finden. Das ist hier und jetzt deine Aufgabe. Deine Aufgabe besteht *nicht* darin, eine Heilmethode für deinen Mann zu finden oder eine solche Heilung möglich zu machen. Deine Aufgabe ist viel, viel einfacher: *Du musst dich von der Angst hin zu mehr Wohl-Sein bewegen.*

Probiere das jetzt gleich einmal aus: Versuche, dich von der Diagnose, von der Prognose zu lösen, und auch von dem, was dein Mann momentan empfindet – versuche dich so weit von alledem zu lösen, dass du dich auf die Thematik konzentrieren und dich dabei gut fühlen kannst, gleich hier und jetzt.

Gast: Nun ja, er hatte diese Diagnose, aber tief drinnen glaube ich nicht, dass sie wirklich richtig ist. Er scheint mir nicht wirklich krank zu sein. Es kommt mir so vor, als sei es eines dieser Märchen der modernen Medizin. Wisst ihr, man geht zum Arzt und der hält einen für krank. Aber ich finde, dass mein Mann nicht wirklich krank aussieht. Ich habe einfach nicht das Gefühl, dass er krank ist.

Abraham: Nun, damit hast du Recht. Dieses Gefühl scheint uns das stabilere zu sein. Mit anderen Worten, die Angst, die durch die Diagnose und die Reaktion deines Mannes auf sie ausgelöst wurde, war nur eine Art Echo auf deinem Radarschirm. Doch was du jetzt zu uns sagst, scheint uns dein wahrerer Set-Point zu sein, nicht wahr? Wir können fühlen, dass du das fühlst.

Wenn wir also fragen: »Hast Du Angst?«, lautet deine Antwort: »Nun, ich kann mir selbst Angst einjagen, wenn ich mich in angstvoller Weise auf die Angelegenheit konzentriere und auf die Argumentation des Arztes höre. Aber es ist mehr Arbeit, Angst zu empfinden, als meinen wahren Gefühlen zu folgen.« Würdest du sagen, dass das so zutrifft?

Gast: Das stimmt.

Abraham: Dann bist du in einer sehr guten Position, um deinem Mann zu helfen. Kannst du dir vorstellen, ihm das mitzuteilen? Denkst du, dass er dir darin folgen und dieses stabile, sichere Gefühl übernehmen wird? Oder glaubt er an die ihm durch die Diagnose auferlegten Grenzen?«

Gast: Er glaubt an diese Grenzen und ist davon nur schwer abzubringen.

Abraham: Also glaubt er dem Arzt mehr als dir.

Gast: Ja, immer.

Abraham: Dann machst du dir jetzt Sorgen darüber, was er mit seiner Schwingung anstellt, denn du weißt, dass dies seine physische Erfahrung beeinflussen wird.

Gast: Genau.

Abraham: Dann führt die *Emotionale Reise*, die du unternehmen musst, also nicht von der Angst zur Sicherheit, denn du empfindest bereits Sicherheit. Deine *Emotionale Reise* führt von der Besorgnis darüber, welche Realität dein Mann für sich erschafft, dahin, dass du dir keine Sorgen mehr darüber machst, welche Realität er für sich erschafft. Macht das Sinn?

Gast: Ja

Abraham: Mit anderen Worten, du musst eine *Emotionale Reise* unternehmen, die dich dahin führt, Sicherheit zu empfinden, dass dein Mann in der Lage ist, sein Leben zu meistern und zu persönlichem Wohl-Sein zu gelangen. Glaubst du, dass er das kann? Wie sieht dein diesbezüglicher *Emotionaler Set-Point* aus?

Gast: Nicht wirklich. Ich meine, ich glaube nicht wirklich, dass er das kann.

Abraham: Du möchtest es aber. Du möchtest gerne darauf hoffen, aber ... dein Glaube befindet sich in einer Position des Unglaubens. Anders ausgedrückt, du glaubst nicht, dass er es kann, aber du musst glauben, dass er es kann, um dich gut fühlen zu können, stimmt das?

Gast: Ja, ja.

Abraham: Dann wollen wir jetzt mit dir diese Reise unternehmen. Versuche, in dieser kurzen Zeit hier, in dieser fokussierten Energie, dich innerlich zu diesem Punkt hinzubewegen. Bewege dich, statt zu glauben, dass er seine Schwingung *nicht* reinigen kann, zu einer Position des

Glaubens oder der Hoffnung, *dass* er seine Schwingung reinigen kann. Unternimm diese Anstrengung. Verliere dabei nicht aus den Augen, was du da tust: Du strebst nach Erleichterung für *dich*. Du versuchst nicht, ihn zu verändern und sein Leben für ihn in Ordnung zu bringen, damit es ihm besser geht. Du unternimmst eine *Emotionale Reise*, um *dich* besser zu fühlen.

Im Moment fühlst du dich *nicht* optimistisch, was seine Fähigkeit angeht, die Sache in den Griff zu bekommen. Du möchtest aber optimistisch sein. Versuche also, dich selbst davon zu überzeugen, dass du Grund zum Optimismus hast. Hat er in seinem Leben schon öfter versagt?

Gast: Oh, nein.

Abraham: Also hat er durchaus Erfolge zu verbuchen. Welche zum Beispiel?

Gast: Oh, er ist ein erfolgreicher Geschäftsmann …

Abraham: Du meinst damit, dass er sich Ziele setzen und diese verwirklichen kann?

Gast: Ja, das kann er.

Abraham: Und seine Umwelt reagiert in positiver Weise auf ihn?

Gast: Sehr positiv.

Abraham: Du hältst ihn also nicht für einen Menschen, der unfähig ist, Entscheidungen zu treffen und zu bekommen, was er will?

Gast: Keineswegs. Aber in dieser Angelegenheit ist er ein wenig demoralisiert, weil ein Experte ihm eine schlechte Information gegeben hat.

Abraham: Genau. Hast du denn schon einmal erlebt, dass etwas nicht so war, wie er es haben wollte, und dass er dann seine Willenskraft einsetzte, um die Sache seinen Wünschen entsprechend umzuformen, auch wenn der äußere Anschein zunächst dagegen sprach? Hast du je erlebt, dass er das getan hat?

Gast: Ja. Es kommt vor, dass ich mir ein neues Produkt aus seiner Firma ansehe und sage: »Das wird nicht gut funktionieren.« Und er sagt: »Nein, es ist ausgezeichnet. Hör nicht auf deine Zweifel. Es ist ausgezeichnet.«

Abraham: Also versteht er, wie man so etwas macht. Er begreift die Idee, dass der Geist stärker ist als die Materie. Er weiß, wie er seine Willenskraft einsetzen kann, um die gewünschten Resultate zu erzielen. Du hast also schon beobachtet, wie er auf diese Weise Erfolge erzielte, nicht wahr?

Gast: Ja, aber nicht im gesundheitlichen Bereich.

Abraham: Jetzt hast du dein Ziel aus den Augen verloren. Wir waren schon fast dort angekommen, aber jetzt bist du in deinen früheren Zustand zurückgefallen und hast etwas gefunden, das bewirkt, dass du dich schlechter fühlst. Verstehst du, worum es geht?

Gast: Ja, ich verstehe.

Abraham: Das ist deine Aufgabe. Geh nicht zurück zu dem, was schlechte Gefühle in dir weckt. Finde Gedanken, die bewirken, dass du dich besser fühlst. Übe dich darin, diesen neuen Fokus aufrechtzuerhalten, bis du mit Zuversicht sagen kannst: »Mein Mann ist ein Erfolgsmensch. Natürlich hat diese Diagnose ihn ein bisschen aus dem Gleichgewicht gebracht. Das ginge jedem so. Aber ich habe schon gesehen, wie er nach kurzfristigen Rückschlägen schnell wieder Tritt fasste und zu neuem seelischem Gleichgewicht fand.« Stimmt das? Gibt es Situationen, wo er Ruhe bewahrt und optimistisch seine Ziele verfolgt? Zum Beispiel?

Gast: Oh, er spielt sehr gerne Golf. Er schaut aus dem Fenster und sagt: »Na ja, es sieht nach Regen aus, aber ich fahre trotzdem auf den Golfplatz. Es wird schon klappen. Bestimmt klart es auf, und ich kann doch noch spielen.«

Abraham: Das ist seine wahre Natur, nicht wahr? Bekommst du nicht langsam das Gefühl, dass es dumm ist, an ihm zu zweifeln? Mit anderen Worten, er wird mit dieser Sache fertigwerden, wenn er innerlich etwas zur Ruhe gekommen ist. Mit anderen Worten, seine Kräfte und seine Ressourcen werden zurückkehren, und er wird sein inneres Gleichgewicht wiederfinden, wie er es immer getan hat. Und er wird die Situation erfolgreich meistern. Und dabei wirst du ihm mit deinem Optimismus eine große Hilfe sein – schließlich bist du wegen der Diagnose ja gar nicht ernsthaft besorgt – und ihn sanft zu einer positiven Erwartungshaltung hinführen. Jetzt fühlst du dich besser, nicht wahr?

Gast: Ja, das stimmt.

Abraham: Die erste *Emotionale Reise*, zu der wir dich überreden wollten, hast du gar nicht gebraucht, denn du warst bereits dort. Und auf der zweiten *Emotionalen*

Reise hast du dein Ziel sehr schnell erreicht. Wenn sich also erneut Zweifel einschleichen, was durchaus möglich ist, verdränge sie einfach mit Hilfe von Gedanken, die sich besser anfühlen, so lange, bis deine Zuversicht zurückkehrt. Du wirst einen enorm positiven Einfluss auf deinen Mann haben, wenn du stets *erwartest*, dass er sein Leben meistert. Bisher ist ihm das schließlich sehr erfolgreich gelungen. Und es gibt keinen Grund, dass er wegen dieser dummen Sache damit aufhört, die wirklich mehr mit dem Denken des Arztes zu tun hat als mit dem, was dein Mann denkt. Ja.

Gast: Danke.

Ein kleines Genie will nicht auf seine Vorschul-Lehrerin hören

Gast: Meine Fragen betreffen meinen fünfjährigen Sohn. Er hört nicht auf mich.

Abraham: Gut.

Gast: Er hört auch nicht auf andere Frauen. Bei Männern ist es etwas besser. Eine der Lehrerinnen hat mich gefragt: »Können Sie ihn dazu bringen, dass er auf mich hört?« Da musste ich ihr sagen, dass er ja noch nicht einmal auf mich hört. Und …

Abraham: Und auf wen hört er?

Gast: Er macht einfach, was er sich in den Kopf gesetzt hat. Zu mir hat er gesagt: »Weißt du, ich lebe mein Leben auf meine Weise, und mache du deine Sachen auf deine Weise.«

Abraham (scherzend): Dann hat er offenbar auf *uns* gehört!

Gast: Ja. Und dann sagt er: »Du hast mir gesagt, dass Abraham gesagt hat …« Er sagte: »Ich möchte Spaß haben.« Also hat die Lehrerin ihn gefragt: »Hörst du nicht auf mich, weil du mich nicht verstehst, Joseph, oder weil du es nicht willst?« Er antwortete: »Weil ich nicht will.« Da hat sie mich wieder zu sich gerufen. Sie sagte, dass er ein Loch in sein Schulheft gemacht hat. Er wollte das tun, also hat er es gemacht. Und ich habe zu ihm gesagt: »Joseph, du darfst so etwas nicht tun. Du kannst deine eigenen Schwingungen leben, ganz wie du willst, wenn du später groß bist und dein eigenes Haus hast, aber solange du bei mir lebst, musst du dich an meine Schwingungen anpassen.« So geht das hin und her. Er ist einfach nicht bereit, zu tun, was man ihm sagt. Und dann mischt sich meine Mutter ein und sagt: »Du musst ihm eben mal tüchtig den Hintern versohlen. Das hat mir nicht geschadet, und dir hat es auch nicht geschadet.«

Abraham: Also, die Sache ist die: Wenn Joseph diesen Weg beibehält und immer tut, was er gerne tun will, und wir ihn dann in 15 oder 20 Jahren besuchen, wird er vermutlich in allen Lebensbereichen enorm erfolgreich sein. Dann wird er einer der frohesten Menschen sein, die uns je begegnet sind. Und wenn wir ihn dann fragen: »Joseph, was ist dein Geheimnis?«, wird er antworten: »Tief in mir gab es einen inneren Antrieb, der lauter war als alles, was mir von außen gesagt wurde. Auf den habe ich immer gehört. Oh, meine Mutter hat versucht, mich davon abzubringen. Sie hat sogar mal damit gedroht, mich hinauszuwerfen. Aber ich habe mich durch nichts und niemanden davon abbringen lassen, meinem inneren *Feedback-System* zu folgen.«

337

Nun, wir müssen dich jetzt ein bisschen ärgern, aber es sind solche Mütter wie du, die in euch allen jene Verwundungen hinterlassen, die ihr heute mit euch herumschleppt. So viele von euch vertrauen ihrer inneren Führung nicht, weil sie sich der Führung durch andere unterworfen haben, die gar nicht in der Lage sind, euch wirklich zu führen, versteht ihr? Denk einmal darüber nach: Diese Lehrerin will, dass Joseph sich ihrer Führung unterwirft, damit sie von ihm bekommt, was *sie* will. Und du willst, dass er sich deiner Führung unterwirft, damit du von ihm bekommst, was *du* willst. Aber wer führt Joseph so, dass der Junge bekommt, was *er* will? Und das ist der Punkt, den er allen Leuten klarzumachen versucht. Wir wollen deine Gefühle nicht verletzen und auch nicht die der Lehrerin – aber wir sind auf seiner Seite.

Gast: Aber was ist mit seinem Alter? Ich meine, er ist doch noch so klein ... ich möchte nur nicht, dass er sich zu einem Erwachsenen entwickelt, der auf niemanden hört, und dann ...

Abraham: Dann verfolgen wir entgegengesetzte Absichten, denn wir wollen sehr wohl, dass er zu einem Erwachsenen wird, der auf niemanden hört. Wir wollen, dass *ihr alle* keine Erwachsenen seid, die ihrer eigenen Schwingung zuwider handeln und ihre *wahren* Wünsche unterdrücken, nur weil sie sich völlig vom Denken anderer Leute abhängig gemacht haben.

Wir wissen, wo das Problem liegt, und wir würden an deiner Stelle Folgendes tun: Da ist dieser kleine Junge, der noch eine klare Vorstellung davon hat, wer er ist, der sich noch daran erinnert, und der einiges von dem, was du und die Lehrer ihm beizubringen versuchen, schlichtweg nicht akzeptiert und dir Probleme verursacht, weil er sich nicht anpassen will. Wenn du also über ihn und seine *Physische Reise* nachdenkst, gibt es einige Optionen. Du kannst ihn beobachten und dich über ihn ärgern, oder du kannst ihn beobachten und nach Harmonie streben. Gibt es nicht auch einige positive Aspekte an seinem, sagen wir, sehr selbstbestimmten Verhalten? Kannst du darin auch einen Vorteil sehen?

Gast: Ja, er weiß, was er will. Und er passt sich nicht an. (So war ich in seinem Alter auch.) Er sagt dir genau, wie er sich fühlt, sodass du weißt, woran du bei ihm bist. Er ist aufrichtig. Ich denke, in mancher Hinsicht wird dieser Eigensinn sicher von Vorteil für ihn sein.

Abraham: Kannst du denn nach dem, was du heute hier gehört hast, nicht erkennen, dass es einen enormen Wert hat, wenn ein Mensch seine eigenen Entscheidungen trifft und sich davon nicht abbringen lässt? Möchtest du also, dass er ein Mensch ist, der eigene Entscheidungen trifft und daran festhält – oder willst du, dass Leute, die größer und stärker sind als er, seinen Willen brechen und ihn *zwingen*, seinem inneren Antrieb zuwiderzuhandeln? Mit anderen Worten, möchtest du ihn lehren, mächtig zu sein oder ohnmächtig?

Gast: Ich möchte, dass er sich seiner schöpferischen Macht bewusst ist.

Abraham: Also gibt es nur dann einen Konflikt, wenn *seine* schöpferische Macht im Widerspruch zu dem steht, was *du* von ihm erwartest.

Gast: Wenn die Lehrerin mich hereinruft. Ich möchte nicht zu den Eltern gehören, die ins Büro gerufen werden, weil ihre Kinder nicht tun, was die Lehrer von ihnen erwarten.

Abraham: Aber kannst du beides haben? Das ist die eigentliche Frage, die du dir stellen solltest: Kannst du ein Kind haben, das sich seiner schöpferischen Macht bewusst ist und seinen eigenen Weg geht, das wirklich weiß, wer es ist – und gleichzeitig ein Kind, das sich dem Willen der anderen beugt und gehorcht?

Gast: Nein.

Abraham: Und wie willst du ihm helfen zu unterscheiden, auf wen er hören soll und auf wen nicht? Mit anderen Worten, willst du, dass er allen Lehrern, die vor der Klasse stehen, absoluten Gehorsam entgegenbringt? Denn wenn das so wäre, würdest du dann nicht die Lehrer genau unter die Lupe nehmen wollen? Würdest du dann nicht herausfinden wollen, *was genau* sie von ihm wollen? Würdest du nicht wissen wollen, wer sie sind und was ihre wahren Absichten sind? Mit anderen Worten, wüsstest du dann nicht gerne, ob sie ihn dazu erziehen wollen, demokratisch oder republikanisch zu wählen oder ein frommer Christ zu sein, oder … oder …? Es wäre wirklich schwierig für dich, das alles herauszufinden, nicht wahr?

Wäre es da nicht besser, einfach zu sagen: »Joseph, du bist jemand, der genau weiß, was er will. Du bist eingestimmt auf die Reine, Positive Energie. Ich vertraue daher darauf, dass du selbst in der Lage bist zu entscheiden, wie du dich in der Schule verhältst. Ich werde es dir überlassen, wie du mit den Lehrern umgehst. Ich werde mich nicht einmischen und Partei für die Lehrer ergreifen, aber ich werde auch nicht Partei für dich ergreifen. Ich werde dir die Gelegenheit geben, die wir alle hatten, als wir auf die Welt kamen: deine eigenen Erfahrungen zu machen, was es dir ermöglicht, deine Wünsche zu definieren – und dich dann von deiner Inneren Führung zur Erfüllung dieser Wünsche leiten zu lassen.«

Glaubst du, dass dein Sohn Versagen und Misserfolg wählen wird? Glaubst du, dass er sich dafür entscheiden wird, unfreundlich und lieblos zu sein? Glaubst du, er würde sich entscheiden, faul zu sein? Das glaubst du keineswegs. Mit anderen Worten, es gibt keinerlei Anzeichen dafür, dass dieses Kind etwas anderes als brillant ist. Und trotzdem hast du Angst davor, ihn seinen eigenen Weg gehen zu lassen. Unserer Ansicht nach liegt das daran, dass Erwachsene schon lange Zeit glauben, sie seien diejenigen, die wissen, wo es in der Welt langgeht. Deshalb meinen sie, ihre Kinder würden in die Irre gehen, wenn sie nicht auf die Erwachsenen hören. Wir hoffen, dir begreiflich zu machen, wie rückwärtsgewandt dieses Denken ist.

Kinder wie Joseph sind geniale Schöpfer, die gerade erst aus dem Nicht-Physischen in eure Welt gekommen sind. Sie fühlen sich mächtig, und wenn man sie ihren eigenen Weg gehen ließe, würden sie niemals in die Irre gehen. Sie würde ihr Selbstwertgefühl behalten; sie würden ihr Gefühl der Autonomie behalten; sie würden ihr Gefühl des Wohl-Seins behalten. Sie würden bestens gedeihen – solange man ihnen nichts anderes beibringt. Mit anderen Worten, wenn niemand von außen versucht, ihre Schwingung zu verändern, bleiben sie stets in einer Schwingung des guten Gedeihens. Und das ist an Joseph doch deutlich zu sehen, oder nicht? Er ist hier, um dich daran zu erinnern. Siehst du etwa keine klaren Beweise dafür, dass er die meiste Zeit gedeiht und sich gut fühlt?

Jerry und Esther hatten kürzlich das Vergnügen, jemanden kennen zu lernen, der eine Schule gegründet hat (die Sudbury Valley School in Massachusetts). Die Prämisse dieser Schule ist es, dass die Schüler nur das lernen, was sie wirklich lernen wollen. Es wird nicht unterrichtet, einfach um des Unterrichtens willen. Wenn du etwas lernen möchtest und diesen Wunsch äußerst, tun sie alles Menschenmögliche, um dir dabei zu helfen. Aber an dieser Schule darf kein Lehrer, es ist ihnen sogar ausdrücklich verboten, zum kleinen Joseph gehen und sagen: »Möchtest du nicht das hier lesen?« Oder: »Möchtest du nicht gerne das hier lernen?« Man richtet sich ausschließlich nach den Wünschen des Kindes.

Das gefiel Jerry und Esther so gut, weil es genau Abrahams Lehren entspricht: *Solange du um nichts bittest, gibt es keine Antwort. Und wenn du bittest, gibt es »immer« eine Antwort.*

Joseph versucht dich und seine Lehrer daran zu erinnern, dass er selbst entscheiden muss und dass das, für das er sich entschieden hat, auf jeden Fall zu ihm kommt. Er macht sich keine Sorgen, dass er eines Tages als Dummkopf dastehen wird, wenn er sich jetzt weigert, die Erwartungen der Erwachsenen zu erfüllen. Du magst deswegen besorgt sein, und seine Lehrerin auch, aber er nicht. Er erinnert sich noch genau, dass das Universum ihm alles liefert, was er bestellt. Und daher versteht er gar nicht, warum die Erwachsenen einen solchen Wirbel machen. Sagt er dir das nicht immer wieder? »Warum macht ihr so viel Wind? Mir geht es gut. Ich komme prima zurecht.« Verstehst du?

Stell dir vor, ein völlig gesunder Mensch wird in eine Gemeinschaft hineingeboren, in der alle hinken. Also machen sie sich darüber lustig, wie komisch *er* geht, weil er ja nicht hinkt. Er sagt zu ihnen: »Hey, ich weiß, dass ihr alle hinkt und dass euch das anscheinend gefällt, aber ich habe keine Lust zu hinken und sehe nicht ein, warum ich das tun sollte.« Darauf sagen alle: »Hier bei uns wird gehinkt, das ist so üblich. Lerne gefälligst zu hinken!« Aber er erwidert: »Ich habe keine Lust zu hinken.« Also zerschlagen sie ihm mit dem Knüppel ein Knie. Und von nun an hinkt er so wie alle. Und man sagt: »Sehr gut. Guter Joseph.« Das ist keine Übertreibung! Das ist eine wirklich perfekte Analogie!

Joseph sagt zu euch allen: »Ich habe keine Lust zu hinken.« Mache dir wegen ihm keine Sorgen und mache dir auch keine Sorgen, was die Lehrer über ihn denken.

Also musst du eine *Emotionale Reise* unternehmen, nicht wahr? Denke darüber nach: Er ist so, wie er eben ist. Und weißt du noch, welchen Ärger du als Kind hattest? Du warst genau wie er. Deine Mutter kostete der Versuch viel Kraft und Nerven, dich zu etwas zu machen, das du nicht wirklich bist. Und hat es funktioniert? Es hat *dir* Schmerz zugefügt und *ihr* Schmerz zugefügt, aber an deinem Eigensinn hat es nichts geändert. Kein Wunder, dass du Joseph das möglichst ersparen möchtest.

Welche Wahl bleibt dir also, wenn du ihn als den unabhängigen, genialen Schöpfer siehst, der er ist? Denkst du, du könntest ihn demütigen und ihn zwingen, sich anzupassen? Nein, und das möchtest du auch gar nicht. Glaubst du, dass du ihn durch Strafen zwingen kannst, sich anzupassen? Das hat schon bei dir nicht funktioniert. Was kannst du also tun? Kannst du seine *Physische Reise* beeinflussen und ihn so verändern, dass er nicht mehr der ist, als der er geboren wurde? Nein, das kannst du nicht.

Du hast also diesen kleinen Rabauken, der perfekt auf die Ur-Kraft eingestimmt ist. Jetzt kannst du nach Gründen suchen, dich deswegen gut zu fühlen, oder nach Gründen, dich deswegen schlecht zu fühlen. Bei deiner *Emotionalen Reise* geht es nicht darum, *ihn* zu verändern, denn wir glauben, dass du, wie wir, ihn genau so liebst, wie er ist. Dein Problem ist das Schulsystem, das nicht versteht, was du verstehst, was Abraham versteht und was Joseph versteht. Würdest du uns also zustimmen, dass deine *Emotionale Reise* darin besteht, dich angesichts ihrer Ignoranz besser zu fühlen?

Gast: Vermutlich.

Abraham: Geht es darum, dich angesichts ihrer Ignoranz besser zu fühlen? Oder (wir kommen hier zu einem ganz wichtigen Punkt) geht es darum, sie dazu zu bringen, dich und Joseph zu akzeptieren? (Oh, das ist eine wirklich große Sache, nicht wahr?)

»Seht, ich habe hier diesen Sohn, der sich ziemlich unangepasst verhält. Er ist ein brillanter, wirklich großartiger kleiner Kerl.« Möchtest du, dass er anders wird? Möchtest du, dass er Angst hat? Möchtest du, dass er zu Kreuze kriecht und sich fügt? Möchtest du, dass er tut, was sie von ihm erwarten, oder möchtest du lieber, dass er auf seine Innere Führung hört und sich treu bleibt?

Die *Physische Reise* sieht also so aus, dass du nicht Joseph verändern möchtest, sondern deine emotionale Reaktion darauf, wie die Lehrer über Joseph denken. Vermutlich werden die Lehrer sein Verhalten auch weiterhin missbilligen – und du kannst ihn nicht dazu bringen, sich so zu verhalten, dass sie mit ihm zufrieden sind. Du hast also die Wahl, dich gut dabei zu fühlen, wenn die Lehrer sein Verhalten missbilligen, oder dich dabei schlecht zu fühlen. Was ziehst du vor?

Gast: Mich dabei gut zu fühlen.

Abraham: Dann finde eine Formulierung, die dich zu diesem Ziel hinführt: »Ich möchte mich gut fühlen, auch wenn die Lehrer Probleme damit haben, Joseph so zu akzeptieren, wie er ist.« Probiere einmal, weitere solcher Formulierungen zu finden, und schau, ob dir das Erleichterung verschafft.

Gast: Ich möchte nicht, dass die Lehrer mich ins Besprechungszimmer rufen, wenn ich Joseph von der Schule abhole.

Abraham: Nun, das macht es schlimmer.

Gast: Ich möchte ihn einfach nur abholen und gleich wieder gehen, ohne jemanden von den Lehrern zu sehen.

Abraham: Das hilft dir emotional auch nicht.

Gast: Ich möchte mich auch weiter aktiv am schulischen Leben beteiligen, wie zuvor.

Abraham: »Ich liebe meine Rolle in der Schule. Ich finde es gut, dass ich sie wenigstens ein klein wenig beeinflussen kann. Ich möchte, dass sie erkennen, was für kreative Genies ihre Schüler sind. Ich möchte, dass sie einsehen, dass die Schule kein Gefängnis ist; die Schule ist eine Umgebung, wo Kreativität ausgedrückt werden kann, und zwar auf sehr vielfältige Weise. Und ich würde gerne mithelfen, die Kreativität – nicht die Angepasstheit – dieser Kinder zu fördern. Und ich selbst habe ein wunderbar kreatives Kind, das mich zu diesem Engagement inspiriert. Und dieses Engagement in der Schule könnte mir wirklich Freude machen.«

Das fühlt sich besser an, nicht wahr? Du hast es nicht selbst gesagt, aber es hat sich gut angefühlt, es zu hören. Mit anderen Worten, *strebe danach, dich selbst besser zu fühlen.*

Was ist dein Ziel? Dich besser zu fühlen angesichts dessen, was die Lehrer von Joseph halten, der sich nicht ändern wird. Mit anderen Worten, musst du bei der *Physischen Reise* klein beigeben? Da wird dir nichts anderes übrig bleiben, denn Joseph wird sich nicht ändern. Also wird er so bleiben, wie er ist, und du kannst das mögen oder nicht. Und was ist besser für dich, und was ist besser für ihn?

Wusstest du, dass die berühmten kreativen Genies eurer

*Welt – und zwar alle, ausnahmslos – wie Joseph waren,
als sie geboren wurden, und sich durch nichts und niemanden davon abbringen ließen? Anders ausgedrückt, sie
haben sich dem Druck ihrer Umgebung nicht gebeugt. Sie
ließen ihre kreativen Energien ungehindert fließen. Und
das wünschst du dir doch für ihn, oder nicht?*

Und eine Lehrerin, die das nicht versteht … möchtest
du, dass eine solche Lehrerin dem im Weg steht? Möchtest du dich also *gut* fühlen angesichts der Unwissenheit
der Lehrerin, oder möchtest du dich *schlecht* fühlen angesichts ihrer Unwissenheit?

Gast: Ich will, dass es mir ganz einfach egal ist, was sie
denkt.

Abraham: Nun, das ist ein guter Schritt. Also, du kannst
Joseph nicht ändern. Kannst du die Lehrerin ändern?
Nein, das kannst du auch nicht. Alle ihre Versuche, Joseph zu ändern, werden sowieso zu nichts führen. Das
ist verschwendete Mühe. Warum machst du dir also deswegen Gedanken? Weil andere dich dazu veranlassen.
Die Lehrerin ruft dich zu sich, weil sie *ihre* Macht ausüben will. Die Lehrerin möchte dir sagen: »Ich kann
nicht glücklich sein, wenn Ihr Sohn sich so verhält. Also
zwingen Sie bitteschön Ihren Sohn dazu, sich anders zu
verhalten.« Und dann möchtest du der Lehrerin sagen:
»Tut mir leid. Ich kann nicht glücklich sein, wenn Sie
sich wegen des Verhaltens meines Sohnes so verhalten.
Ändern Sie also bitteschön Ihr Verhalten, damit *ich*
glücklich sein kann.«

Und Joseph beweist in dieser Angelegenheit als einziger Klugheit. Er sagt: »Hey, ich *bin* glücklich! Ihr müsst
euch überhaupt nicht in irgendeiner Weise verhalten, um
mich glücklich zu machen. Das spielt für mich überhaupt keine Rolle. Es ist mir ganz egal, was ihr denkt!«

(*Er* ist der Lehrer, nicht wahr?) Das Ziel deiner *Emotionalen Reise* besteht also darin, dich gut zu fühlen. Du möchtest dich liebevoll gegenüber dieser Lehrerin verhalten. Du möchtest verstehen, dass sie es eigentlich gut meint. Du möchtest zu ihr ungefähr Folgendes sagen … übe das jetzt einmal in Gedanken: »Wissen Sie, ich kann Ihnen gar nicht sagen, wie freundlich das von Ihnen ist, dass sie sich meines Jungen so annehmen. Das ist wirklich sehr, sehr nett von Ihnen. Und ich fühle wirklich mit Ihnen mit, denn auf mich hört er auch nicht. Aber ich habe herausgefunden, dass er wirklich brillant ist, wenn ich ihn weitestgehend gewähren lasse. Ich denke, als seine Lehrerin sollten Sie das wissen. Und wenn ich ihn nicht gängele und nicht versuche, seinen Freiheitssinn zu verletzen, ist er wirklich der allerliebste Junge der Welt. Aber wenn ich ihm den Eindruck vermittle, und sei es auch nur für einen kurzen Moment, dass er nicht frei ist, kämpft er um sein Leben, als würde ich ihm ein Kissen aufs Gesicht drücken. Ich erinnere mich, dass ich mich als Kind auch so gefühlt habe. Und ich wette, dass es Ihnen auch so ging.

Also habe ich aufgehört, ihm ein Kissen aufs Gesicht zu drücken. Ich habe angefangen, mich auf seinen Freiheitsdrang einzustellen. Und ich denke, er wird uns beide sehr stolz machen, wenn wir ihn nicht unterdrücken, sondern ihn das Genie sein lassen, das er ist. Und bei dieser Gelegenheit möchte ich Ihnen für all die Mühe danken, die Sie auf sich nehmen. Ich weiß wirklich sehr zu schätzen, was Sie ihm beibringen können. Ich weiß, dass er gerne von Ihnen lernen möchte. Er sagt mir immer wieder, dass er Sie mag. Sie tun so viele Dinge, die ihm wirklich Freude machen. Sie sind eine gute Lehrerin. Das weiß ich. Und es tut mir leid, dass mein kleiner Junge oft so unangepasst ist – aber ich glaube, die Genies dieser Welt waren immer unangepasst.«

Wenn du immer wieder solche Gespräche mit der Lehrerin führst, wird sie schließlich aufhören, dich in ihr Büro zu rufen. Wenn sie merkt, dass sie dich nicht dazu bringen kann, Joseph zu etwas zu zwingen, das seiner Natur zuwiderläuft, wird sie dich nicht mehr ins Büro rufen. Und Joseph wird gedeihen, er wird ihr Herz gewinnen und ihr zeigen, wer er ist. Ja.

Gast: Danke

Hoffnung auf Besserung bei einem behandlungsbedürftigen Diabetes

Gast: Okay, ich bin sehr nervös. Meine Frage lautet: Ich habe Diabetes. Ich habe immer geglaubt, dass ich mich möglicherweise umbringe, aber ich fühle, dass das durchaus eine positive Möglichkeit sein könnte. Also was hindert mich daran?

Abraham: Sprichst du davon, dass du dich durch den Diabetes allmählich umbringst, oder meinst du etwas viel Dramatischeres?

Gast: Ich möchte voranschreiten, einfach sagen, okay, ich kann es tun. Es ist vorbei. Aber meine größte Angst …

Abraham: »Voranschreiten …?« In einen gesunden physischen Körper?

Gast: Ja. Aber meine größte Angst ist, die Medikamente abzusetzen, weil mich das vielleicht umbringt.

Abraham: Nun, in deiner *Physischen Reise* bewirken die Medikamente, dass dein Zustand einigermaßen stabil bleibt. Daher empfehlen wir dir, daran einstweilen nichts zu ändern. Aber es wird einen spürbaren Unterschied machen, ob du die Medikamente einnimmst und dich über diese Notwendigkeit ärgerst, oder ob du sie einnimmst und sie wertschätzt, weil sie vorübergehend eine sinnvolle Stabilisierung deiner Gesundheit bewirken.

Ist dir klar, dass du eine Ausdehnung der Ursprungsenergie bist und dass die Zellen deines Körpers Lebenskraft herbeirufen und genau wissen, was sie tun? Und dass die Ursprungsenergie immer antwortet, wenn sie individuell und kollektiv *bitten*? Das ist immer der Fall, solange du noch nicht klinisch tot bist. Mit anderen Worten, dass ist einfach der Lebensprozess.

Deine Zellen – wenn du dich niemals mit der Frage beschäftigt hast, ob du an Diabetes leidest oder nicht –, die Zellen deines Körpers wissen, was sie zu tun haben, um deine physische Hülle in Vollkommenheit lebendig zu erhalten. Und wenn du nichts tust, was sie dabei behindert, geht es deinem Körper zumeist sehr gut. Die Zellen sprechen miteinander. Wenn es mal ein leichtes Ungleichgewicht gibt, nehmen sie die nötigen Anpassungen vor. Alles funktioniert perfekt.

Manchmal wirst du sogar dazu angeregt, etwas anderes zu essen als sonst, weil deine Zellen nach bestimmten Substanzen verlangen, die in diesen speziellen Nahrungsmitteln enthalten sind. Auf einer bestimmten Ebene deines Seins weißt du, dass deine innere Chemiefabrik diese Nahrung verdauen und die Nährstoffe bereitstellen kann, nach denen die Körperzellen gerade verlangen. In deinem physischen Körper geschehen wirklich erstaunliche Dinge.

Wenn nun bei dir Diabetes diagnostiziert wurde und du dich schon einige Zeit damit herumplagst und du diesen Zustand als lästig und beschwerlich empfindest, gibt es da in dir zwei im Widerstreit stehende Reisen (so ergeht es allen Menschen ständig): Da ist die physische Reise, auf der du dich mit deinem physischen Körper auseinandersetzt, und die *Emotionale Reise*, bei der es darum geht, wie du dich währenddessen fühlst.

Das sorgt bei den Leuten immer wieder für Verwirrung. Sie sagen: »Lehrt ihr denn Passivität? Da ihr uns sagt, dass Gedanken Realitäten erschaffen, möchten wir gerne wissen, wie wir handeln sollen.« Und wir sagen: Ihr handelt, indem ihr auf freudige Weise euer Leben lebt. Wir empfehlen euch nicht, passiv zu sein.

Jemand hat behauptet, es gäbe einen Unterschied zwischen der physischen Welt des aktiven Handelns und der physischen Manifestation einerseits und dem Spirituellen andererseits. Wir möchten euch versichern, dass alles, was ihr in eurer physischen Umwelt antrefft, eine Ausdehnung der Ursprungsenergie ist – *alles ist spirituell.*

So oft meint ihr physischen Geschöpfe, dass wir euch vom aktiven, tätigen Leben wegführen wollen und dass wir lehren, es käme nur auf das Denken an. Und dann meint ihr: Ich müsste doch eigentlich in der Lage sein, meinen physischen Körper mit meinen Gedanken zu reparieren. Ich brauche meine Medikamente nicht mehr. Ich werde mein Denken ändern und damit meinen Körper wieder in seinen früheren Zustand versetzen. Aber wir möchten euch klarmachen, dass ihr seid, wo ihr seid, und dass das im Moment genau richtig für euch ist. Und was deine momentane physische Reise angeht, raten wir dir, auf keinen Fall etwas zu überstürzen. Wir empfehlen dir, deine Medikamente unbedingt weiter einzunehmen. Du solltest dein physisches Handeln zunächst nicht verändern, aber du solltest deiner *Emotionalen Reise* ernsthaft Aufmerksamkeit widmen.

Denke an die Frau mit den arthritischen Hüften. Sie kann Arthritis in den Hüftgelenken haben und dabei voller Angst sein. Oder sie kann Arthritis in den Hüftgelenken haben und gleichzeitig voller Hoffnung sein. Der Unterschied zwischen Angst und Hoffnung ist eben jener Unterschied, der darüber entscheidet, ob die Schmerzen schon bald nachlassen werden oder nicht.

Mache dir also keine Sorgen bezüglich deines physischen Handelns. Du bist hier in diesem Körper, du nimmst deine Medikamente, und das ist völlig in Ordnung. Verurteile dich nicht dafür, dass du diese Symptome entwickelt hast, oder dafür, dass du so bist, wie du bist. Wir möchten euch allen immer wieder zurufen: *Ihr seid, wo ihr seid – und das ist völlig in Ordnung so!*

Kennst du einen Menschen, der den Diabetes vollständig überwunden hat?

Gast: Nein, aber wenn es bisher noch niemanden gibt, möchte ich der Erste sein.

Abraham: Wusstest du, dass es Menschen gibt, bei denen der Diabetes ausgeheilt ist? Wusstest du, dass es Menschen gibt, die ihre Medikamentendosis dramatisch reduzieren konnten? Wusstest du, dass es Menschen gibt, die ihre Schwingung so weit verändern konnten, dass ihr Körper das benötigte Insulin wieder selbst produziert? Wusstest du, dass es diese Menschen gibt? Also könntest du sagen: »Universum, ich möchte, dass du mir glaubwürdig belegte Informationen über diese Heilungen verschaffst. Ich freue mich auf Informationen, die mein Gefühl der Hoffnung bestätigen.« Wenn Menschen sagen, dass sie die Ersten sein wollen, sind diese Worte oft hohl und leer, weil sie nicht wirklich daran glauben, die Ersten sein zu können. Hast du etwas Erleichterung verspürt, als wir dir von diesen Menschen berichteten?

Gast: Ja.

Abraham: Und empfindest du eine gewisse Hoffnung, dass du Informationen erhalten wirst, die deine Zuversicht weiter stärken werden?

Gast: Ja, ich habe jetzt mehr Hoffnung.

Abraham: Dann hat sich deine Energie positiv verändert. Wenn also jetzt jemand zur Tür hereinkommt und dich fragt: »Hey, wie geht es dir?«, was würdest du antworten?

Gast: Prima! Es geht mir besser.

Abraham: Und wenn du gefragt wirst: »Wie fühlst du dich *wirklich*?«, was würdest du sagen?

Gast: Ich freue mich auf das, was vor mir liegt –

Abraham: Mit anderen Worten: »Ich bin voller Hoffnung!«

Gast: Ja.

Abraham: »Ich bin voller Hoffnung.« Nun wollen wir die Sache noch etwas weiter treiben. … Du hast also Hoffnung. Du sagst, dass du dich auf das freust, was vor dir liegt. Wie fühlt das, was vor dir liegt, sich an? »Zu neuer Harmonie finden. Mein physischer Körper gelangt in Harmonie. Ich lasse mich untersuchen und man sagt mir, dass mein Zustand sich verändert. Man rät mir, die Medikamente weiter einzunehmen. Das entmutigt mich überhaupt nicht, denn Abraham hat mir auch dazu geraten. Und ich erkenne, dass ich diesen Rat sehr gut befolgen kann. So bekomme ich wunderbares, segensreiches Insulin, das für meine physische Stabilität sorgt, während ich diese *Emotionale Reise* unternehme. Ich bin nicht nur hoffnungsvoll, ich bin durch und durch optimistisch! Ich sehe, welche Chancen es gibt, dass meine Lage sich grundlegend verändert. Ich könnte tatsächlich zu einem dieser medizinischen Wunder werden, die sich niemand so richtig erklären kann – aber ich kann es erklären! Ich habe eine *Emotionale Reise* unternommen. Ich habe ganz bewusst und gezielt meine Gefühle verändert.

Jeden Morgen nach dem Aufstehen habe ich für eine Weile meditiert. Danach habe ich einen Spaziergang gemacht. Ich habe Dinge getan, die mir Freude machen. Ich habe bewusst Wertschätzung ausgestrahlt. Ich habe bewusst dafür gesorgt, dass ich mich gut fühle. Denn zum ersten Mal in meinem Leben habe ich begriffen, dass meine Gefühle der Schlüssel dazu sind, ob die Zellen meines Körpers gut mit allem, was sie brauchen, versorgt werden oder nicht. Und schließlich habe ich getan, was ich angekündigt habe. Ich habe damit aufgehört, mir selbst im Weg zu stehen! Ich lasse es jetzt einfach geschehen, dass Wohl-Sein mich durchströmt.

Und ich ahne bereits, welche Folgen das haben wird: Ich werde physisch ins Gleichgewicht kommen. Ich werde mein Körpergewicht reduzieren. Die Menschen in meiner Umgebung werden die Veränderung deutlich wahrnehmen können. Meine Einstellung hat sich bereits verbessert. Das werden sie sofort bemerken. Aber sie werden auch bald deutliche Beweise sehen, dass sich mein körperlicher Zustand verbessert hat. Und die Ärzte werden mich untersuchen, und entweder wird es sie freuen, was sie sehen, oder sie werden es nicht glauben. Und ich werde in den Spiegel schauen und mich besser fühlen.

Aber vor allem freue ich mich auf mein Leben, das zu leben ich hier in diese Welt gekommen bin. Ich will leben, und ich will gedeihen. Und ich sehe jetzt, dass das möglich ist. Ich muss nicht alles auf einmal schaffen; ich muss nicht sofort alle Probleme lösen. Ich muss nur lernen, mich hier und jetzt ein wenig besser zu fühlen, etwas besser als ich mich bisher gewohnheitsmäßig gefühlt habe, und dann noch ein wenig besser.

Ich werde jetzt anfangen, positiv zu sprechen, statt negativ. Ich werde nicht mehr mit Leuten herumhängen, die ständig nur über Das-Was-Ist reden wollen. Ich werde meine Zeit mit Leuten verbringen, die über Dinge reden, die sich für mich gut anfühlen, wenn ich darüber rede. Ich brauche kein Mitleid. Ich brauche niemanden, der mir hilft, meinen augenblicklichen Zustand zu rechtfertigen. Ich werde das nicht länger als Entschuldigung dafür benutzen, dass die Dinge für mich nicht so laufen, wie ich es mir wünsche. Ab jetzt *werden* die Dinge so laufen, wie ich es mir wünsche!«

Siehst du, jetzt hast du es geschafft!

Gast: Danke, vielen Dank. Es tut mir leid, dass es so war, als würde mir ein Zahn gezogen.

Abraham: Du machst jetzt einen ziemlich hoffnungsvollen Eindruck auf uns. Wie wirkt er auf euch? Wenn er euch auf der Straße begegnen würde, was würdet ihr sagen? »Hey, man sieht dir wirklich an, dass du voller Hoffnung bist! Was hast du von deinem Besuch bei Abraham mitgebracht?« – »Hoffnung.« – »Was war der wichtigste Wendepunkt in deinem Leben?« – »Der Tag, an dem ich von der Angst zur Hoffnung überwechselte. Daran erinnere ich mich noch genau. Ich hatte Hoffnung, dass ich nie wieder verzweifelt sein würde.« Siehst du? Darauf kommt es an.

Warum gibt es Abrahams Botschaft bislang nicht in Ägypten?

Gast: Danke für diese Gelegenheit. Ich bin etwas nervös, aber ich habe eine Frage. Ich komme aus einem Teil der Welt, wo das Schwingungs-System etwas niedrig oder geschlossen zu sein scheint. Ich komme aus Ägypten, aus dem Nahen Osten, und ich frage mich, warum die Menschen im Nahen Osten oder in Ägypten keine Möglichkeit haben, von der Botschaft Abrahams oder von Gruppen wie Abraham zu erfahren? Dann hätten sie die Chance, etwas über andere mögliche Lebensweisen und Denkweisen zu erfahren. Warum wird diese Form der Spiritualität nicht in Weltgegenden verbreitet, die dringend der Heilung bedürfen?

Abraham: Nun, sobald Menschen, einer oder sehr viele, in Ägypten darum bitten, antwortet ihnen die Ursprungs-energie. Die Frage ist also nicht: »Warum wird ihnen diese Möglichkeit nicht angeboten?« Die Frage ist: *Warum wird die Botschaft dort nicht empfangen?* Und wir möchten dich ein wenig aufmuntern, indem wir sagen, dass Ägypten einst eine Region war, wo es mehr persönliche Erleuchtung gab als irgendwo sonst auf der Welt. Mit anderen Worten, Ägypten ist kein Land, in dem es keine Verbindung zur Ursprungsenergie gäbe.

Wir möchten also nicht, dass du Zeit darauf verwendest, dich darüber zu beklagen, dass die Lage dort so ist, wie sie gegenwärtig eben ist. Vielmehr möchten wir dich dazu ermutigen, *dir vorzustellen, dass sie besser ist*. Mit anderen Worten, es braucht gar nicht viele Menschen, um positive Schwingungen zu verbreiten. Einige wenige Leute hier und da können schon viel bewirken.

Esther war jemand, der gut gelaunt durchs Leben ging, ohne sich viele Gedanken zu machen. Doch sie ist mit jemandem verheiratet, der immer schon mit einem schier unersättlichen Wissensdrang ausgestattet war. Er hat niemals aufgehört, Fragen zu stellen. Auch heute hat er sich wieder mehr Fragen notiert als ihr alle zusammen. Er wird seine Notizen gründlich durchsehen. Er wird über sie nachdenken. Er wird sich die Tonbänder anhören. Er wird mit Esther darüber sprechen. Mit anderen Worten, was Jerry angeht, hat dieser Workshop gerade erst begonnen. Er wird die Informationen auswerten, er wird eine bearbeitete Mitschrift anfertigen. Aber seine Fragen werden niemals hinreichend beantwortet sein, weil sich aus jeder Antwort (mag sie auch noch so brillant sein) gleich wieder eine neue Frage ergibt.

Wir möchten daher, dass ihr akzeptiert, dass es unendlich viele Antworten gibt und unendlich viele neue Fragen. Und es gibt auf dem ganzen Planeten keinen Ort, wo ihr keine Antworten von der Ur-Kraft empfangen könntet.

Als Esther damit anfing, unsere Botschaften zu übermitteln, konnte sie es kaum glauben. Jerry zeichnete alles auf, was Abraham sagte, Esther hörte es sich an, und konnte gar nicht glauben, dass diese Worte durch sie hindurchflossen, dass sie in solcher Klarheit über Dinge sprach, von denen sie selbst kaum etwas wusste.

Und weil ihr das Ganze so sonderbar vorkam, musste Jerry ihr versprechen, niemandem davon zu erzählen. Es war ihr egal, wie wunderbar die Botschaften waren; sie wollte nicht, dass jemand davon erfuhr, was da Sonderbares mit ihr geschah. Und wir glauben, dass dieser Umstand besonders traurig ist. Denn da sind jene Menschen wie Esther, die irgendwie auf diese Methode gestoßen sind, wie ihr euch für die Energie öffnen könnt, die Welten erschafft, und wie ihr die Gotteskraft durch euch fließen lassen und über Erleuchtung sprechen könnt. Aber diese Menschen haben Angst, weil sie glauben, anders als alle anderen zu sein. Deswegen halten sie es für besser, die Sache geheim zu halten. Sie fürchten sich davor, ausgelacht und verspottet zu werden. Und deshalb erfahren viel weniger Leute davon, als es sonst vielleicht möglich wäre.

So viele Leute scheuen sich, ihr wahres Sein zu leben, weil sie Angst haben, dann so selbstsicher zu werden, dass die unsicheren Menschen in ihrer Umgebung sie nicht mehr akzeptieren. Die *Unwissenden* werden so lange in der Überzahl sein, bis diejenigen, die bislang geleugnet haben, zu den *Wissenden* zu gehören, dies endlich zugeben. Deswegen gibt es eine enorme Zahl von Menschen, die *vorgeben*, nicht Bescheid zu wissen. Und du fragst dich: »Warum wissen sie es nicht?« Und wir entgegnen dir: Sie haben Bescheid gewusst. Uns sie können es wieder wissen. Dazu braucht es nur ein paar Leute hier und da. Sei also unbesorgt. Die Botschaft ist längst unterwegs.

Gast: Welchen Beitrag kann ich denn leisten als jemand, der hier in diesem Land lebt? Wenn ich in meine Heimat reise, sehe ich, wie die Mehrheit der Leute dort an einer Religion festhält, durch die das Schwingungslevel der Gesellschaft auf einem sehr niedrigen Niveau gehalten wird.

Abraham: Allen Lehrern und Inspiratoren, und zu diesen gehörst du ganz sicher, sagen wir: *Wenn deine Schwingung so beschaffen ist, dass du weißt, vertraust und dich gut fühlst, und du einen Schüler hast, der voller Verzweiflung oder Angst ist, kann er dich nicht hören, so gut und richtig deine Worte auch sein mögen. Eure Schwingungen sind einfach zu verschieden.*

Dann ist es besser, du begibst dich an einen Ort, der besser zu dir passt, und *vertraust*. Hier kommt nun die

357

Hoffnung ins Spiel. Du vertraust darauf, dass die Lehrer, die schwingungsmäßig näher bei den betreffenden Schülern sind, deren Aufmerksamkeit gewinnen, sodass die Schüler ihnen zuhören. Und dann werden auch die Schüler allmählich lernen, ihre Schwingungsfrequenz anzuheben. ...

Schließlich befindet ihr hier euch an der Vorderfront des evolutionären Denkens! Mit anderen Worten, diese für *euch* so befriedigende Arena ist für die meisten Menschen alles andere als befriedigend. An vorderster Front der Evolution herrscht niemals ein großes Gedränge. Aber das heißt keineswegs, dass es dort, wo die meisten anderen sich aufhalten, nicht auch schön wäre. Macht euch keine Vorwürfe, wenn es euch nicht gelingt, ständig hier oben in der Freude zu sein. Schließt Frieden mit eurer gegenwärtigen Situation, dann kann euer Leben besser werden.

Würden wir mit den Menschen in deinem Land sprechen, würden wir versuchen, sie zu beruhigen und zu ermutigen. Wir würden ihnen sagen, dass sie in Ordnung sind, so, wie sie sind. Wir würden ihnen nicht vorwerfen, sie seien rückständig oder würden hinter dem Mond leben. Wir würden ihnen nicht den Stempel aufdrücken, dass ihre Schwingungen zu *niedrig* seien. Wir würden sagen, dass ihre Schwingungen *anders* sind. Wir würden sagen, dass sie immer noch Wünsche haben. Wir würden anerkennen, wer sie wirklich sind: Sie sind auf der Suche.

Es gibt auf diesem Planeten nicht nur den einen richtigen Lebensstil. Mit anderen Worten, wir würden niemals behaupten, dass *unsere* Lehrmethode effektiver, wertvoller, machtvoller, wichtiger oder richtiger ist als beispielsweise die von Sai Baba – aber sie ist anders. Verstehst du?

Gast: Vielen Dank. Ich weiß dies wirklich zu schätzen, danke.

Abraham: Gern geschehen.

Ein Fragesteller wünscht sich eine Million Dollar, ohne dafür zu arbeiten

Gast: Hallo, Abraham. Auf mehreren Kassetten habe ich euch sagen hören, dass wir nicht in einer Welt fester Voraussetzungen leben. Wir können mit Hilfe unserer Gedanken alles, was wir wollen, in unser Leben ziehen. Also …

Abraham: Es gibt keine einschränkenden Voraussetzungen.

Gast: Wie kann ich Schwingungs-Harmonie herstellen zwischen meinem Wunsch, etwas in mein Leben zu ziehen, und dem Wunsch, nichts dafür tun zu müssen? Ich möchte eine Million Dollar erschaffen, aber ich möchte dafür nicht arbeiten müssen.

Abraham: Deine Aussage verrät sehr viel und ist wirklich wichtig, denn du sagst eigentlich Folgendes: »Ich wünsche mir eine Million Dollar, und ich glaube, dass es einen Weg gibt, an dieses Geld zu kommen, den ich aber nicht einschlagen möchte.« Du sagst also: »Ich wünsche mir das, aber ich wünsche mir das *nicht*.« Das ist kein sehr kraftvoller, schöpferischer Seinszustand, denn du hast von vornherein einen starken Gegensatz aufgebaut.

Wenn du darüber sprichst, *was* du willst und *warum* du es willst, entsteht in der Regel weniger innerer Widerstand, als wenn du darüber sprichst, was du willst und *wie* du es bekommen wirst. Denn wenn du Fragen stellst, die du nicht beantworten kannst, also *wie, wo, wann* oder mit *wem*, erzeugst du eine widerstreitende Schwingung, und das behindert und verzögert dann die Erfüllung deines Wunsches.

Fühle einmal, wie widerstandsarm diese Aussage ist: »Es gibt heutzutage bestimmt eine ganze Menge Menschen auf diesem Planeten, die eine Million Dollar besitzen oder sogar viele Millionen Dollar und die einmal in der gleichen Situation waren wie ich jetzt. Sie wollten reich werden, hatten aber noch keine Ahnung, wie sich das verwirklichen lassen würde.«

Worte wie *Glauben* oder *Vertrauen* können auf manchen Bedeutungsebenen ziemlich ärgerlich sein, aber wir möchten dir trotzdem gerne klarmachen, welchen Wert sie haben. Denn selbst wenn du das *Wie, Wo, Wann* oder *Wer* nicht kennst – solange du weißt, »*was*« du willst und »*warum*«, und diesen Gedanken immer wieder praktizierst, bis er sich sehr vertraut anfühlt, werden sich Dinge ereignen, die zuvor unmöglich gewesen wären. Du hast plötzlich Einfälle, die dir vorher nie in den Sinn gekommen wären, und wirst Leuten begegnen, mit denen du früher niemals in Kontakt gekommen wärest. Und wenn dann deine erste Million und noch viele weitere in dein Leben strömen, wirst du dich wundern, wo das Geld eigentlich in all den Jahren davor gewesen ist.

Gast: Ich habe mich gefragt, ob ich nicht etwas zu erschaffen versuche, das eine Nummer zu groß für mich ist, sodass die Kluft zwischen meinem Wunsch und meiner momentanen Situation einfach zu riesig ist, und ob mich das nicht unglücklich machen wird.

Abraham: Also, eine Million Dollar zu besitzen ist von deiner momentanen Situation aus kein zu großer Sprung.

Das ist wirklich nicht zu groß. Esther hat kürzlich gehört, mit welchen Worten ein milliardenschwerer Unternehmer seine Projekte beschrieb. Er sagte Sachen wie: »Das ist ein Super-Projekt! Oh, das wird auf jeden Fall ein Erfolg. Ja, das ist das sensationellste Gebäude, das in Chicago je gebaut wurde. Einfach großartig.« Esther wurde beim Zuhören klar, dass dieser Mann wirklich den Bogen heraus hat. Er macht Dinge, die möglicherweise einigen Leuten ziemlich auf die Nerven gehen, aber weißt du, was? Das ist ihm egal! Er hat die richtige Harmonie gefunden zwischen seinen Wünschen und seiner momentan Situation.

Selbst wenn seine Wünsche und seine momentane Situation nicht in Harmonie wären, würde er darüber kein Wort verlieren. Mit anderen Worten, alles, was er dir erzählt, ist ganz auf Erfüllung ausgerichtet, auf die erfolgreiche Verwirklichung seiner Ziele – und deshalb fügt sich das Universum seinem Willen. Zwar halten eine Menge Leute ihn für einen Angeber. »Aber er kann es sich natürlich leisten, so daherzureden«, sagen sie. »Schließlich ist er Milliardär.« Und wir sagen: Das war er nicht immer. Er hat so geredet – und *dann* ist er Milliardär geworden.

Es ist nicht nötig, dass du seinen Lebensstil und seine Persönlichkeit kopierst. Aber du solltest die Erfolgsprinzipien befolgen, die er entdeckt hat: *Du musst darüber sprechen, was du »willst«. Du musst so darüber sprechen, dass deutlich wird: Du meinst es ernst und willst es wirklich. Wenn du immer nur die Realität siehst, wie sie ist, wird sich nichts verändern. Befasse dich mit den Aspekten deiner Realität, die schon jetzt so sind, wie du es dir wünschst, und fülle die Lücken mit Dingen aus deiner Imagination, deinen Erwartungen und Wünschen.*

Betone also die guten Dinge in deinem Leben, die du schon hast. Sprich lobend über sie, freue dich an ihnen.

Mache eine Liste all dieser Dinge. Wenn du eine solche Liste der *Positiven Aspekte* deines Lebens erstellst, strahlst du ganz automatisch *Wertschätzung* aus. Suche überall nach dem Guten und versuche stets, dich so gut wie möglich zu fühlen.

Wenn du Ziele hast, von denen du noch nicht weißt, wie du sie verwirklichen willst, fülle diese Lücken mit deiner Imagination, visualisiere den Erfolg und gib vor, er sei bereits Wirklichkeit. Wenn du das tust, hast du vielleicht nachts einen Traum, der dich in deiner Zuversicht bestärkt. Oder du triffst jemanden, der schon dort angekommen ist, wo du hinmöchtest. Oder du schaltest den Fernseher ein, und jemand sagt gerade etwas, das dich weiterbringt. Oder du schlägst ein Buch auf oder liest in einer Zeitschrift ein Interview. … Mit anderen Worten, *das Universum wird dir helfen, mit allem in Kontakt zu kommen, was auf jener Wellenlänge schwingt, die du nun endlich erreicht hast.*

Das Universum unterscheidet nicht zwischen jemandem, der schon eine Million Dollar besitzt, und jemandem, der »sich so fühlt«, als besäße er eine Million Dollar. Und wenn du dich wirklich als Millionär fühlst, wird das »Gesetz der Anziehung« Dinge und Erfahrungen in dein Leben bringen, die zu diesem Gefühl passen. Und das trifft auf Liebe und Partnerschaft ebenso zu wie auf die Gründung von Imperien oder das Finden guter Geschäftspartner … Es spielt keine Rolle, was du dir wünschst, welches Ziel du erreichen willst – du musst die passende Schwingung finden, und dann musst du diese Schwingung einüben, bis sie stärker ist als die Schwingung des Zweifels. Wenn die Schwingung deines Wunsches stärker ist als die Schwingung des Zweifels – wumm! Dann geschieht alles so leicht und schnell, dass du denkst: Warum nicht schon früher?

Dann wirst du sagen: »Ich *wusste*, dass du kommen

würdest. Ich konnte dich *spüren*. Zuerst habe ich *gehofft*, dass du kommen würdest. Dann fing ich an, wirklich darauf zu *vertrauen*, dass du da sein würdest. Und dann, das ist noch nicht lange her, *wusste* ich, du kommst, und da ging es dann ganz schnell, und jetzt bist du da.« Aber die Dinge, die du dir wünschst, können nicht zu dir kommen, solange du dieses innere Wissen nicht erreicht hast. Und es ist nicht einfach, dieses Zustand des Wissens zu erreichen, denn vorher hast du dich über lange Zeit daran gewöhnt, *nicht* zu wissen.

Oft bist du nicht bereit, zuzugeben, was du wirklich fühlst, weil du dir Sorgen machst, was andere Leute über dich denken. Daher solltest du nicht so viel mit Leuten sprechen, die diese Dinge nicht verstehen. Sprich mit denen, die über die Kunst der Wunscherfüllung Bescheid wissen – oder verlasse dich auf deine innere Führung, statt andere Leute um Rat zu fragen.

Vor Jahren schrieb Jerry einen Artikel mit der Überschrift: *Behalte deine Ideen für dich, solange sie noch nicht voll entwickelt sind.* Denn er erlebte immer wieder, dass Leute, die er geschäftlich beriet, eine großartige neue Idee hatten, die sie noch nicht lange genug gedanklich eingeübt hatten, dass sie zu einem dominanten Gedanken in ihnen werden konnte. Diese Idee war erst ein zartes Pflänzchen, und dann gingen sie nach Hause und redeten mit jemandem über diese Idee, bevor sie wirklich tief in ihnen verankert war. Die Zweifel und negativen Kommentare ihrer Freunde oder Verwandten bewirkten dann, dass in ihnen wieder die alten Schwingungen aktiviert wurden, und dann war alles vorbei. Der Samen des finanziellen Wohlstandes erhielt keine Chance, in ihnen heranzureifen und zu einer starken Pflanze zu werden.

Es gibt keinen Grund, warum nicht alle deine Wünsche in Erfüllung gehen sollten. Wenn du in der Lage bist, dir eine Sache lebhaft vorzustellen, sie zu imaginieren, ist dieses Universum auch in der Lage, sie für dich zu verwirklichen. Es zu wissen, zu wissen, dass du es dir wünschst, *darum zu bitten*, ist *Schritt eins* und *Schritt zwei*, denn du hast gebeten, und das Universum hat dir gegeben – jetzt musst du dich nur noch öffnen und die Lieferung deines Wunsches geschehen lassen.

Auf eines möchten wir dich noch hinweisen: Wenn du sagst, dass du dir etwas wünschst, aber nicht dafür arbeiten möchtest, ist wahrscheinlich genau das dein innerer Widerstand: Du magst die Dinge nicht tun, von denen du glaubst, das sie notwendig sind, um deinen Wunsch zu erfüllen. Und du glaubst nicht, dass die Erfüllung deines Wunsches auch auf anderem Wege möglich ist. Darin liegt der Widerspruch.

Damit sagst du dem Universum: »Vollbringe etwas *Unmögliches*.« Du musst also einen Weg finden, dass sich die Erfüllung deines Wunsches für dich nicht unmöglich anfühlt. Informiere dich. Finde heraus, wie viele verschiedene Wege es gibt, zu Geld zu kommen. Mit anderen Worten, gib dir selbst einen guten Grund, daran zu glauben, dass die Erfüllung deines Wunsches möglich ist.

Gast: Okay. Vielen Dank.

Abraham: Gern geschehen.

Ist es unsere Verantwortung, andere zu retten?

Gast: Meine Frage betrifft unsere *Verantwortung*. Wie ich gehört habe, sagt ihr, es sei unsere Verantwortung, uns um uns selbst zu kümmern. Aber haben wir denn nicht auch eine Verantwortung, den Menschen zu helfen, denen wir helfen können?

Abraham: Wir lieben deine brillante Wortwahl. »Haben wir denn nicht auch eine Verantwortung, den Menschen zu helfen, denen wir helfen können?«. Wenn sie auf einer anderen Frequenz schwingen als du, dann kannst du ihnen nicht viel geben. Mit anderen Worten, wenn sie schwingungsmäßig weit von dir entfernt sind, können sie dich nicht hören.

Daher ist ein Lehrer, ein Inspirator, ein Heiler, ein Helfer immer nur effektiv, wenn es ihm gelingt, die Schwingungsfrequenz des Menschen, dem er helfen möchte, richtig einzuschätzen. Du musst also deine eigene Schwingung auf den Hilfsbedürftigen einstellen, ohne dabei selbst aus dem Gleichgewicht zu geraten. Mit anderen Worten, du musst dabei auf jeden Fall die Schwingungs-Harmonie zu der Energie aufrechterhalten, die du nutzen willst, um ihm zu helfen.

Die »Verantwortung« liegt also eigentlich (auch wenn dir das im Hinblick auf deine Frage nicht gefällt, aber uns gefällt es) beim *Gesetz der Anziehung*. Manchmal reden die Leute von Gerechtigkeit oder Ungerechtigkeit. Aber wir sagen: *Es gibt keine Ungerechtigkeit, denn keinem Menschen geschieht jemals etwas, das nicht der Schwingung entspricht, die er ausgestrahlt hat.* Das Größte, was du anderen vermitteln kannst (und wenn du magst, kannst du das deine Verantwortung nennen), ist die Erkenntnis, dass sie die Schöpfer ihrer eigenen Realität sind; dass sie eine Schwingung ausstrahlen und dass die Resultate, die sie empfangen, dieser Schwingung entsprechen. Und dann lehre sie durch dein eigenes Beispiel und Vorbild.

Gast: Wie würdet ihr das nennen? Wenn nicht Verantwortung, wie könnte man es dann nennen?

Abraham: *Lehren durch das eigene Beispiel und Vorbild.* Wir würden es nennen: *mitfühlendes Anerkennen*

der persönlichen Macht eines jeden Menschen. Wir würden es nennen: *in Harmonie mit dir selbst sein, sodass du die Schönheit und Macht eines jeden Menschen
siehst, dem du deine Aufmerksamkeit zuwendest.* Wir
würden es nennen: *in Harmonie mit der Ur-Kraft sein
und um die individuelle Macht des einzelnen Menschen
wissen.* Wir würden es nennen: *an die Fähigkeit eines
jeden Menschen zu glauben, alles zu erreichen, was er
zu erreichen wünscht.* Wir würden es nennen: *die Fähigkeit, den Wert eines Menschen zu erkennen, auch
wenn er selbst ihn nicht erkennt.* Wir würden es nennen: *die Fähigkeit, das mögliche Wohl-Sein eines Menschen zu sehen, auch wenn er krank ist.* Wir würden es
nennen: *die Fähigkeit, sich einen Menschen als wohlhabend vorzustellen, auch wenn er gerade seine Rechnungen nicht bezahlen kann.* Wir würden es nennen: *die
Macht, über dich in einer Weise zu denken, die sich für
mich am besten anfühlt, sodass ich mich mit der Ur-
Kraft verbinden und dein wahres Sein durch den Fokus
meiner Aufmerksamkeit fließen lassen kann.* Wir würden es nennen: *die verantwortungsbewussteste, mitfüh-
lendste Nutzung der Ursprungsenergie im gesamten
Universum.*

Gast: Danke.

Müssen Kinder lernen, sich unwohl zu fühlen?

Gast: Guten Morgen und vielen Dank, Esther und Jerry
und Abraham. Es ist ungefähr zehn Monate her, dass ich
eure erste Kassette hörte, und mein Leben hat sich verändert. Und meine Frage ist, wo seid ihr mein ganzes Leben lang gewesen?

Abraham (scherzend): In deinem Schwingungs-Guthaben, unmittelbar hinter dem Vorhang, darauf wartend, dass er sich endlich öffnet.

Gast: Natürlich kannte ich die Antwort schon, weil ich ständig eure Kassetten höre. Nun zu meiner eigentlichen Frage: Als ich vor zwei Wochen zuletzt bei euch war, sagte ich, dass ich nicht noch einmal kommen will. Und ihr sagtet: Na, so ein Pech. Du hast gar keine andere Wahl, als wiederzukommen.

Abraham (scherzend): Wo ist die Mitschrift? Du zitierst uns da ziemlich frei, glauben wir.

Gast: Ja.

Abraham: Aber du hast recht. Das ist es, was wir wirklich *meinten*.

Gast: Ja, ja. Ich habe also, bevor ich auf die Welt kam, gesagt: »Ich möchte auf diesen Planeten kommen, in Schwingungs-Harmonie sein und mir ein wunderbares Leben erschaffen.« Und dann kommen wir hierher und enden (nicht immer, aber doch sehr oft) in einer unglaublich negativen Umwelt, die uns all diese wunderbaren Dinge vergessen lässt, die wir wussten, bevor wir herkamen.

Abraham: Wir verstehen. Diese Art Gespräch haben wir immer wieder. Und wir wissen es zu schätzen, wenn jemand sehr intensiv darüber nachgedacht hat und uns Gelegenheit gibt, unsere Antwort in neue Worte zu kleiden.

Bevor ihr in diese Welt kamt, habt ihr nicht gesagt: »Ich werde in diese Raum-Zeit-Realität hineinspringen und in der Lage sein, mich in einer rauen Umwelt zu behaupten.« Ihr konntet es kaum erwarten zu springen. Ihr wart von Zuversicht erfüllt.

Auf den Unterschied zwischen diesem Gefühl der Selbstsicherheit – der Zuversicht und Lebensbejahung – und dem Gefühl der Angst kommt es an. Wenn ihr Angst habt, fällt es euch schwer, euch an eure Zuversicht zu erinnern. Wenn ihr wütend seid, fällt es euch schwer, euch an Lebensfreude und Leidenschaft zu erinnern. Das sind verschiedene Schwingungen.

Wir könnten darüber sehr lange sprechen, ohne etwas zu erreichen, denn ihr könnt unsere Worte nicht verstehen, wenn ihr die Welt als einen Ort der Mühsal, der Negativität und Bosheit betrachtet, als einen unfreundlichen, unangenehmen Ort … wenn ihr lange Zeit auf eine solche Weltsicht fokussiert wart (und das mit gutem Grund; wir unterstellen euch keineswegs, dass ihr das alles nur erfunden habt, um euch selbst das Leben schwer zu machen), könnt ihr nicht wirklich hören, was wir euch sagen.

Und doch empfehlen wir euch sehr, wenigstens die Tatsache ungeprüft zu akzeptieren, dass ihr euch aus einer Schwingung der Lebensbejahung und Schöpfungs-Lust heraus entschieden habt, in die physische Welt zu kommen. Darauf sagt ihr: »Gut, das habe ich verstanden. *Damals* habe ich das Leben bejaht. Ich wollte geboren werden. Warum hat sich das geändert?« Nun, es hat sich geändert, weil ihr von anderen umgeben wart, die bereits vergessen hatten, dass es auf ihre inneren *Gefühle* ankommt – die bereits dazu übergegangen waren, ihr Denken an *äußeren* Umständen und *äußeren* Meinungen zu orientieren.

Vor ein oder zwei Tagen schaltete Esther den Fernseher ein, um die neue Satellitenantenne des Monsterbusses zu testen, und sah, wie ein Fernseh-Psychologe einen jungen Mann beriet. Es war so brutal, dass Esther es sich nicht länger ansehen konnte und den Fernseher ausschaltete. Der Psychologe nahm diesen jungen Mann in die Mangel (der als kleiner Junge mit einem anderen Kind sexuell intim gewesen war). Jahre später hatte er diesbezüglich bei einem Lügendetektortest gelogen. Und jetzt wurde er dafür in die Mangel genommen. Warum er nicht bereit sei, seine böse Tat zuzugeben. Die Schuld einzugestehen sei der erste Schritt zu einer Therapie.

Esther dachte: Es gibt so viele Regeln und Verhaltensnormen. *So viele Leute warten nur darauf, Verhalten zu verurteilen, das sie für schlecht halten. Wenn du dich nicht so verhältst, wie es ihnen in den Kram passt, fallen sie über dich her, um dich auf Linie zu bringen, damit sie sich besser fühlen können. … So viele Menschen haben den Kontakt zu ihrem Wohl-Sein verloren.*

Esther wünschte sich, sie hätte ins Fernsehstudio springen können, um diesem jungen Mann den Arm um die Schultern zu legen und zu sagen: »Hör nicht auf diese Leute! Du bist kein schlechter Mensch!« Esther wollte ihm sagen, dass *sie* niemals wissen können, wer er ist. Sie wissen nicht, wer du bist. Höre nicht auf sie.

So viele von euch haben sich angewöhnt, auf äußere Autoritäten zu hören, statt auf die innere Führung zu vertrauen, mit der ihr geboren wurdet. Nun, die nächste logische Frage würde dann lauten: »Könnte man es denn dann nicht besser einrichten? Könnte nicht unsere innere Führung uns klarere, unmissverständliche Botschaften übermitteln?« Darauf sagen wir, dass eure innere Führung sehr klar und deutlich ist: *Ihr wisst, was sich gut anfühlt. Ihr wisst, was sich nicht gut anfühlt.* Wenn ihr euch eure frühesten Erinnerungen ins Gedächtnis ruft, werdet ihr euch erinnern, was für ein quälendes, herzzerreißendes Gefühl es war, als zum ersten Mal ein Erwachsener mit dem Finger auf euch zeigte und sagte, ihr wäret schlecht oder böse.

Die meisten von euch können sich an ganze Ketten solcher Erlebnisse erinnern, wo euch jemand Schritt für Schritt zu vermitteln trachtete, dass ihr schlechte Menschen seid. Und stets handelte es sich dabei um einen Menschen, der zuvor sich selbst eingeredet hatte – oder es war ihm eingeredet worden –, dass er gleichfalls ein schlechter Mensch sei.

Ihr wurdet also, wie gesagt, mit einer inneren Führung geboren. Darauf sagen viele von euch: »Aber warum habe ich dann nicht Gebrauch von dieser inneren Führung gemacht?« Viel lieber würden wir von euch hören: »Ich werde jetzt damit beginnen, diese Führung zu nutzen.« Wenn ihr das sagt, geschieht Folgendes: Plötzlich spürt ihr eure schöpferische Macht und erkennt, welche unglaublichen Wunschraketen all diese kontrastreichen Lebenserfahrungen für euch gezündet haben – ein enormes Guthaben für eure Zukunft! Und wenn ihr auf diese Weise in Harmonie kommt, sagt nahezu jeder von euch: *Für alles, von dem ich gestern noch gesagt habe, es sei schrecklich, empfinde ich jetzt Wertschätzung – denn es hat mir geholfen, meine Wünsche klar zu definieren. Jetzt werde ich das empfangen, was ich mir gewünscht habe, und darum ist mein Leben durch alle diese kontrastreichen Erfahrung viel reicher geworden.*

Wir möchten mit euch also nicht darüber sprechen, ob das System richtig ist oder nicht (es ist richtig). Ihr solltet vielmehr fragen: »Wie kann ich, in meinem *Jetzt*, die Kluft zwischen meinen Wünschen und der Erfüllung dieser Wünsche schließen? Wie kann ich lernen, so fest auf die Gesetze des Universums zu bauen und mir meiner eigenen Schwingungen so bewusst zu werden, dass ich nichts anderes mehr *erwarte* als Wohl-Sein?«

Wenn ihr in diesen Zustand gelangt, kehren eure Lebensbejahung und Lebenslust zurück. Dann fühlt ihr euch wieder genau wie die Kinder. Seht ihnen zu. Vor ein paar Tagen gingen Jerry und Esther in einen Subway-Sandwichladen in Oregon. Esther wartete in der Schlange vor der Theke. Jerry hatte sich bereits an einen Tisch gesetzt und vertrieb sich, während er auf Esther wartete, vergnügt die Zeit damit, seine Umgebung zu beobachten. In der Schlange neben Esther stand eine Familie an. Die Mutter hielt ein kleines Kind auf dem Arm, der Vater stand daneben, und da war noch ein kleines, vielleicht vierjähriges Mädchen.

Das kleine Mädchen spürte die Wertschätzung, die Jerry ausstrahlte, drehte sich um und lächelte ihn an. Er erwiderte das Lächeln. Dann schlich sie hinter die Theke und spähte neugierig um die Ecke zu ihm hin. Jerry verbarg sein Gesicht hinter seinem Hut. Sie späht wieder um die Ecke, und er versteckt sich hinter dem Tisch. Dann miaut sie wie eine Katze, und er bellt wie ein Hund. Ihre Eltern haben inzwischen ihre Sandwiches bekommen und gehen in Richtung Tür. Während ihre Eltern in die andere Richtung schauen, läuft das kleine Mädchen zu Jerry. Sie umarmt seine Schulter, herzt ihn kurz, und weg ist sie.

Und Esther sagte: »Dieses kleine Mädchen weiß noch, was Wohl-Sein ist. Es ist in Schwingungs-Harmonie mit sich selbst und hat erkannt, dass Jerry auf der gleichen Frequenz schwingt.« Es ist auf die Ur-Kraft eingestimmt und lebt anscheinend in einer recht offenen Umgebung, wo es noch in der Lage ist, auf sein Herz zu hören.

Für uns spielt es keine Rolle, wenn ihr, nachdem ihr als Kinder auf euer Herz gehört habt, für eine Weile vergesst, wie das geht – Hauptsache, ihr entdeckt es irgendwann wieder. Und wenn ihr es bewusst wiederentdeckt habt, könnt ihr diesen Fokus euer ganzes Leben lang beibehalten.

Die Frage, die wir bei dir wirklich heraushören, ist doch:

»Warum geschieht so etwas?« Und wir sagen: Manche Dinge passieren nun einmal. Du sagst: »Aber sollte es nicht anders sein?« Und wir sagen: Nein, es ist perfekt, so, wie es ist. Und du sagst: »Aber hätte mein *Feedback-System* nicht stärker sein müssen?« Und wir sagen: Es ist genau so stark, wie es sein muss. Es ist kein Kontrolleur, es ist ein innerer Ratgeber. Du sagst: »Aber hätte ich nicht in einer besseren Umwelt geboren werden sollen?« Wir sagen: Dann wärst du nicht, wer du heute bist. Du sagst: »Aber hätte mein Weg nicht etwas leichter sein können?« Wir sagen: Ja, aber dafür bist du selbst verantwortlich. Du sagst: »Aber sollte es nicht jetzt leichter sein?« Und wir sagen: Ja, aber auch dafür bist du selbst verantwortlich.

Mit anderen Worten, du kannst diesen Kampf dein ganzes weiteres Leben lang fortsetzen, oder du sagst dir: *Warum schließe ich nicht einfach meinen Frieden damit?*

Gast: Nun, ich kämpfe nicht mehr. Meine nächste Frage lautet: Die meisten von uns kämpfen diesen Kampf schon so lange. Dieses *Gesetz der Anziehung* scheint ein solches Geheimnis zu sein. Warum?

Abraham: Nun, das Geheimnis ist längst keines mehr. Besser gesagt, es war nie geheim. Der Kampf entsteht, wenn du anderen Menschen mehr vertraust als deinen eigenen Gefühlen. Er ist ein Nebenprodukt einer Gesellschaft, in der das Kind in eine Familie von Erwachsenen hineingeboren wird, die glauben, alle Antworten zu kennen, oder die dich beschützen wollen. Doch aus der Größeren, Nicht-Physischen Perspektive betrachtet, dienen diese Verhältnisse in eurer Welt auch dazu, euch zu möglichst kontrastreichen Erfahrungen zu verhelfen, damit ihr eure Wünsche klar definieren könnt.

Mache dir klar, dass dies ein sich entwickelndes, expandierendes Universum ist. Das ist kein Universum, in dem jemand schon allwissend ist und eine Gruppe von Engeln im Himmel die perfekte Art zu leben kennt, und dann sagen diese Engel: »Geht hinaus in die Welt, ihr Kinder, und lebt einfach so, wie *wir* gelebt haben.« So funktioniert es nicht. *Expansion und Evolution sind eine Grundbedingung der Existenz.*

Und so entwickeln sich mit der Expansion die Kontraste, und mit den Kontrasten kommt die Unterscheidung und die Fähigkeit, zu spekulieren, zu formen und zu erwarten. Betrachte es so: Als Köchin würdest du dich in einer gut ausgestatteten Küche doch sehr viel glücklicher fühlen als in einer Küche, in der es nur drei Zutaten gibt. Dass deine Küche so gut ausgestattet ist, bedeutet natürlich nicht, dass du auch *alle* Zutaten in deinen Kuchen gibst. Aber du hast einfach viel mehr Wahlmöglichkeiten.

Das ist der Grund für die Vielfalt der Gegensätze. Schließe deinen Frieden damit. Sage dir: »Diese kontrastreiche Welt ist, worum es bei der Expansion eigentlich geht. Die Vielfalt, die Kontraste sind es, die ewige Evolution erst möglich machen. Und wir alle wurden mit einer inneren Führung geboren.« Und wenn du einmal vorübergehend den Kontakt zu dieser Führung verlierst, solltest du deswegen nicht lange lamentieren. So sehr habt ihr alle diesen Kontakt gar nicht verloren. Ihr wisst alle, wie es ist, wenn eure Gefühle verletzt werden. Ihr wisst, wie es ist, wütend zu sein. Ihr erkennt, wenn ihr euch ohnmächtig fühlt. Wir denken, dass ihr das wisst.

Und wir denken, dass es für euch an der Zeit ist, euch eure Macht zurückzuholen. *Solange ihr anderen Menschen oder äußeren Umständen die Schuld gebt, seid ihr ohnmächtig. Ihr sagt damit nämlich, dass die anderen Menschen oder äußeren Umstände Macht über euch haben. Aber das ist nicht wahr, denn es sind immer einzig und allein eure eigenen Schwingungen. Niemals kann*

ein anderer Mensch an eurer Stelle Schwingungen aus-
strahlen.

Das *Gesetz der Anziehung* erfüllt liebevoll jedem seine Wünsche, der darum bittet. Und dabei erhält jeder präzise die Antwort, die er zu hören in der Lage ist. Leidet daher niemals mit jenen mit, die nicht eure Antworten erhalten, denn selbst wenn ihr versuchen würdet, sie zu ihrem Glück zu zwingen, könnten sie mit diesen Antworten nichts anfangen. Wir haben diesen Versuch schon vor langer Zeit aufgegeben. Wir haben erkannt, dass wir als Lehrer nur etwas erreichen können, wenn wir genau wissen, wo der jeweilige Schüler zur Zeit steht.

Also vertrauen wir darauf, dass das *Gesetz der Anziehung* jene zu uns führt, die bereit für unsere Botschaft sind. Und wir vertrauen darauf, dass das *Gesetz der Anziehung* alle anderen zu den Botschaften führt, für die sie bereit sind. Und sie leiden dabei nicht so, wie ihr glaubt, dass sie leiden müssten. Denn sie sind nicht ihr.

Er freut sich über seinen Erfolg

Gast: Hallo. Danke, dass ihr mich zu euch gerufen habt. Wir sind früh zu Bett gegangen, und vor dem Einschlafen sah ich deutlich vor meinem inneren Auge, dass ihr mich rufen würdet. Ich habe dieses Gefühl deutlich gespürt und weiß das einfach sehr zu schätzen. Ihr habt uns so sehr geholfen. Unser Leben hat sich vollkommen gewandelt.

Abraham: Gutes ist schon lange zu dir unterwegs, weil du es dir wünschst und weil du es verdienst. Unser Anteil bestand nur darin, dass wir deinen Öffnungsprozess ein wenig beschleunigt haben.

Gast: Dafür vielen Dank. Ich möchte jetzt erst einmal ein wenig Wertschätzung ausstrahlen, denn was ich an den Kassetten besonders mag ist, wenn Leute erzählen, was sie gelernt und welchen Nutzen sie aus eurer Botschaft gezogen haben. Und ich möchte natürlich meine Wertschätzung für Jerry und Esther und Abraham – (scherzend) die Dreifaltigkeit – zum Ausdruck bringen. Und ich möchte meine Wertschätzung gegenüber meiner Frau ausdrücken, die das, was ihr predigt, in die Tat umsetzt und dadurch so ein leuchtendes Vorbild ist. Das hat es mir erst ermöglicht, meinen Fokus aufrechtzuerhalten und gemeinsam mit ihr all das zu erschaffen, was wir inzwischen verwirklicht haben – und, nebenbei bemerkt, ist sie auch noch die Liebe meines Lebens.

Ich möchte euch kurz berichten, was geschehen ist: Bevor ich meine Frau (und damit auch euch) kennen lernte, war ich vollkommen verschuldet, aber inzwischen geht es uns finanziell so gut, dass wir uns ein Haus kaufen und es sofort vollständig bezahlen konnten. Damals stand ich mit meiner Firma kurz vor der Pleite; dann traf ich sie. Inzwischen hat sie es geschafft, die Firma zu retten. In der Vergangenheit (meine Firma war zu diesem Zeitpunkt fünf Jahre alt) habe ich in geschäftlicher Hinsicht so ziemlich alles falsch gemacht. Mit Hilfe meiner Frau habe ich dann angefangen, eure Prinzipien in die Tat umzusetzen – die Prinzipien des *Sich-Öffnens* und der *Nicht-Physischen Reise*. Seither haben sich alle unsere Entscheidungen als richtig erwiesen. Alles hat sich bestens entwickelt. Es ist mir gelungen, Schwingungs-Harmonie zu finden und mich von meinen Süchten zu befreien, die mir vorher schwer zu schaffen machten. Ich möchte euch daher sagen, wie sehr ich eure Lehren wertschätze.

Wir haben einfach auf die Kassetten gehört und eure Lehren angewandt. Als Hochzeitsreise unternahmen wir eine Kreuzfahrt, und kurz danach erhielten wir einen Scheck über 144 000 Dollar. Das war einfach nur erstaunlich! Und inzwischen haben wir eine Umgebung echten Wohl-Seins erschaffen, eine Oase der Freude. ...

Wisst ihr, ich musste mich von den (wahrscheinlich gut gemeinten) Ansichten meiner Mutter lösen, die mich auf negative Weise beeinflusst haben. Und die negative Haltung meines Vaters dem Geld gegenüber war ebenfalls sehr hinderlich für mich. Mich von alledem zu befreien und ganz auf das Universum zu vertrauen – das war der Weg, der alle diese wunderbaren Dinge möglich gemacht hat.

Nun reisen wir viel und hatten schon viele schöne Erlebnisse. Und die Anwendung von Abrahams Lehren ist die Quelle unseres Wohlstandes. ... So, das musste einfach einmal gesagt werden! Und jetzt zu meiner ersten Frage ... Abraham, was ist der Unterschied zwischen euch und mir?

Abraham: Nichts, was der Rede wert wäre (scherzend). *Du strahlst so viel Wertschätzung aus, dass du dich in Schwingungs-Harmonie mit uns befindest. Es gibt da keine Unterschiede.*

Gast: Ich fühle, wie mir die Tränen kommen, so sehr bewegt mich das. Diese Verbundenheit ist einfach wunderbar. Wie kann ich meine Bewusstheit für diese Verbundenheit weiter stärken?

Abraham: Indem du danach Ausschau hältst und dir keine Sorgen machst, wenn sie zwischendurch mal etwas nachlässt, und dich freust, wenn du sie dann wieder klar und deutlich spürst. Wenn die Verbundenheit dann wirklich stark ist, wird es sich sehr, sehr seltsam anfühlen, wenn sie *nicht* da ist.

Gast: Der innere Widerstand – hat der etwas mit der Zeit zu tun? Ist Zeit gleich Widerstand?

Abraham: Nicht wirklich. Die *Zeit* ist ein anderes Thema. Es ist nicht notwendigerweise so, dass man in einer Raum-Zeit-Realität Widerstand empfinden muss. Aber es ist ganz natürlich, dass ihr an der Vorderfront der Evolution mehr Widerstand empfindet als etwas weiter hinten. Mit anderen Worten, es gibt ein Stück hinter der Vorderfront der Evolution eine Komfortzone.

Vorher hast du gesagt, dass in deinem Leben jetzt alles so gut läuft, dass du zur rechten Zeit Antworten auf deine Fragen empfängst und die Dinge sich wunderbar entfalten. Wir freuen uns sehr, das zu hören. Aber wir möchten dich daran erinnern, dass du nichts falsch machen kannst und dass dein Evolutionsprozess niemals endet. Entspanne dich also und lass dir ruhig etwas mehr Zeit.

Mit anderen Worten, du bist in kurzer Zeit von einem Zustand des Widerstandes, der Nicht-Offenheit, in einen Zustand übergewechselt, wo du so intensiv *offen* bist wie du vorher *nicht-offen* warst. Da kann es manchmal geschehen, dass du dir einen sehr strikten, vielleicht sogar unnatürlichen Standard setzt, dieses Entwicklungstempo unbedingt beizubehalten oder ständig einen Zustand der Vollkommenheit aufrechtzuerhalten. Und wenn dir das dann nicht gelingt, bist du verunsichert und fürchtest, du könntest in deinen früheren Zustand zurückfallen.

Wir möchten, dass du dich entspannst und weißt, dass du niemals in deinen früheren Zustand zurückfallen kannst. Dazu bist du schon zu weit fortgeschritten. Aber von Zeit zu Zeit kann es geschehen, dass du vorübergehend ein bisschen weniger offen bist, und das ist dann völlig in Ordnung. Mit anderen Worten, dieses schöpferische Unternehmen, dem du dich so begeistert widmest, ist ein neuer Kontrast, der zwangsläufig neue Wünsche in dir wecken wird. Das fühlt sich zunächst seltsam an, aber dann gehst du in Harmonie zu diesen neuen Wünschen. In dieser Harmonie machst du dann weitere Evolutionsschritte, wodurch neue Fragen aufgeworden werden und neue Wünsche entstehen, was sich zunächst seltsam anfühlt, aber dann gehst du in Harmonie dazu. …

Mit anderen Worten, du wirst niemals *nicht* verstehen, wie es funktioniert. Aber du wirst nicht notwendigerweise immer zur perfekten Zeit am perfekten Ort sein – aber das ist ja Teil des Vergnügens und des Abenteuers! Immer wird sich alles – und zwar ziemlich schnell – so entwickeln, wie du es dir wünschst. Und noch schneller wird es gehen, wenn du dich entspannst und harmonisch mit dem Leben fließt.

In dieser Hinsicht ist es sehr schön, bei Esther und Jerry zu beobachten, dass sie sich nicht länger die Verantwortung aufbürden, ein perfektes Leben zu führen. Und wir haben ihnen dabei geholfen, indem wir auf jedem Workshop den Teilnehmern von den neuesten Missgeschicken der beiden erzählten! Wir versuchen nicht, sie als perfekte Vorbilder hinzustellen; wir zeigen, dass sie zwei Menschen sind, die einander und das Leben lieben, die neue Erfahrungen machen und sich immer wieder neu fokussieren, die sich die meiste Zeit gut und nur manchmal nicht so gut fühlen und die wissen, was sie tun müssen, wenn sie sich nicht so gut fühlen. Das nimmt den Druck von ihnen. Sie finden immer ihr Gleichgewicht wieder, so wie jeder begabte Künstler. *Ihr alle strebt stets nach Gleichgewicht und Harmonie. Vertraut darauf, dass ihr diese Harmonie immer wiederfinden werdet. Und deshalb besteht kein Grund zur Panik, wenn ihr mal für kurze Zeit aus dem Gleichgewicht geratet.*

Gast: Das ist wunderbar. Danke.

Eine Fragestellerin möchte ihr fröhliches
Selbst mehr lieben

Gast: Ich bin so aufgeregt. ... Meine Frage, mein Wunsch: Wie kann ich mich selbst mehr lieben? Wie bringe ich mich dazu, mehr Selbstwertgefühl und mehr Lebensfreude zu entwickeln? Immerhin habe ich schon das Gefühl, diesem Zustand ein Stück näher gekommen zu sein.

Abraham: Du bist davon gar nicht so weit entfernt, wie du glaubst, denn jeder Mensch liebt sich, das ist ganz natürlich. Es gibt für dich nichts Natürlicheres als zu fühlen, was du fühlst. Und das *du*, das wir damit meinen, ist das Ursprungsenergie-Du, das liebevoll auf diese Welt kam und liebt, was es hier sieht. Mit anderen Worten, die Essenz deines Du, die Energie deines Du, die Seele oder Quelle deines Du ist Liebe. Und das erziehst du dir ab (in erster Linie auf die Weise, die in deiner Frage deutlich wird), indem du dir Sorgen machst, was die anderen Leute über dich denken.

Wie kann ich mich selbst lieben? Die Antwort darauf lautet ... höre damit auf, dich *nicht* zu mögen. Mit anderen Worten, *Liebe ist dein natürlicher Seinszustand, solange du keinen Widerstand gegen etwas Unerwünschtes aufbaust.*

Vergleiche sind eine interessante Sache, weil sie notwendig sind, um Vorlieben zu definieren. Aber kannst du fühlen, was es für einen Unterschied ausmacht, ob du dir alle diese Dinge anschaust und *Ja* sagst, oder ob du sie dir anschaust und *Nein, Nein, Nein, Nein* sagst?

Wir haben über Energie-Harmonisierung gesprochen, und wir möchten dich erinnern, dass alles, dem du Aufmerksamkeit widmest, in dir eine Schwingung aktiviert. Wenn du dir also eine Menge Dinge anschaust und *Ja* sagst, werden die entsprechenden Schwingungen aktiviert. Du richtest deine Aufmerksamkeit auf etwas und sagst *Ja* dazu, und die Schwingung wird aktiviert. Wenn du also zu den Dingen *Ja* sagst, die du dir wünschst, dann aktivierst du die Dinge, die du dir wünschst, und strahlst ausschließlich die dementsprechenden Schwingungen aus. Und die Ursprungsenergie antwortet darauf. Dann fließt alles in deinem Leben sehr angenehm in die von dir gewünschte Richtung.

Aber in diesem Universum, in dem sich alles nur um Anziehung dreht, gibt es keine Einschränkung, keine Ausgrenzung. Du kannst nicht bewirken, dass etwas verschwindet, indem du *Nein* zu ihm sagst. Auch das, wozu du *Nein* sagst, kommt zu dir, weil du ihm Aufmerksamkeit widmest und es dadurch in dein Leben ziehst. *Wenn du einer Sache Aufmerksamkeit widmest, ganz egal, ob du Ja oder Nein zu ihr sagst, aktivierst du die entsprechende Schwingung in dir und lädst diese Sache damit in dein Leben ein.* Wenn du dir alle möglichen Dinge anschaust und sagst: »Ich möchte das, aber das möchte ich nicht«, widmest du beiden Dingen Aufmerksamkeit. »Ich möchte das, aber das möchte ich nicht. Diese Sache mag ich an mir, aber das mag ich an mir nicht.« Nun hast du die Energien *beider* Sachen aktiviert. Statt einen Zustand klarer, reiner, harmonischer Energie (also einen Zustand der Harmonie mit der Ur-Kraft) aufrechtzuerhalten, verlierst du dein inneres Gleichgewicht, weil du all dieses eigentlich unerwünschte Zeug in dein Bewusstsein hereinlässt. Und das Gefühl, dass du dich selbst nicht magst, aktiviert jede Menge Schwingungen, die in Widerspruch zu deinem wahren Sein stehen. Das Gefühl, dich selbst oder einen anderen Menschen nicht zu mögen, das Gefühl von Anti-Liebe, ist also das Gefühl, das entsteht, wenn du Schwingungen in dein Bewusstsein einlässt, die einer reinen Verbindung zu jener Energie im Wege stehen, die Liebe ist. Macht das Sinn?

Gast: Für mich selbst und die anderen Teilnehmer hätte ich gerne einige Anregungen, wie ich *Wertschätzung ausstrahlen* kann, hier auf dieser neuen Stufe meines Selbst, aus der Perspektive des Nicht-Physischen.

Abraham: ...Hier bin ich in meinem physischen Körper, und ich bin mir jetzt bewusst, dass ich eine Ausdehnung der Ursprungsenergie bin. Angesichts dessen, was ich inzwischen über die Ursprungsenergie gelernt habe, bedeutet das, dass ich Reine, Positive Energie bin und dass meine Essenz die Essenz alles Guten ist. Jedes Mal wenn ich mich nicht enthusiastisch, lebensbejahend, liebevoll und wertvoll fühle, liegt das daran, dass ich eine unnatürliche Schwingung in die Gleichung eingefügt habe.

Ich bin so glücklich, dass ich ein inneres *Feedback-System* habe, das mir jederzeit anzeigt, wenn ich mich für eine Energie öffne, die im Widerspruch zu meinem wahren Selbst steht. Deshalb liebe ich mein *Feedback-System*. Ich liebe meine Emotionen, alle meine Emotionen. Die, die sich wunderbar anfühlen, und die, die sich nicht so wunderbar anfühlen, denn sie alle helfen wir dabei, von Augenblick zu Augenblick, sanft, mehr und mehr, von Thema zu Thema zu immer größerer Schwingungs-Harmonie zu gelangen.

Ich liebe es, dass ich dabei keine Rekorde aufstellen muss. Ich weiß, dass ich ein ewiges Wesen bin und dass ich mir für meine Evolution Zeit nehmen kann. Und ich liebe es, dass die Belohnungen sich immer sofort einstellen, denn wenn ich nach etwas strebe und mich dabei gut fühle, habe ich es schon erreicht. Und wenn ich nach etwas strebe und mich dabei nicht so gut fühle, kann ich immer noch den sich am besten anfühlenden Gedanken wählen, der mir zugänglich ist, und das genügt dann für den Moment.

»Wenn ich mich schlecht fühle, werde ich mich nicht mehr dazu antreiben, mich gut zu fühlen. Ich werde nur noch anstreben, mich *ein wenig* besser zu fühlen als zuvor. Denn ich weiß, wenn ich mich wirklich schlecht fühle und versuche, mich *ein wenig* besser zu fühlen, und mir das gelingt, fühle ich mich zwar immer noch nicht sehr gut, aber ich versuche wiederum, mich *ein wenig* besser zu fühlen, und es gelingt mir. … Und jetzt fühle ich mich sogar *ziemlich gut*, aber ich möchte mich noch besser fühlen, und es gelingt mir. Jetzt fühle ich mich *wirklich gut. Ich liebe es, mich wirklich gut zu fühlen, und jetzt kann ich mich kaum noch daran erinnern, dass ich mich einmal nicht gut gefühlt habe. Aber ich habe keine Angst davor, mich einmal nicht gut zu fühlen, weil ich weiß, dass ich, wenn ich mich tatsächlich einmal nicht so gut fühle, einfach versuchen kann, mich ein wenig besser zu fühlen – und das wird auf jeden Fall funktionieren.*

Und jetzt fühle ich mich wirklich, wirklich gut, und ich liebe es … Ich bemerke, dass dieser Mensch dort drüben bemerkt hat, dass ich mich ziemlich gut fühle, und dass er nicht sehr glücklich darüber ist, dass ich mich ziemlich gut fühle. Und das bewirkt, dass ich mich jetzt nicht mehr so gut fühle wie zuvor. Aber es ist okay, dass ich mich jetzt nicht mehr so gut fühle wie zuvor, weil ich weiß, dass ich mich so gut fühlen kann, wie ich mich fühlen möchte, und dass ich okay bin, so, wie ich jetzt im Moment bin. Und ich mache weder diesem anderen Menschen noch mir selbst Vorwürfe, dass ich mich nicht so gut fühle, weil ich weiß, dass ich mich jederzeit *ein wenig* besser fühlen kann als zuvor – und das werde ich auch tun.

»Und jetzt fühle ich mich absolut frei. Ich habe keine Angst mehr davor, mich nicht gut zu fühlen, weil ich weiß, wie leicht es ist, von dem Zustand des Sich-nicht-so-gut-Fühlens in einen Zustand zu gelangen, wo ich mich *etwas besser* fühle. Aber ich werde künftig nicht mehr das

Unmögliche verlangen – den direkten Sprung vom *Nicht-gut-Fühlen* zum *Wirklich-gut-Fühlen*. Ich werde mich einfach immer wieder ein bisschen besser fühlen, und noch ein bisschen besser, und noch ein bisschen besser. Und ich weiß, dass ich auf diesem Weg alles erreichen kann, was ich will. Ja!«

Ist unser Bewusstsein an den physischen Körper gebunden?

Gast: Guten Tag, Abraham. Eigentlich habe ich hundert Fragen, aber ich werde nur zwei davon stellen. Es ist, als hätte man bei einer guten Fee drei Wünsche frei und muss sich nun überlegen welche.

Wenn wir in den Nicht-Physischen Bereich hinüberwechseln, wie lange bleiben wir dann dort? Entscheiden einige von uns sich dafür, nicht in diese physische Raum-Zeit zurückzukehren?

Abraham: Nein, weil ihr hier die idealen Bedingungen für eure schöpferische Kreativität vorfindet, die ihr sucht. Deine Frage beruht auf einer etwas irrigen Grundannahme, weil du offenbar davon ausgehst, ihr wäret entweder tot *oder* lebendig, physisch *oder* Nicht-Physisch. In Wirklichkeit seid ihr aber in alle Ewigkeit diese Nicht-Physische Energie, die manchmal etwas von dieser Energie in einem physischen Körper fokussiert.

Weißt du, jemand wie Abraham (wir sind Kollektives Bewusstsein, das gleichzeitig in viele von euch hineinfließen kann) braucht nicht in einem Körper geboren zu werden. Es ist so ähnlich, wie wenn du sagst, dass der Strom in deinem Haus die Waschmaschine antreibt. Springt dazu der *ganze* Strom in die Waschmaschine? Niemals. So funktioniert das nicht. Mit anderen Worten, der elektrische Strom fließt zur Waschmaschine, und die Waschmaschine ist dann (in unserem Beispiel) die Erfahrung an der vordersten Front der Evolution.

Die Nicht-Physische Energie, die *du* bist, wird immer diese Nicht-Physische Energie sein und bleiben. Ein Teil von ihr ist in diesem oder anderen physischen Körpern fokussiert oder schaltet sich wie Abraham in eine Gelegenheit wie diese ein, an der viele von uns teilnehmen.

Das Bewusstsein benötigt keine physische Form – aber die physische Form benötigt Bewusstsein. Und das Bewusstsein liebt die physische Form, weil die physische Form sich an der Spitze des evolutionären Denkens befindet. Daher expandiert das Bewusstsein durch die physische Form. Es gibt kein Entweder-oder.

Während also dein Inneres Sein in diesem Körper und dieser Persönlichkeit durch dich fließen kann, kann deine selbe Nicht-Physische Energie gleichzeitig auch noch durch andere Körper fließen. Das nennt ihr »Seelengefährten«, oder »Zwillings-Flammen«. Aber ihr verwendet diese Bezeichnungen normalerweise nur in romantischer Hinsicht und eher selten. *Für gewöhnlich nehmt ihr an, dass jeder Mensch höchstens ein oder zwei Seelengefährten hat, aber in Wahrheit kommt ihr in großen Gruppen auf die Welt – ihr seid Bewusstseins-Ströme, die diese Erfahrungen gemeinsam erleben.*

Man könnte zutreffend sagen, dass ihr tatsächlich Seelengefährten jedes anderen Menschen seid, der gegenwärtig auf eurem Planeten lebt, weil wir *alle* aus demselben Nicht-Physischen Energiestrom hervorgehen und weil ihr *alle* miteinander agieren und gemeinsame Erfahrungen sammeln wollt – wodurch die Herausbildung individueller Vorlieben und Wünsche in euch allen zum Wohle des Ganzen stimuliert wird. Verstehst du?

Gast: Ja, danke.

Abraham: *Es ist wirklich an der Zeit, dass ihr alle aufhört, diesen so genannten »Tod« als Problem zu betrachten. Ihr solltet endlich aufhören, euch deswegen Sorgen zu machen, denn er ist unvermeidlich – und er ist wunderbar. Es gibt nur Eines, weswegen ihre euch Sorgen machen solltet: Achtet darauf, dass ihr nicht die Energie eures Selbst am freien Fließen hindert. Mit anderen Worten, dass ihr euch schlecht fühlt ist das Einzige, was euch Anlass zur Sorge geben sollte. Und deswegen braucht ihr euch eigentlich auch keine Sorgen zu machen, weil ihr ja die Kontrolle über eure Gefühle habt.*

Unter den Teilnehmern von einem der letzten Seminare war auch eine Frau, die über den Tod ihres Sohnes trauerte und sich schwere Vorwürfe machte, keine bessere Mutter gewesen zu sein. Als Esther das Protokoll dieses Seminars abtippte, spürte sie ein sehr unangenehmes Ziehen in der Magengegend und dachte, was diese Frau durchmachte. Was für ein schreckliches Gefühl musste es sein, so unter einer Sache zu leiden und gleichzeitig zu wissen, dass man daran überhaupt nichts mehr ändern kann. Mit anderen Worten, der Sohn dieser Frau war tot; sie konnte ihn nicht ins Leben zurückholen. Sie glaubte, dass sie niemals wieder glücklich sein konnte, weil er tot war. Mit anderen Worten, das ist die ultimative Todesangst, nicht wahr? ... Das Gefühl, dass jemandem, den ich liebe, etwas Schreckliches zustößt und dass ich deswegen nie wieder glücklich sein kann.

Dann erinnerte sich Esther an ein eigenes Erlebnis, das sich ähnlich schrecklich angefühlt hatte. Sie erinnerte sich auch an andere Situationen, in denen sie sich Sorgen gemacht hatte, dass etwas geschehen könnte, durch das sie sich wieder so schlecht fühlen würde. Doch dann erkannte sie überrascht und erstaunt und erfreut, dass sie sich später nie wieder so schlecht gefühlt hatte wie damals. Sie war zu der Erkenntnis gelangt, dass es einfach keinen Grund gab, sich je wieder schlecht zu fühlen. Also sagte sie zu Jerry (er wusste nicht, worüber sie redete, denn sie rief es ihm vom anderen Ende des Busses zu): »Zu wissen, dass ich mich nie wieder schlecht fühlen muss, ist einfach wunderbar!«

Mit anderen Worten, so viele Menschen fürchten ständig, dass unerfreuliche Erlebnisse drohen. Ihr momentanes Leben fühlt sich gut an, aber sie machen sich Sorgen, es könnte etwas geschehen, das dieses gute Gefühl zerstört. Und wir möchten euch allen sagen, dass nichts dergleichen euch jemals wieder geschehen kann, wenn ihr begreift und euch erinnert, das *ihr euren Fokus selbst wählt; daher wählt ihr selbst, wie ihr euch fühlt.*

Die Menschen können sich nur von der Angst vor dem Tod befreien, wenn sie ihre Macht zu leben entdecken. … Und niemand wird seine Macht zu leben wirklich entdecken (und damit meinen wir ein Leben in Freude), solange er seine Schwingungen nicht bewusst steuert. … Und niemand kann seine Schwingungen bewusst steuern, solange er den Zusammenhang zwischen seinen Gefühlen und seinen Schwingungen nicht erkennt. … Und kein Mensch wird seine Gefühle bewusst steuern können, der nicht erkannt hat, dass sich Ärger besser anfühlt als Furcht, dass sich Frustration besser anfühlt als Ärger – und dass *er selbst* die Macht hat, sein Denken so zu steuern, dass er sich ein wenig besser fühlt.

Wenn ihr euch selbst beweist, dass ihr euch ein wenig besser fühlen könnt – ihr könnt nicht vom einen Ende der Skala zum anderen springen, von der Furcht unmittelbar zur Freude, sondern nur Schritt für Schritt –, erlangt ihr eure Macht zurück. Und wenn ihr dieses Wissen zurückerlangt, werden alle eure Ängste verschwinden, auch die Angst vor dem Tod.

Gast: Danke, Abraham.

Ein Sohn spricht nicht mehr mit seiner Mutter

Gast: Okay. Mein Leben ist im Moment wirklich aufregend. Meine Eltern sind gestorben, und zum Rest meiner Familie habe ich den Kontakt abgebrochen. Also ist niemand mehr da, der mir auf die Nerven gehen kann. Ich mache ungefähr zwei Stunden täglich die *Emotionale Reise*. Nicht weil ich es muss, sondern weil es mir Freude macht. Ich kann es morgens kaum erwarten, damit anzufangen, wisst ihr? Und mein Leben hat sich dadurch sehr verändert. Es fühlt sich an, als würde ich noch einmal ganz neu anfangen. …

Mein Sohn redet nicht mehr mit mir, weil er der Ansicht ist, dass ich mein ganzes Geld zum Fenster hinauswerfe (ich bin nicht krankenversichert), sodass nichts übrig bleibt, das ich ihm vermachen kann, wenn ich sterbe, und dass ich krank werde und ins Krankenhaus muss und dann kein Geld mehr da ist. Also spricht er nicht mehr mit mir. Ich liebe meinen Sohn, und ich habe diesbezüglich die *Emotionale Reise* gemacht, und ich fühle mich in dieser Hinsicht ziemlich gut. Aber ich frage mich, ob ihr mir nicht einen Rat geben könnt, denn ich hätte gerne wieder ein gutes Verhältnis zu ihm.

Abraham: Wenn wir an deiner Stelle wären, würden wir zu unserem Sohn sagen: »Jeder Mensch besitzt eine eigene, unerschöpfliche Quelle, aus der dir alles zufließt, für das du dich innerlich öffnest. Du brauchst daher nichts, das aus meiner Quelle geflossen ist.« Und dann würden wir sagen: »Wenn du nicht mit mir redest, weil du glaubst, dass ich dir nichts vererben werde, dann liegst du damit ganz richtig. Ich glaube nämlich nicht, dass es gut für dich wäre, wenn ich dir etwas vererbe. Es ist viel besser für dich, wenn du deine eigene Quelle der Versorgung entdeckst.« Und dann würde er sagen:

»Aber du hast doch ein Vermögen. Warum soll dieses Vermögen nicht auf mich übergehen?« Und dann würden wir zu ihm sagen: »Weil du selbst Zugang zum Strom des Wohl-Seins hast. Und ich wünsche mir für dich, dass du erfährst, wie aufregend es ist, wenn du dich entscheidest, dass du dir etwas wünschst und dich dann innerlich für die Energie öffnest, sodass das Gewünschte in dein Leben fließen kann. Ich will nicht, dass dein Glück von mir abhängt. Ich will nicht, dass dein Glück überhaupt von anderen Menschen abhängt. Und deshalb hast du Recht, mein Sohn. Ich werde dafür sorgen, dass von meinem Vermögen kein Cent mehr übrig ist, wenn ich das Zeitliche segne.«

Wenn er erkennt, dass es dir wirklich ernst damit ist, kann er seine eigenen Entscheidungen treffen – ob er wieder mit dir reden will oder nicht. Aber wünschst du dir wirklich eine Beziehung, die darauf basiert, wie viel Geld du ihm bei deinem Tod hinterlässt?

Gast: Nein, nein.

Abraham: Mit anderen Worten, deine Beziehungen zu anderen Menschen, so wie du sie dir wirklich wünschst, sollten auf deiner Harmonie mit der Ur-Kraft und auf deren Harmonie mit der Ur-Kraft beruhen.

Gast: Leider kennt er es nicht anders. Er musste nie eigenes Geld verdienen. Es wurde immer für ihn gesorgt.

Abraham: Nun, das wird auch ewig so bleiben. Für alle Menschen wird jederzeit gesorgt.

Gast: Erst durch meine Familie, dann durch mich. Er kennt es nicht anders. Aber ich werde mit ihm sprechen.

Abraham: Siehst du, was geschieht? Es lohnt sich wirklich, das ausführlicher zu untersuchen, denn was dein Sohn empfindet, ist ein gutes Beispiel dafür, wie es vielen Leuten geht. Viele Menschen glauben fälschlicherweise, Reichtum sei nur begrenzt vorhanden. Mit anderen Worten: »Das Familienvermögen hat die und die Größe, und wenn Mutter zu viel davon ausgibt, bleibt nichts mehr für mich übrig.« Die Menschen glauben das generell von allen Ressourcen: »Wenn jemand sehr reich ist, muss er sein Vermögen auf Kosten der Armen erworben haben.« Aber das ist nicht wahr.

Dein Sohn hat, wie jeder Mensch, unbegrenzten Zugang zum universalen Wohl-Sein. Aber durch seine Wut dir gegenüber, seinen Glauben, du würdest euer Vermögen verschwenden, ist er innerlich blockiert, sodass sein Wohl-Sein nicht in sein Leben strömen kann. Es ist also nicht dein Verhalten für seine Situation verantwortlich, sondern seine Reaktion auf dein Verhalten. Und ob du ihm diese Einsicht durch Worte vermitteln kannst, ist fraglich. In der Regel lernen die Leute nicht durch Worte.

Gast: Ich verstehe. Vielen Dank.

Mit der eigenen Situation zufrieden, oder neidisch auf andere?

Gast: Hallo. Wie geht es euch heute? Es ist ein schöner Tag, nicht wahr?

Abraham: Ja. Es geht uns so gut, dass es mit Worten gar nicht zu beschreiben ist.

Gast: Toll! Zuerst möchte ich meine Wertschätzung für euch und eure Botschaft ausdrücken. Ich finde sie wirklich inspirierend und ermutigend, und die täglichen Zitate auf eurer Website sind großartig und haben mir schon oft den Tag gerettet. Wisst ihr, ich brauche am Morgen einfach diese Zitate. Jerry und Esther kenne ich ja gar nicht näher, aber sie scheinen mir wirklich wunderbare Menschen zu sein, und wahrhaft bescheiden. Denn ihr könntet euch ja auch einfach nur noch mit den »Reichen und Berühmten« abgeben, statt mit uns normalen Leuten.

Abraham: Esthers und Jerrys Wunsch ist es, diese Botschaft möglichst vielen Menschen zugänglich zu machen. Daher ist ihnen sehr daran gelegen, dass Menschen wie du mit ihrer einzigartigen individuellen Perspektive an den Seminaren teilnehmen und mit der Unendlichen Intelligenz in einer Weise in Kontakt treten können, wie es nie zuvor geschehen ist. Das ist es, was Esther und Jerry wirklich Freude macht – und uns. Ja.

Gast: Großartig! Ich habe über die perfekte innere Haltung nachgedacht, die, wie ihr sagt, darin besteht, *dort, wo man ist, glücklich zu sein und zugleich neugierig, in freudiger Erwartung nach vorn zu blicken.* Dabei habe ich manchmal (nicht ständig – oder vielleicht doch ständig, wer weiß?) das Problem, dass ich eifersüchtig und neidisch auf Menschen bin, die schon viel weiter sind als ich. Dann bin ich nicht mehr so glücklich mit dem, was *ich* habe, weil ich dann haben will, was *sie* haben. Dabei möchte ich anderen Menschen ihren Wohlstand eigentlich gar nicht missgönnen. Aber es kommt sogar vor, dass ich mich ein bisschen freue, wenn ich lese, dass jemand von den Reichen und Berühmten zum Beispiel eine Scheidung durchmachen musste, weil ich dann denke: ah, siehe da, ihr Leben ist auch nicht perfekt.
Ich möchte mich gerne über das Glück anderer Leute

freuen, statt mich an ihrem Unglück zu weiden. Und wenn ich mir die Geschichten anderer Leute anhöre, neige ich dazu, etwas genauer hinzuhören, wenn sie etwas Negatives zu berichten haben oder ihnen etwas Unerfreuliches passiert ist. Wenn sie von schönen Dingen erzählen, die ihnen passiert sind, höre ich nicht so genau hin. Ich möchte aber anderen Leuten ihr Glück und ihren Wohlstand nicht missgönnen, denn wenn ich mich über ihren Wohlstand freuen kann, werde ich auch selbst wohlhabend.

Abraham: Nun, eben sagtest du: »Dort, wo man ist, glücklich sein und zugleich in freudiger Erwartung nach vorn blicken.« Aber du kannst nicht gleichzeitig dort, wo du bist, glücklich sein und eifersüchtig auf andere. Das sind zwei sehr verschiedene Frequenzen. Es ist auf jeden Fall von Vorteil, glücklich zu werden, ob du das nun für dich tust oder für andere. Sehr oft sagen wir den Leuten: *Wenn ein anderer etwas tut, solltest du dich deshalb nicht besser fühlen, um dem anderen einen Gefallen zu tun; fühle dich dir selbst zuliebe besser, denn du veränderst dadurch deine Schwingung positiv.*

Wir möchten dir hierzu noch mehr sagen, denn du sprichst ein sehr wichtiges Thema an. Viele Menschen kennen diese Erfahrungen, die du beschreibst. Sprechen wir also ein wenig über dieses Gefühl namens *Eifersucht*.

Wenn du durchs Leben gehst, siehst du viele Dinge, die du gerne haben möchtest. Wenn du dann beobachtest, dass ein anderer etwas bereits lebst, das du dir für dich auch wünschst, weist dich das auf die Distanz hin, die noch zwischen dir und der Erfüllung deines Wunsches liegt – darum geht es bei diesem Gefühl der *Eifersucht*. *... Eifersucht ist das aktive Wahrnehmen der Diskrepanz zwischen meinem Wunsch und meiner gegenwärtigen Schwingung.*

Um also das unangenehme Gefühl der Eifersucht zu überwinden, musst du dich auf der *Emotionalen Feedback-Skala* nach oben bewegen. Und erst wenn das unangenehme Gefühl der Eifersucht verschwindet, gelangst du zu jener Schwingungs-Harmonie, die erforderlich ist, damit das, was du dir wünschst, zu dir kommen kann.

Also wäre das Erste, was wir zu uns sagen würden, wenn wir merken würden, dass wir eifersüchtig sind: »Nun, das ist ein gutes Zeichen, denn es bedeutet, dass ich mir etwas wünsche. Aber es bedeutet auch, dass ich mich nicht in Schwingungs-Harmonie zu dem befinde, was ich mir wünsche. Und erst, wenn ich diese Schwingungs-Harmonie erreicht habe, kann das Gewünschte zu mir kommen.«

Wir möchten, dass ihr euch in erster Linie um das Harmonisieren eurer eigenen Energie kümmert und dabei andere Menschen völlig unberücksichtigt lasst. *Wenn ihr versucht, etwas zu erreichen, was ein anderer bereits erreicht hat; wenn ihr eure eigenen Leistungen mit den Leistungen anderer vergleicht, werdet ihr euch nur selbst verrückt machen, denn es wird immer Menschen geben, die bei einer bestimmten Sache besser fokussiert sind als ihr und Dinge verwirklicht haben, die für euch noch nicht erreichbar sind.*

Mit anderen Worten, ihr werdet es niemals schaffen, auf allen Gebieten die Besten zu sein. Das ist einfach unmöglich. Es wird immer Bereiche geben, in denen andere euch übertreffen. Und das ist einer der Gründe – nicht der wichtigste –, warum wir es für eine wirklich gute Idee halten, wenn ihr eure Nase nicht in die Angelegenheiten anderer Leute steckt, sondern euch um eure eigenen Angelegenheiten kümmert. Soweit wir es sehen, ist die einzige Angelegenheit, auf die es für euch wirklich ankommt, die, eure Energie in Harmonie zu bringen und eure Gefühle bewusst zu steuern.

Wir wissen, dass die mit der Eifersucht einhergehende negative Emotion nicht daher rührt, dass ein anderer Mensch etwas besitzt, das ihr gerne haben wollt. Die negative Emotion rührt daher, dass ihr etwas haben wollt, für das *ihr selbst* euch nicht öffnet. Die negative Emotion entzündet sich daran, dass die anderen etwas haben, was euch deutlich vor Augen führt, dass ihr diese Sache nicht habt. Aber würde es nicht um etwas gehen, das ihr selbst gerne hättet, würdet ihr auch keine Eifersucht empfinden. *Es geht dabei also nicht um eure Beziehung zu anderen Menschen; es geht um eure Beziehung zu eurer eigenen Schwingung – und zwar immer, ohne Ausnahme.*

Es gibt eine Vielfalt von Menschen, die eine Vielfalt von Dingen besitzen. ... In Chula Vista (in der Nähe von San Diego) parkt Esther oft den Reisebus am Yachthafen, und sie und Jerry machen einen Spaziergang am Pier. Dabei macht sich Esther gerne einen Spaß daraus, Jerry gegenüber lautstark zu verkünden: »Ich bin stolz darauf, dir mitzuteilen, dass ich kein Boot will. Das ist eines der wenigen Dinge, die ich nicht will. Ich will kein Boot.« Daher spielt es keine Rolle, wie schön die Boote sind, die dort liegen. Esther begeistert sich nicht dafür. Sie verspürt kein Bedürfnis, keinen Wunsch nach einem Boot.

Das großartigste Boot der Welt könnte vorüberfahren, doch Esther würde nicht einen Funken Neid verspüren, *denn sie will kein Boot.* Wenn du also eine negative Emotion verspürst, geht es dabei immer und ausschließlich um deine Beziehung zu deinen eigenen Wünschen. Und diese Emotionen helfen dir, den Zustand deiner Schwingungen zu verstehen.

Dort musst du ansetzen und für Harmonie sorgen.

Gast: Toll, das hilft mir wirklich weiter.

Toter als Abraham kann man nicht sein

Gast: Hallo. Ich beschäftige mich mit euren Prinzipien jetzt schon seit mehreren Jahren, und alles entwickelt sich für mich wirklich ausgezeichnet. Einfach nur schön! Doch es gibt einen springenden Punkt, mit dem ich einfach nicht klarkomme, auch wenn manche Leute damit überhaupt kein Problem zu haben scheinen: Das ist der *Tod*. Ich habe Angst vor dem Tod und meinen diesbezüglichen Vorstellungen.

Abraham: Nun, beschreibe uns diese Vorstellungen. Wie sehen sie aus?

Gast: Es ist der völlige Verlust des Bewusstseins. Es ist …

Abraham: Nein, das ist es nicht! *Es ist das Erwachen zu vollem Bewusstsein!* Kein Wunder, dass du dich vor dem Tod fürchtest. Das liegt daran, dass du eine falsche Vorstellung von ihm hast. Beim Tod verlierst du deinen Fokus nicht; du gewinnst einen enormen Fokus zurück. Du tauchst wieder ein in das vollere, größere, strahlendere, selbstsichere, glücklichere *Du*!

Gast: Wie kann ich zu einer persönlichen Gewissheit gelangen, dass dies tatsächlich so sein wird?

Abraham: Stirb. Oder frag jemanden, der tot ist (scherzend). Wir sind tot. Und wir sind hellwach, brillant, bestens mit der Unendlichen Intelligenz verbunden, fröhlich, erfüllt und kreativ – und doch sind wir so tot, wie man es nur sein kann.

Gast: Also muss ich mich auf euer Wort verlassen. Gibt es keine Möglichkeit, mich auf der Schwingungs-Skala so weit hinaufzubewegen, dass ich mir selbst Gewissheit verschaffen kann?

Abraham: Stirb, dann wirst du es wissen. Du solltest das schallende Gelächter hören, das dann ausbricht, vor allem, wenn mehrere Leute gleichzeitig sterben. Meistens sagen sie: »Also, so hatte ich es mir wirklich nicht vorgestellt.« Oder: »Alle meine Befürchtungen waren völlig unnötig. Wie konnte ich mir meine Lebensfreude durch die Angst vor einem Tod trüben, den es gar nicht gibt?«

Wenn du deinen Fokus von diesem Körper abziehst, lässt du alle Zweifel und Ängste hinter dir. Du machst einen echten Quantensprung! Du reist von deiner momentanen Situation, wie immer sie aussehen mag, direkt in die Reine, Positive Energie. Du lässt allen Widerstand hinter dir und gewinnst die volle Klarheit, die sich dann automatisch einstellt! Das ist ein unglaublich tolles Gefühl!

Und für alle, die sich wie Esther täglich bewusst auf der »Emotionalen Feedback-Skala« nach oben bewegen – wird sich die Todeserfahrung einfach nur anfühlen wie der nächste logische Schritt. Esther, die den Vorteil genießt (wie auch andere von euch), dass die Ursprungsenergie sie schon so viele Stunden, Tage, Jahre durchströmt hat, ist bereits an diese Schwingung gewöhnt. Für sie wird das Todeserlebnis daher keine große Sache sein. Sie wird nicht die enorme Erleichterung verspüren, die jemanden überkommt, der sich ständig auf den Schwingungsfrequenzen von Furcht, Verzweiflung oder Frustration aufgehalten hat.

Aber es spielt keine Rolle, wo auf der *Emotionalen Feedback-Skala* ihr euch befindet. Wenn ihr euren Fokus aus der physischen Realität abzieht, taucht ihr wieder in jene Energie ein, die euer wahres Selbst ist. Ihr werdet dabei auch nicht für den kleinsten Augenblick euer Identitätsgefühl verlieren. Ihr werdet nicht zu einem formlosen Nebel. Ihr bleibt voll bewusst; ihr werdet euch nicht fragen, wo ihr seid; ihr werdet nicht das Gefühl haben, an Sauerstoffmangel zu ersticken. Ihr werdet euren Körper nicht vermissen. Ihr werdet wieder Zugang zu allem haben, was ihr jemals gewesen seid. Ihr könnt gehen, wohin ihr wollt. Ihr könnt an eurer Beerdigung teilnehmen, wenn ihr möchtet. Ihr könnt die Schwingung eures Seins reaktivieren.

Mit anderen Worten, von eurer Nicht-Physischen Perspektive aus (ihr nennt es Tod; wir nennen es gerne verächtlich »abkratzen«, denn so etwas wie den Tod gibt es nicht) könnt ihr die Schwingung, die ihr wart, reaktivieren und euch so fühlen, als wäret ihr, wieder in eurem physischen Körper. Aber wisst ihr was? Niemand möchte das, denn die Größere Perspektive ist dazu viel zu wunderbar und erhebend.

Und dann akklimatisiert ihr euch und erinnert euch, wer ihr seid, und begegnet jenen, die ihr gerne wiedersehen wolltet. Und es geschieht etwas, das euch anfangs vielleicht ein wenig verunsichert: Große Teile eurer physischen Persönlichkeit waren negativ orientiert, und *die* lasst ihr zurück. Ihr nehmt also nur das Beste von euch mit. Aber ihr werdet die anderen Teile nicht vermissen.

Oft müssen wir euch nach einem solchen Gespräch daran erinnern, dass ihr euch wirklich sehr gerne dazu entschieden habt, in einem physischen Körper zu leben. Mit anderen Worten, steigt jetzt nicht auf Hochhäuser und springt hinunter! Wir wissen, dass ihr die eben beschriebenen Erfahrungen machen werdet, wenn ihr ins Nicht-Physische zurückkehrt, aber das ist keine Einbahnstraße, denn es gibt sehr gute Gründe für euch, euch immer wieder in der physischen Welt zu manifestieren. Wir möchten, dass ihr euch auf der *Emotionalen Feedback-Skala* aufwärts bewegt, damit ihr hier und jetzt so viel wie möglich von eurer Energie leben könnt. Dazu seid ihr hergekommen. Ihr seid hier, um hier und jetzt zu leben.

Ihr seid nicht hier, um die Stufen einer Hierarchie zu erklimmen oder gute Noten zu erzielen oder eine wie auch immer geartete Vollkommenheit anzustreben und dann später, wenn ihr ins Nicht-Physische zurückkehrt, eine Auszeichnung für einen gut ausgeführten Job zu erhalten.

Da, wo ihr seid, ist die Speerspitze des evolutionären Denkens! Ihr seid Ursprungsenergie, an vorderster Front der Evolution. Und alles, was ihr tut und erfahrt, trägt nicht nur zur Expansion der Raum-Zeit-Realität bei, sondern auch zur Expansion von *Alles-Was-Ist* insgesamt. Ihr seid dort in der physischen Welt wirklich an einer ganz herausragenden Position.

Wir finden es also wirklich nicht notwendig, dass ihr absichtlich in den Tod springt – aber wir wollen, dass ihr den Tod nicht länger fürchtet. Und wir kennen keinen Menschen, der sein physisches Leben zur vollen Entfaltung gebracht hätte, ohne vorher die Furcht vor dem Tod überwunden zu haben. Und wir glauben, dass es dir hier und jetzt gelungen ist, diese Furcht hinter dir zu lassen. Übe dich darin, diese Einstellung beizubehalten.

Gast: In Ordnung. Danke.

Abrahams Schlusswort am Ende des Workshops

Abraham: Wir glauben, dass ihr jetzt alles wisst, was ihr wissen müsst. Wir glauben nicht, dass es noch etwas zu erörtern gäbe, das euch zu größerer Klarheit verhelfen würde. Wir sind ausführlich und viele Male auf alles eingegangen, über das ihr bei diesem Workshop gerne mehr erfahren wolltet.

Wir möchten euch sagen, dass wir alle die Dinge viel zu ernst nehmen ... dass das Leben Freude machen soll und Freiheit die Grundlage eures Lebens ist ... dass Expansion unvermeidlich ist ... und dass ihr alle durch und durch wertvolle Wesen seid. Wenn ihr euch entspannt, eure Katze streichelt, die Beine in den Bach baumeln lasst und Dinge findet, die euch Freude bereiten ... und Zeit mit den Menschen verbringt, in deren Gesellschaft ihr euch am besten fühlt, und die Bücher lest, die euch am meisten Freude machen, und euch die Filme anseht, die sich am besten anfühlen, und dorthin reist, wo ihr euch am wohlsten fühlt, und die positivsten Aspekte in den Menschen seht, mit denen ihr beruflich zusammenarbeitet ... wenn ihr über eure Eltern so denkt, dass ihr euch dabei möglichst gut fühlt, und Listen der Dinge erstellt, bei denen ihr euch am besten fühlt, und die Kleidung tragt, in der ihr euch am wohlsten fühlt, und das Essen esst, bei dem ihr euch am besten fühlt, und die Dinge tut, bei denen ihr euch am besten fühlt ... hmm, dann werdet ihr euch ziemlich gut fühlen.

Das Leben würde euch dann so behandeln, wie ihr es verdient. Aber wenn ihr glaubt, dass ihr hier seid, um gegen Schwierigkeiten anzukämpfen, und wenn ihr glaubt, dass ihr Leistungen vollbringen müsst, und wenn ihr glaubt, dass ihr wertlos seid und deshalb euren Wert beweisen müsst, und wenn ihr glaubt, dass ihr um knappe Ressourcen gegeneinander konkurrieren müsst – dann verzerrt ihr damit eure ganze Natur und geratet in Disharmonie zu eurem wahren Sein.

Wir wissen, dass vielen von euch diese Dinge beigebracht wurden, die wir gerade aufgezählt haben, und wir fühlen und hören, wie ihr euch abmüht, inmitten dieser irrigen Vorstellungen euren Weg zu finden. Aber wir versprechen euch, dass das Leben dazu gedacht ist, Freude zu haben, und dass ihr von Natur aus wertvoll seid, ohne dafür einen Preis bezahlen zu müssen. Strebt danach, euch ein bisschen mehr zu entspannen und euch ein wenig besser zu fühlen. Geht ein wenig fröhlicher und spielerischer mit anderen um, nehmt euer Leben ein wenig leichter und sagt zu den Leuten (besonders zu euren Kindern und euren Lebenspartnern) Dinge wie: »Halb so wild.«; »Ist das nicht super? Was für eine faszinierende Sache!«; »Warum mache ich eigentlich so viel Wirbel um eine Sache, die kaum der Rede wert ist?« Mit anderen Worten, sorgt bei euch selbst und den anderen für so wenig Drama und Trauma und so viel Freude wie irgend möglich.

Haltet euch von Gruppen fern, die Probleme wichtiger nehmen, als sie sind. Haltet euch von Gruppen fern, die sich vorzugsweise mit solchen Dingen wie »der Kanalisation von Paris« beschäftigen. Mit anderen Worten, findet das Beste an eurer augenblicklichen Lage, verstärkt es, so gut ihr könnt, und achtet darauf, wie dadurch die Dinge sofort anfangen, besser zu werden. Und noch besser. Und noch besser. Und noch besser …

Wir hier empfinden große Liebe für euch, und einstweilen ist damit alles gesagt.

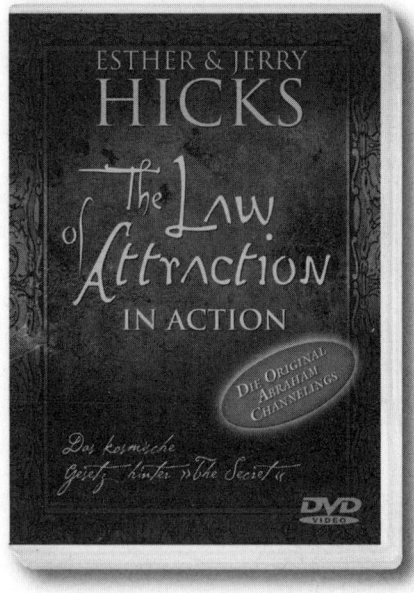